De la *garçonne* a la *pin-up*

Mujeres y hombres en el siglo XX

Mercedes Expósito García

De la *garçonne* a la *pin-up*

Mujeres y hombres en el siglo XX

EDICIONES CÁTEDRA
UNIVERSITAT DE VALÈNCIA

Feminismos

Consejo asesor:

Paloma Alcalá: Profesora de enseñanza media
Ester Barberá: Universitat de València
Cecilia Castaño: Universidad Complutense de Madrid
M.ª Ángeles Durán: CSIC
Ana de Miguel: Universidad Rey Juan Carlos
Alicia Miyares: Profesora de enseñanza media
Isabel Morant Deusa: Universitat de València
Mary Nash: Universitat de Barcelona
Verónica Perales: Universidad de Murcia
Concha Roldán: CSIC
Verena Stolcke: Universitat Autònoma de Barcelona
Amelia Valcárcel: UNED

Dirección y coordinación: Alicia Puleo, Universidad de Valladolid

1.ª edición, 2016

Diseño de cubierta: aderal

Ilustración de cubierta: H. Armstrong Roberts, *Dos mujeres junto a un coche* (1927). © Corbis/Cordon Press

Reservados todos los derechos. El contenido de esta obra está protegido por la Ley, que establece penas de prisión y/o multas, además de las correspondientes indemnizaciones por daños y perjuicios, para quienes reprodujeren, plagiaren, distribuyeren o comunicaren públicamente, en todo o en parte, una obra literaria, artística o científica, o su transformación, interpretación o ejecución artística fijada en cualquier tipo de soporte o comunicada a través de cualquier medio, sin la preceptiva autorización.

© Mercedes Expósito García, 2016
© Ediciones Cátedra (Grupo Anaya, S. A.), 2016
Juan Ignacio Luca de Tena, 15. 28027 Madrid
Depósito legal: M. 1.011-2016
I.S.B.N.: 978-84-376-3527-9
Printed in Spain

A Alberto y Lucas, ¡cómo no!

*A M.ª Xosé Agra y a Lourdes Méndez,
por su afecto y estimable ayuda.*

*A las dos Martas, a Elena y a Dominique,
por dedicarme una parte de su tiempo
y creer con todo su entusiasmo en mi trabajo.*

*E as mulleres, homes e montañas da Seara do Courel,
pola súa incondicional acolleita.*

Prólogo

Mediado el primer cuarto del siglo XXI, cien años después de la irrupción de la Mujer Nueva, de la Mujer Moderna, de los ideales de una Nueva Civilización, con la distancia que da un siglo de aquellos años convulsos y de los enormes cambios que lo caracterizan, cabe preguntarse, cuando pudiera pensarse o parecer que ya todo está dicho y sabido, por las razones de la vuelta a «aquellos locos años», al período de entreguerras, e interrogarse por la pertinencia y actualidad de las figuras/figuraciones de la *garçonne* y de la *pin-up,* aprovechando la oportunidad que nos brinda la lectura del libro de Mercedes Expósito. Hoy también vivimos tiempos críticos: de crisis, de cambios convulsos; y ahora, como entonces, el colectivo social de las mujeres y el feminismo se ven afectados e implicados de manera directa e insoslayable, requiriendo análisis, reflexiones, discusiones, que no repitan o refuercen ideas preconcebidas; poniendo el foco en la redefinición social, en los desequilibrios de poder entre los sexos/géneros. Son, asimismo, tiempos críticos en el sentido de que es preciso ejercer la crítica, el escrutinio crítico. Con otras palabras, en nuestro horizonte vital, existencial e intelectual, se hacen necesarios balances y revisiones que permitan calibrar avances y retrocesos, pérdidas y retornos, desde el convencimiento de que la historia, como sostiene la autora, no cambia de repente, de la noche a la mañana; de que la política del presente, sabemos, no es independiente de cómo se construye, de cómo se narra, el pasado; de que, en todo caso, hay que escapar de visiones simplistas, simplificadas y simplificadoras, de la compleja historia social, cultural, política de las mujeres, de mujeres y hombres, así como del feminismo, del siglo xx. Ocuparse, contar, la historia social y cultural del colectivo de mujeres de la *garçonne* a la *pin-up* nos interpela ante falsas ilusiones de progreso y nos muestra los entresijos y articulaciones de un tiempo histórico, subraya la autora, único y extraño en el que se produce una ruptura, una subversión del imaginario vigente de la feminidad.

Desde esta perspectiva, el contar la historia, el atender a la transmisión del pasado y de los conocimientos feministas, y al cómo se transmiten, se convierte en una tarea imprescindible y, en un doble sentido, siempre inacabada: de un lado, respecto de las generaciones más jóvenes; de otro, ante la necesidad de tomar en cuenta la complejidad y mutabilidad de las condiciones sociales y políticas, ante las nuevas formas de desigualdad, de violencia, de injusticias, ante el viejo/nuevo imaginario sobre la feminidad, ante las viejas/nuevas formas de «domesticidad». Dicho de otro modo, la actualidad y pertinencia del trabajo llevado a cabo por Mercedes Expósito, por más que sea importante, no radica únicamente en corregir una historia parcial, aquella de los relatos masculinos; ni tampoco en echar la vista atrás con nostalgia o sentido de pérdida, sino en indagar y mostrar la complejidad e interrelación de las condiciones sociales, culturales, políticas, así como las luchas de las mujeres y feministas, para conseguir cambios, transformaciones sociales, que conlleven mayores cotas de libertad e igualdad: independencia económica, tomar las riendas de la propia vida, derechos reproductivos... En efecto, la *garçonne* representa una ruptura, una subversión de normas y reglas, de convenciones, cuyas raíces son profundas, se hunden en la organización social y política, en la diferencia de los sexos, en eso que damos en llamar sistema sexo-género, en consecuencia, apunta a la dimensión estructural. Representa un acontecimiento insólito en su época, imprevisible, de rebeldía, de libertad, de vida independiente, de confusión de los géneros masculino y femenino. Y aunque la *garçonne* es una figura individual, singular, fascinante, sin embargo, como bien se muestra en el libro, no puede ser entendida ni pensada al margen del feminismo en sus distintas vertientes, ahí está el buen elenco de escritoras, artistas, pacifistas, pensadoras que intervienen en estos años, ni de las condiciones sociales del colectivo de mujeres. Como tampoco puede ser pensada y entendida sin tener en cuenta las reacciones, los temores, que provoca.

Ahora bien, a mi modo de ver, lo más relevante de *De la garçonne a la pin-up,* es justamente que Mercedes Expósito es capaz de sacar a la luz y analizar el modo en que se forja el imaginario de la reacción frente a la *garçonne;* cómo la historia social y cultural del colectivo de mujeres se las tiene que ver con un nuevo modelo de sexualidad y domesticidad, la *pin-up* y su «sexydad» y nos revela, nos desvela, estos procesos atendiendo a su complejidad: de Europa a Estados Unidos, de la feminidad y sociedad victoriana a la cultura popular norteamericana, de la *femme fatale* y la *flapper* a la bomba sexual y chica angelical, del relato literario al cinematográfico, de París a Hollywood, de los tiempos de guerra a los tiempos de paz. Podría quedarse aquí, sin embargo, hay en su reflexión algo que merece la pena ser destacado, la *pin-up* no es una figura de la sumisión y de la domesticidad, de la sexydad, que supone una pérdida y se comprende como antítesis y reacción frente a todo lo que significa la *garçonne,* sin más; es también un arma de doble filo para las mujeres. En este sentido, también da que pensar sobre la sexualidad y sobre la «liberación sexual» de las mujeres; pero igualmente nos puede ayudar a comprender mejor el interés más reciente por rescatar o restaurar la personalidad de Marilyn Monroe.

En todo caso, recomiendo vivamente la lectura de este libro, ahora que ha caído estrepitosamente por tierra aquel mantra de que la igualdad de mujeres y hombres era solo una cuestión de tiempo, y nada más que de tiempo, para que todo funcionase bien, que la libertad e igualdad de las mujeres, al menos en nuestras sociedades avanzadas, había llegado para quedarse. Hoy, como entonces, los peligros acechan: un nuevo imaginario de la domesticidad y la sumisión, cambios que suponen retrocesos. Hoy, como ayer, las mujeres quieren afirmar su lugar en el mundo, luchan por ser plenamente humanas, ignorando, desobedeciendo, cuestionando normas y convenciones. Mercedes Expósito nos ofrece una buena batería de argumentos y razones para enfrentarse a la urgencia, en tiempos de crisis, de pensar en las condiciones sociales y políticas, en las transformaciones que son necesarias para construir y conseguir mayores grados de libertad e igualdad de mujeres y hombres en el siglo XXI.

María Xosé Agra Romero

Introducción

En realidad no ha transcurrido demasiado tiempo desde que descubrí por casualidad un libro publicado poco después de la Primera Guerra Mundial, exactamente el 12 de julio de 1922, un día en que el Senado francés rechazaba una vez más concederles el voto a las francesas. Estaba ojeando su prólogo cuando me di cuenta, con sorpresa, de que esta novela costumbrista, cuyo autor insistía en ser fiel a la realidad que describía, había logrado convertirse en uno de los mayores éxitos de ventas de aquel caluroso verano. De hecho, ese mismo prólogo que yo estaba leyendo había sido escrito por él con motivo de una de las muchas reediciones de este popular libro que a nadie había dejado indiferente. Y es que en aquel verano de posguerra, cuando playa y lecturas estivales estaban poniéndose de moda entre la clase media, se veía a muchísima gente leyéndolo en cualquier lugar, hasta en la mismísima playa que hacía más furor en Francia, St. Tropez.

Y si digo que me enteré de su éxito no sin cierta sorpresa es porque me pareció raro que una obra protagonizada por una mujer despertase tanto interés en una época en que, de acuerdo con nuestra manera actual de enfocar las cosas, se había caracterizado por la indiferencia hacia los temas femeninos. Consideramos las primeras décadas del xx una época marcada por una feminidad domesticada, sometida a las reglas de una masculinidad dominante y autosuficiente. No era del todo así. Había mujeres que querían una nueva civilización que superase las divisiones de sexos. Y estaban consiguiendo llamar la atención de todo el mundo, especialmente por su comportamiento masculinizado. El hecho de que el estilo de vida de una joven pudiese ser objeto de tanta atención, el que canalizase una tensión social como la que declaraba el autor en la introducción, sugería una época en la que las mujeres, especialmente las más jóvenes, se tomaban una libertad insólita, que indicaba su mentalidad audaz y enérgica. Así que no todo era domesticidad. Las mujeres se rebelaban; y esto es algo que hoy hemos olvidado, al lado de tantas y tantas otras historias en las que aparecen implicadas las vidas de las mujeres.

En los años veinte eran cada vez más numerosos las parisinas y los parisinos que, imitando las costumbres de la alta burguesía, buscaban una residencia estival. Dejaban atrás la ciudad del Sena para llegar con su equipaje a cuestas hasta alguno de los pequeños pueblos marineros de regiones costeras que se estaban transformando a pasos acelerados en lugares de veraneo. Bañadores, sol y playa. Las vacaciones empezaban a ser un acontecimiento cada vez más normal. Y los sindicatos pensaban que incluso era un derecho que se podía reclamar para todo el mundo. Las vacaciones suponen momentos de libertad, y en aquel verano de 1922 eran muchos los veraneantes que trataban de curarse de los excesos de la noche anterior con baños de mar, o tumbados en sus hamacas, o cabeza abajo, encima de una toalla en la arena bajo el sol. Los más despiertos leían perezosamente el libro de moda, *La Garçonne,* antes de ir a cenar y beber de nuevo, antes de bailar hasta altas horas de la noche los nuevos y escandalosos ritmos del tango, el *fox-trot* y el charlestón, unas danzas que, inversamente a los comedidos valses de la generación de los mayores, hacían agitar brazos y piernas en lo que parecían cuerpos frenéticos y dislocados. Podemos decir sin temor a equivocarnos que fue la primera vez en la historia occidental en que la juventud, el cuerpo bronceado y los «maillots» de baño a rayas horizontales se pusieron de rabiosa moda. Como muestra la novedosa práctica del deporte, cuerpo y moda estaban conquistando el primer plano de la escena social.

Y los cuerpos de las mujeres se transformaban como resultado de sus nuevas actividades. Las frágiles y comedidas mujeres de gestos autocontrolados por el recato, que aún llevaban una sombrilla de encaje al hombro para protegerse de los rayos de sol como en los tiempos de Proust, que se acostaban temprano y que después del mediodía se embadurnaban con polvos de arroz para mantener la tez blanca estaban pasando a mejor vida. Se habían convertido, si no en antiguallas, por lo menos en una rareza cada vez más difícil de encontrar.

El escrito de Margueritte, inevitable para quien se interese por las crónicas de la chispeante sociedad de los felices y locos veinte, cuenta en realidad la historia de una joven. Pero las jóvenes urbanas de este tipo en realidad se contaron por miles y miles, protagonizando un conflicto generacional de tales dimensiones que desunió familias, rompió amistades, generó copiosas hostilidades y elevó agrias polémicas en los salones, los cafés, los casinos y la prensa escrita. El mito de la castidad y la pureza virginal se estaba desmoronando bajo la presión del amor libre, y las jóvenes estaban perdiendo la cabeza, arruinando la blanca flor de su juventud femenina. Y cuando un mito se cae, suele arrastrar consigo a otros parecidos que lo rodean. La nueva generación de mujeres de cuerpos ágiles, adelgazados como espigas, estaba poniendo del revés el orden patriarcal establecido para los sexos, e incluso se negaba a casarse. Por esto, aunque el libro fue traducido a doce lenguas, varios países decidieron someterlo a las tijeras bien afiladas de la censura. De lo contrario, se creía que su impacto provocaría una tempestad aún más honda en el ya de por sí nuevo y alocado comportamiento de las mujeres, que amenazaba con confundir los sexos.

El ambiente era de por sí inconformista. La paz europea lo único que deseaba era olvidar pronto a sus muertos y dejar tras de sí un pasado que en el fondo del mar abandonaba a la deriva las innumerables bombas atrapadas en los barcos sumergibles hundidos, un pasado que había sembrado los viejos campos de cereales con interminables cementerios de hileras bien ordenadas de idénticas cruces con nuevas sepulturas. Pero en este período que siguió a la Primera Guerra Mundial la paz era muy agitada, similar al jolgorio nervioso de una fiesta interminable organizada por quienes solo deseaban perder la memoria de tanto dolor y tanta violencia, de tanta inútil destrucción. Cada cual buscaba su vía de escape en la diversión alocada e intranquila, en un tiempo en el que, pese a todo, al entrar en una estancia o al salir a la calle parecía escucharse en el aire el eco lejano de las voces familiares desaparecidas. Y como casi nada era ya igual al mundo de antes del conflicto bélico, un nuevo fantasma recorrió como un escalofrío las capitales de Occidente, de norte a sur y de este a oeste. El temido fantasma de un desorden de los sexos, de una masculinización de las mujeres. Cierto que hablar de «masculinización» no es hablar con demasiada propiedad, porque lo que estas jóvenes querían señalar era que solo dos sexos aún no son suficientes.

El autor del texto, Victor Margueritte, al igual que su contemporáneo español Blasco Ibáñez[1], se comprometió de lleno

---

[1] En su novela *Los enemigos de la mujer,* Blasco Ibáñez mantiene una posición crítica hacia los antifeministas, reprobando a un príncipe que pensaba que «la gran sabiduría del hombre es no necesitar a la mujer». Se lo relaciona con la escritora de la generación del 98 Carmen de Burgos, cuyo compromiso feminista es descrito en M. Gómez Blesa, *Modernas y vanguardistas. Mujer y democracia en la II República,* Madrid, Ediciones del Laberinto, 2009, págs. 66 y ss.

con la agitada situación política de las mujeres tras la guerra, es decir, con una situación que ya estaba insinuándose desde antes pero que la guerra ayudó a impulsar con renovadas energías. Margueritte se declaraba feminista, y de hecho mantuvo relaciones muy estrechas con mujeres pacifistas y sufragistas, lo cual, en un contexto francés que estaba dominado, como pronto iba yo a descubrir, por bandos exasperados de antifeministas, de misóginos y de defensores de los derechos de las mujeres, seguramente influyó en el amargado descrédito hacia su persona de que fue objeto.

Así que algo más profundo y espinoso que una ficción novelística estaba en juego. Si la novela solo pretendía describir las costumbres de una joven francesa de los años veinte, en edad de casarse pero que se niega a hacerlo porque afirma su derecho a una vida independiente, también era capaz de poner en apuros el orden bien establecido de la sexualidad, la domesticidad y el espacio público. Muchos hombres sentían que las aventuras de este tipo de jóvenes ponían en cuestión su posición dominante, y que contribuían a la pérdida de sus privilegios. En palabras de su autor, la novela procuraba ser un simple espejo que reflejase el nuevo estilo de vida de las mujeres de posguerra, pero las acusaciones indicaban que había algo incluso bastante más grave que eso. Lo indecoroso no era solo esa visión literaria sobre una joven bisexual que no rechazaba los amores de una noche, pasaba de manera promiscua de una pareja a otra y coqueteaba con ideales pacifistas, feministas y socialistas —lo cual tan solo indicaba que esta generación de jóvenes estaba absorbiendo las formas más vanguardistas y bohemias de las dos generaciones de mujeres anteriores. Lo verdaderamente escandaloso era que esta joven no era una prostituta sino una chica normal, lo realmente vergonzoso era contar hasta el detalle acontecimientos que infringían la normativa de las hipócritas costumbres burguesas, especialmente la de una doble moral para hombres y mujeres que el autor consideraba caduca y sospechosa. Más perturbador aún resultaba que el libro no parase de reeditarse, que la abolición de esa moral estrecha se esgrimiese como un nuevo ideal civilizatorio para las nuevas generaciones y que el autor expusiese ese ideal sin ningún tipo de crítica, sin ninguna voluntad de guardar las apariencias establecidas, sino todo lo contrario: denunciando con atrevimiento el sistema deshonesto y embustero de una burguesía industrial francesa en clara decadencia.

No sé bien por qué razón aquel día, cuando cerré las páginas del libro, recordé algo que había leído en *El segundo sexo* de Simone de Beauvoir: que las mujeres vivían bajo la losa de una eternidad femenina de negaciones. A diferencia de sus oponentes masculinos, el peso del «eterno femenino» desplegaba sus astucias para condenarlas a una vida pasiva, a una historia invisible y a pequeños destinos de los que parecían medio víctimas y medio cómplices. Repudiadas desde afuera, la feminidad implicaba el recato; y el recato las convertía en seres complacientes que a menudo se negaban a sí mismas para poder existir socialmente. Las mujeres se sometían a su situación como seres infantiles, como eternas menores de edad que apenas podían consignar acontecimientos existenciales o históricos importantes. Solo que no todas eran así.

Una vez más caí en la cuenta de que la historia que había aprendido en la escuela, en el instituto y en la universidad estaba llena de figuras heroicas que eran casi exclusivamente de sexo masculino. Solo excepcionalmente había mujeres honorables, y casi siempre era porque habían sabido cumplir a la perfección las reglas, aquello que les mandaban hacer y decir los hombres. Los hombres parecían respaldarse los unos a los otros en una fraternidad histórica indiscutible, con sus rituales, sus homenajes y su sistema de promoción social. Eran hombres que hablaban de sí mismos, que se apoyaban los unos en los otros, citándose de generación en generación, premiándose e incrementando de este modo redes y círculos culturales cada vez más extensos de hombres considerados importantes. De las mujeres no se sabía apenas nada; parecían una sociedad de extrañas desconocidas. Y era necesario esperar hasta los últimos tiempos para que una evasiva e incómoda «cuestión de la mujer», de la que por otro lado el común de la gente sabía muy poco, apareciera nombrada como un progreso hacia adelante, una ganancia en igualdad —al parecer, el punto más alto era una libertad e igualdad que en teoría las mujeres de mi generación habíamos alcanzado. Pero la igualdad encierra muchas contradicciones.

Esta idea comúnmente admitida, que nos situaba en lo alto de una cumbre a la que no se sabía bien quién nos había transportado, en una cima a la que no se sabía cómo habíamos llegado, si con esfuerzo o por pura casualidad, quedaba literalmente en suspenso ante la lectura de la obra escandalosa. No todas se sometían. En aquella novela había muchas dosis de amor propio, mucho amor libre y una gran exuberancia de espíritu rebelde. Así que... ¡quién sabe!, pudo haber ocurrido que otras hubiesen logrado conquistar cúspides tanto o más altas que las nuestras. Aquella *garçonne* de radical independencia, una mujer que mezclaba los dos sexos, ofrecía la impresión de superar todo lo que yo misma, supuestamente educada bajo esquemas de progreso, había vivido entre mis coetáneas. Era cierto que en un siglo XX que en opinión de algunos podía considerarse la «era del sexo» cada generación parecía obligada a llevar su supuesta «sexualidad liberada» un poco más lejos, cada estirpe de jóvenes tenía que recitar la lección aprendida de que había dejado tras de sí la educación represiva anterior para aportar su granito de arena a la revolución de las mentalidades y de las costumbres sexuales. Pero muchas tuvimos nuestras sospechas y nunca nos había quedado muy claro a quiénes había beneficiado la tal revolución sexual —pero esto era otra cuestión.

Así que la lectura del libro incrementó mis dudas sobre un consenso bien establecido. Sospechaba cada vez más de un ideal de progreso que en mi generación parecía un dogma intocable. ¿Era una insensatez pensar que la línea del progreso no avanzaba recta y que las formas históricas de la vida de las mujeres experimentaban giros imprevistos, idas y vueltas, avances y retrocesos, un recorrido con forma de zigzag en comparación con la evolución rectilínea de los derechos humanos de los hombres? ¿Existía una trayectoria angulosa que dejaba a muchas por el camino y que a veces hacía muy difícil seguir adelante, pues cada vez que tocaban la recta masculina en un punto sus formas de vida y sus maneras de pensar eran juzgadas severamente y enviadas hacia un lugar hostil, desde el cual era necesario emprender una larga marcha para acercarse al camino de la igualdad de nuevo?

A comienzos del XX parecía llegado el tiempo de las mujeres. Pero en el resto del siglo el tiempo histórico está protagonizado por hombres. La joven *garçonne* representó un acontecimiento insólito en su época, y a mí seguía pareciéndome sorprendente. Pese a ello, la mujer masculina tenía algo bastante familiar en el fondo. Reunía todos los requisitos del prototipo de la «mujer nueva», la «mujer moderna» de los años veinte que reproducían las viejas fotografías; es más, era la figura más interesante de un movimiento de emancipación de las mujeres oscurecido, poco visible, del que la historia cultural sabía muy poco. Se asemejaba en todo a la mujer libre de la era del jazz, a la chica trabajadora, a la mujer de las metrópolis que todo el mundo reconoce en las fotografías de esa época. Se parecía tanto que seguramente era la misma. Pensé que la sensación de familiaridad venía de que, en el fondo, las mujeres tenemos que apartarnos de la eterna feminidad establecida y ganarnos la modernidad con cada nuevo período que aparece en el siglo XX. La historia selecciona y suprime cosas; por eso no nos habían transmitido el texto cultural de aquellas asexuales a las que estar encerradas en un solo sexo les parecía muy poco. Lo que no se pudo evitar fue que el relato quedase en forma de imágenes. Y aunque nadie nos contó que dos generaciones de mujeres de comienzos del xx habían provocado tal transformación social que muchos temían el fin de una civilización que se consideraba la más evolucionada, estas jóvenes audaces, que al desprenderse de los corsés reales de la vestimenta abandonaban también los encorsetamientos metafóricos de la rígida sociedad del xix, nos dejaron algo de sí mismas que a algunas nos hizo querer saber más cosas. Mal que le pese a nuestra historia política patriarcal, a comienzos del xx las mujeres se convirtieron en un elemento político fundamental.

Ahora bien, después de sus esperanzas, de sus revueltas, de sus afirmaciones y conquistas, parecía quedar tan solo tierra quemada. La mujer de los años veinte se eclipsaba lentamente a medida que la década de los treinta iba sumando años, es decir, a medida que el orden de los autoritarismos, que promocionaban una masculinidad tradicional, dura y militarizada, se iba recomponiendo. Al final desaparecía sin dejar huella, desvaneciéndose en favor de una feminidad sumisa y cómplice con la norma. El orden político fabricaba exclusión. Si para las mujeres había sido difícil conseguir una insólita libertad de costumbres, lo que me parecía casi evidente era que se habían encontrado con duros obstáculos y serias dificultades para consolidarla en un legado que pudiesen transmitir a la generación de mujeres siguiente. No era suelo firme ni derechos definitivamente adquiridos lo que habían pisado. Eran tan solo las arenas movedizas de una historia que por un momento aceptó mantenerlas en pie, en lo alto, para luego devorarlas y esconderlas en la esfera más baja. Era como si, frente a su acción liberadora, se hubiese respondido con una política de cadenas y grilletes. Como si una reacción, una regresión, un retroceso y un obstáculo cultural frenasen, e incluso anulasen, lo que con tanto esfuerzo tres generaciones de mujeres habían llegado a alcanzar.

Una alumna aventajada del feminismo como la *garçonne* había logrado poner sobre el tapete de negociación el asunto de las mujeres. Había peleado por tener educación y una profesión, y se había negado a admitir que la crueldad del destino abocase a las mujeres a un matrimonio que las deshabilitaba como ciudadanas. No admitía que el sistema de trabajo gratuito de la domesticidad y la maternidad —que no todas estaban dispuestas a aceptar— tuviese automáticamente algo que ver con ellas. Fueron muchas las que, aun en medio de la soledad, estuvieron dispuestas al desafío. Era indudable que la mujer emancipada había logrado conquistar un espacio de nuevas libertades, reorientando a toda una época histórica al llenarla de numerosas parejas sin hijos. Fue un momento en el que aún no había leyes promulgadas contra el aborto pero sí uniones homosexuales, en que el divorcio, los anticonceptivos y las familias con hijos únicos hacían correr ríos de tinta y comentarios escandalizados en forma de titulares de prensa.

Ocuparon el punto de mira, de manera especial, las mujeres educadas, y la figuración reactiva, creada por el poder de los nuevos medios de comunicación de masas comprometidos con unos estados reaccionarios que muy pronto iban a levantar telones de acero y diseñar guerras frías, trató de recolocar a las mujeres en el viejo orden del espacio doméstico, intentando sin demasiadas contemplaciones expulsarlas de la economía productiva, del deporte, de las calles y del espacio político. A los «felices veinte» les sigue la Gran Depresión de los treinta y el retorno sin miramientos de un orden reproductivo. Como cumpliendo la vieja advertencia de que las mujeres solo son necesarias cuando los niños son deseables, ahora la construcción de la feminidad fabrica una chica-objeto. El orden económico-político produce el estereotipo de una *pin-up* rubia, de mirada pícara y gestualidad explosiva.

Tras la *garçonne*, apenas si quedó el borroso recuerdo de un ideal progresista perdido. Se olvidó la radicalidad de una propuesta que tantas voces críticas habían intentado acallar, tachándola de egoísta. Y así el credo de un progreso ilustrado sin apenas relieve pudo llegar hasta los mismísimos discursos comúnmente admitidos en el último tercio del siglo xx. Se produjo la aceptación de un relato del que ni siquiera se percibió su lado oscuro de ficción discordante, poco compatible con el transcurso de la historia social y cultural de las mujeres, desde la *garçonne* hasta la involución de la *pin-up*. La inadecuación del ideal del progreso por lo que a la historia de las mujeres se refiere era evidente cada vez que las imágenes visuales de la independiente *garçonne* de los años veinte y la sumisa *pin-up* de los cuarenta aparecían juntas, pero... ¿le preocupaba realmente a alguien la incoherencia entre las formas masculinizadas de las mujeres de los veinte y el estereotipo de la feminidad sexy de los cuarenta? ¿Trató alguien de comprender la notoria discrepancia entre la construcción de la feminidad alrededor de la Gran Guerra y lo que se fabrica como feminidad en torno a la Segunda Guerra Mundial? ¿Trató alguien de darle una explicación? Probablemente no. No, porque los esquemas de progreso y la idea preestablecida de que la liberación aumenta, paso a paso, de manera inexorable parecen los verdaderos responsables de una ofuscación que oculta a cada generación de mujeres la existencia de su pasado histórico, y en concreto la de ese pasado cíclico de avances y retrocesos que las obliga a perder tiempo en cada generación; el tiempo que supone tener que empezar casi de cero, siempre de nuevo. Una y otra vez sin genealogía, en el punto cero de la historia. Es necesario contar el pasado político de las mujeres, reescribir la historia y admitir que la incorporación de las vidas de las mujeres cambiará nuestra manera de concebir una historia que hasta ahora se escribía en clave masculina. La *garçonne* era progresista y vanguardista, pero después de ella el zarpazo de la reacción se hace oír y la progresión se detiene. Las mujeres no viven fuera de la historia política. La heroína más audaz del contexto de luchas feministas y sufragistas, que ya de por sí cuestionaban el orden de los sexos, es una referencia de libertad oculta, negada tanto por su época como por las posteriores —«habrá sido una moda o la excentricidad de unas pocas», se dijo, evasivamente, algunas veces a modo de explicación.

La primera impresión que ofrece la imagen de la *pin-up*, en tanto icono sensual de chica sexy del póster desplegable, es que quiere reconciliar dos opuestos del eterno femenino: la esposa con la prostituta. Su cuerpo moldeado por la corsetería recuerda, por un parte, al ángel del hogar victoriano y, por otra, al prototipo de la corista alegre del *music-hall* de esa misma época. De hecho, tiene toda la apariencia de un prototipo revisitado al que se le hayan limado las asperezas puritanas de la doble moral sexual que traza una línea roja entre la castidad de las vírgenes y la perversión de las prostitutas, entre las alegorías religiosas del Vicio y la Virtud femeninas. La *pin-up* es un subproducto de la necesidad que tuvo el siglo XX de construir una referencia visual para toda aquella que quisiese aprender la gestualidad de una feminidad y una «sexidad» no amenazante, una necesidad que parecía crecer con la marcha del siglo. Pero como a veces parecía el reverso del modelo estereotipado de las revistas femeninas más puritanas, pudo, desde su sumisión, funcionar también como el icono de la libertad sexual. Hacia mediados del XX la mujer sexy oscilaba entre su capacidad para simbolizar la liberación sexual y su aptitud para vender los bienes de consumo, que a su vez significaban la pertenencia a la cultura popular norteamericana —cuando lo estadounidense se estaba convirtiendo en un modelo cultural exportable que apenas encontraba competencia. En el tejido de casas suburbanas producto del *boom* inmobiliario de los cuarenta y cincuenta, el prestigio social exigía a las mujeres, especialmente a las norteamericanas, teatralizar un estilo de vida complementario al esposo-hombre de la industria y los negocios —y, por lo tanto, todo un aprendizaje cultural encaminado a no acabar convertida en una marginada social, sino en una participante aceptable de la clase media. Los cuarenta y cincuenta son en los Estados Unidos de una masculinidad gigantesca, desmedida. De lo que se trataba en este capítulo de la historia social era de que la intolerancia, casi inconsciente, hacia la androginia había impuesto el retorno de la vieja ecuación que reducía a las mujeres a su sexualidad y a su cuerpo.

Se cuenta que en la era victoriana la reina mandó alargar los manteles de palacio para que cubrieran las patas de la mesa, ya que podían incitar el deseo de los hombres al recordarles las piernas de una mujer. Por el contrario, en el período de la segunda guerra la *it girl* había perdido todo el pudor que antes salvaguardaba a la feminidad de la disponibilidad sexual hacia todos. Pero seguía necesitando a un solo hombre, por lo que el sistema patriarcal quedaba intacto. A través de lo sexy, pudo regresar el modelo de sexualidad y domesticidad para todas, si bien formando una síntesis de lo que en la época del patriarcado victoriano estaba separado en las figuras de la corista y la esposa. La chica sexy de los cuarenta satisface al mismo tiempo lo que habían sido las dos demandas principales de la masculinidad victoriana.

La imagen que me había forjado del progreso de las mujeres en el XX hasta que, debido al azar, llegó a mis manos *La Garçonne,* para hacerme descubrir a una mujer asexual y masculinizada, incluía una construcción de la feminidad que había estado en el punto de mira de las feministas de los años sesenta, y que por lo tanto ya sabía que era muy problemática para el feminismo. Hasta qué punto las mujeres habían colaborado en el éxito de la *pin-up* no está claro, pero lo que sí se sabe es cómo se aupó en el imperio mediático económico *Playboy.* Es conocido también lo que simbolizó en la mente de muchos hombres la revolución sexual: una camarera en bañador con rabo y orejas de conejita —quizás sea la ironía del destino la que le colocó atravesada en su pecho una cinta como la de las sufragistas; eso sí, sin la leyenda «Votes for Women». Las *pin-ups* pueden además vestir todo tipo de uniformes y aparecer en las más variadas situaciones, pero siempre reducidas a la superficie de su cuerpo y a una gestualidad infantil, inocentemente traviesa y obscena.

Hasta descubrir lo que estaba en juego en la androginia de los años veinte, apenas tenía referencias culturales para ubicar lo que contaba el libro de Victor Margueritte, como si su personaje femenino andrógino, con conductas calificadas como propias de los hombres, nunca hubiera existido, como si la manera ambigua en que viven las mujeres su sexualidad, como liberación y al mismo tiempo como lugar de opresión, fuese un relato prohibido por la memoria histórica.

Michel Foucault pensaba, al igual que las feministas de los sesenta que habían roto con la categoría de clase, que vivimos en un dispositivo de sexualidad que de manera despótica nos obliga a definirnos respecto al sexo, pero que, irónicamente, se ríe de nosotros y nos hace creer que en él reside nuestra liberación. Creo que de la liberación sexual de las mujeres lo que pasó a los medios de comunicación no fue el ideal del amor libre proclamado por las *garçonnes,* sino la chica desnudada por la mirada masculina de conocidos dibujantes como Roberto Vargas y Gil Elvgren, la misma mirada de un magnate llamado Hugh Hefner que ocupó el imperio económico *Playboy,* la de tantos cineastas que en cada guion sintieron la necesidad de citarse los unos a los otros y destapar la feminidad de la actriz protagonista, desnudando así a todas las mujeres —quizás para recordarles la divisa victoriana de que ellos son el espíritu, el intelecto, y ellas son la carne, la maternidad y el cuerpo. Hombres vestidos y mujeres desnudas. Al no ver nada más allá del cuerpo, la definición mediática de la feminidad, sexy e incluso pornográfica, aparece como algo más que un proyecto de prensa con contenidos eróticos para adultos que les permitiese liberarse de ambientes represores, puritanos y conformistas. Lejos de las peleas entre los discursos antipornografía o pro sexo, creo que de lo que se trató hacia mediados del XX, con la emergencia de la *pin-up*, fue de un deseo de autoafirmación de los hombres y de una recolocación de los sexos en una era de comunicación de masas. Las mujeres habían ganado ciertos derechos políticos como el voto. La reacción quería hacerles creer que al ir a la universidad lo habían ganado ya casi todo; pero claro está que esto no significó que sus vidas estuviesen a partir de ese momento bajo su propio control. Una manera de contrarrestar lo que empezaban a ganar pudo ser su transformación en seres sexuales. Como la sexualidad casi siempre escapa a su control, la mujer sexy acaba, como mínimo, encerrada en la paradoja de la sumisión y la libertad.

Cada modelo de feminidad deja una huella en la historia. Cada nuevo modelo es singular, pero hunde sus raíces en una historia política anterior, pues la feminidad misma es impensable sin la construcción social y cultural de un estilo de vida «femenino». De este modo, toda sociedad se construye sobre los pilares ruinosos de las vidas históricas anteriores que la sostienen. Y tanto la *garçonne* como la *pin-up* nos hablan de contextos políticos que reconocen un mundo anterior, aunque sea para negarlo y afirmar otra cosa. Como buena hija bastarda del feminismo, la *garçonne* andrógina se inscribió desde su mismo nacimiento en una mitología sobre la *femme fatale* y lo femenino diabólico: es una feminidad dislocada, vampírica o de diablesa. Sin embargo, la *pin-up* niega esta feminidad andrógina de la *garçonne* para citar y ahondar en el eterno femenino de la chica angelical, sumisa y complaciente —justo la que la *garçonne* había querido sepultar para siempre. Tendré que analizar, pues, una parte de la historia de la feminidad anterior a los años veinte, pues ahí se encuentra el precedente simbólico de la *garçonne*, tanto aquello que cita como aquello que niega. No será necesario entretenerse demasiado en lo que rechaza la *pin-up:* insistiré con frecuencia en que es pérdida y antítesis del ideal de la *garçonne* asexual. Lo que sí importará es ver de qué modo tan característico rinde culto a la «sexidad» y al ideal victoriano de la buena chica y la servicial esposa, de qué manera todo en ella sigue orientándose hacia la pasividad femenina, la objetualización sexual por encima de la libertad sexual y la perpetuación de la servidumbre doméstica.

Finalmente, tengo que confesar mis preferencias por el personaje de la *garçonne* y su época ideologizada, sembrada de altos ideales feministas y pacifistas. Me entusiasmaron con pocos reparos, y me justifico pensando que creo que es difícil escapar a esta parcialidad de la mirada cuando tratamos de acercarnos a una época histórica determinada. La *pin-up* me parecía, por el contrario, bastante incómoda, como el cuerpo descerebrado de las mujeres al lado del cuerpo con cerebro de los hombres de negocios (los que la habían creado y movían sus hilos de mujer-marioneta, de muñequita rubia). Dado que las mujeres estuvieron instaladas en los peldaños más bajos o más auxiliares de los sistemas económicos, la *pin-up* era la construcción del cuerpo de la mujer como estereotipo, dirigido por el cerebro del hombre que creaba imperios económicos. Los medios de comunicación fabricaban —y transmitían, o al menos contribuían mucho a ello— prácticas de feminidad *pin-up,* desvirtuando así las prácticas culturales anteriores que había creado el movimiento de mujeres. Sin embargo, al sumergirme más y más en la comparación de los dos contextos históricos y políticos a los que la *garçonne* y la *pin-up* les deben existencia, me di cuenta de que la cultura popular de masas, el universo en el que como pez en el agua se mueve la *pin-up,* es muy desideologizada pero muy permeable a las influencias ideológicas que se extienden por ella de manera rápida y contagiosa.

¿Es la *pin-up* una presencia deshumanizada, inmediata, hecha de luces y sombras, superficies y planos, un ser prosaico que en realidad se define únicamente por su sexualidad? Cuando las revistas, el cine y las antenas televisivas llegan a todos los rincones, casi nadie permanece inmune a las formas de comunicación de masas, y esto fue políticamente muy importante. La cultura popular de masas es impensable sin el capitalismo, y el capitalismo es en el fondo eso que llamamos «sociedad de consumo», es decir, mundo organizado como un objeto manipulable por políticos, psicólogos, sociólogos, antropólogos sociales, agencias de publicidad y hombres que ostentan el poder militar. Es necesario analizar sus estrategias y estudiar sus implicaciones, tomarla en serio sin renegar de ella para captar aquello que a menudo no es visible para observadores ordinarios. Quizás de este modo sea posible transformar la sociedad y conseguir algo mejor, sin olvidar que la sociedad de consumo a veces también desarrolla prácticas de resistencia y puede asumir el aspecto de un importante foro ideológico acerca del cambio social. Así, es posible que la *pin-up* sea una tentadora menos ingenua de lo que parece, es posible que tenga un doble filo y que, habiendo aportado algo a un eventual proceso de liberación, lo único que hubiese necesitado fuese sacudirse su insignificancia, haber madurado un poco su emancipación. Tal vez aceptó la inmoralidad de la verdad, siguiendo así los dictados de hombres liberados que se distanciaban de una vieja guardia que se negaba a que las costumbres puritanas cambiasen, y es probable que a pesar de ello ganase algo para su autonomía sexual. En todo caso, no puedo leerla —y esto es lo que de verdad me interesa— sino como el síntoma de que el nuevo orden occidental que llegó hacia mediados del XX necesitó deshacerse de la masculinización de la *garçonne* y construir la feminidad como «sexidad». Y en mi opinión, incluso lo que pudiera haber en la *pin-up* de liberación sexual le viene de antes, de una *garçonne* que inventa el amor libre y promueve tanto los anticonceptivos como la mujer libre y emancipada.

Este libro se organiza en dos partes. La primera se centra en figuraciones de la feminidad del cambio de siglo y las primeras décadas del xx, y a menudo en lo ocurrido en la vieja Europa, mientras que la segunda toma en consideración un nuevo orden mundial que llega de los Estados Unidos. El freno político-económico que se activó en este país para lo que era considerado una «amenaza roja» llegada de Europa traicionó el espíritu de la Nueva Civilización, que le debía mucho al viejo continente, es decir, traicionó al feminismo, al socialismo, al pacifismo y, en general, a los movimientos sociales de una izquierda europea de mujeres y hombres que soñaban con ideales de justicia social, y cuyo dinamismo se activó, ideológicamente hablando, en las primeras décadas del siglo xx.

Paralelamente a este contexto social, en la primera parte me interesó analizar también la relación que guarda la feminidad con la masculinización y el mal, implícita en figuraciones propias del xix como las vampiros, las feministas y demás fatales. Trato de ver por qué estas figuraciones vehiculan un simbólico que creaba alarma social, por qué se pensaron como negativas —lo que me lleva a detectar en ellas una preocupación de los hombres por la sexualidad de las mujeres, una reacción frente a sus demandas de derechos, pero también una propuesta positiva de liberación por parte de las mujeres y una mujer nueva en una nueva civilización para todas las occidentales. Me interesó también ofrecer ejemplos concretos de esta nueva mujer, casos como el de la escritora Virginia Woolf o la diseñadora Coco Chanel. Y, por encima de todo ello, indagar y seguirle la pista al tipo de feminidad *garçonne*, inseparable de este movimiento de una mujer nueva y de una nueva emergencia de lo femenino como ruptura.

En la segunda parte me interesa, por el contrario, la construcción de un prototipo de feminidad *pin-up*, que emerge como un ideal muy mediático hacia mediados de siglo, como un imaginario construido y aupado por los pujantes medios de comunicación de masas que se desarrollan en los Estados

Unidos y que —es necesario recordarlo— son inseparables de procesos políticos. Los medios de información y comunicación están en el punto de intersección de los negocios, la cultura y los gobiernos; están, pues, en el corazón de poderes económicos a los que solo con dificultad acceden las mujeres. Y este fue el motivo del éxito del prototipo *pin-up*, la razón por la que llegó a imponerse un ideal de feminidad que expresa la mirada masculina tradicional sobre las mujeres. En las campañas de propaganda que se orquestaban para la cultura de masas, se diseño la «sexidad» como el atributo de la verdadera mujer nueva y moderna, ocultando que en realidad la mujer nueva se había opuesto a la subordinación. Debido a la promoción, altamente mediática, de una «mística de la feminidad», desaparece una figuración como la *garçonne,* que tendía a confundir los sexos y que amenazaba con echar por tierra las dinámicas patriarcales instituidas en la tríada negocios-cultura-gobierno, dinámicas que justamente se ponían en cuestión en lo que había llegado a convertirse, en pleno auge del movimiento feminista, en el arquetipo de feminidad *garçonnière*. La *garçonne* expresaba un compromiso con los derechos de las mujeres, pero ningún publicista podría convencer al hombre de negocios de que este prototipo sabría vender sus productos domésticos. La *garçonne* nunca podría competir con la *pin-up,* con el restablecimiento parcial de un viejo statu quo que necesitaba fronteras bien definidas y nada permeables entre los sexos, que exigía el sistema de dos sexos y solo dos sexos en dos esferas distintas y separadas: la de la masculinidad y la de la feminidad.

PRIMERA PARTE

PRIMERA PARTE

CAPÍTULO PRIMERO

Vampiros, feministas y demás fatales

En 1914 la actriz judía Theda Bara fue contratada para interpretar, una tras otra, a tres mujeres muy poderosas: Cleopatra, Salomé y Madame de Pompadour. Estos tres papeles de *femme fatale* le valieron el sobrenombre de «vampiro», por lo que se convirtió en la primera *vamp* de la gran pantalla.

Su película *A Fool There Was* (Frank Powell, 1915) se anunciaba del modo siguiente: «La más célebre de las vampiresas, en el papel más osado, provoca la ruina y toda clase de desastres a miles de hombres». El filme arrasó desde su estreno y de la noche a la mañana Theda Bara se transformó en una leyenda. Como aún faltaban quince años para que se redactase el *production code* que impuso la censura en el cine estadounidense, Bara pudo mostrar la semidesnudez de su cuerpo con un atrevimiento que tal vez iba más allá de lo acostumbrado por aquel entonces; y digo «tal vez» porque la desnudez no era tan escandalosa como hoy podamos pensar; al menos en los teatros de París había bailarines desnudos y en Broadway existía desde finales del XIX un estilo de vestimenta transpa-

La actriz Theda Bara en un cartel de la película *A fool there was* (Frank Powell, 1915).

Theda Bara en una imagen de la película *Cleopatra* (J. Gordon Edwards, 1917).

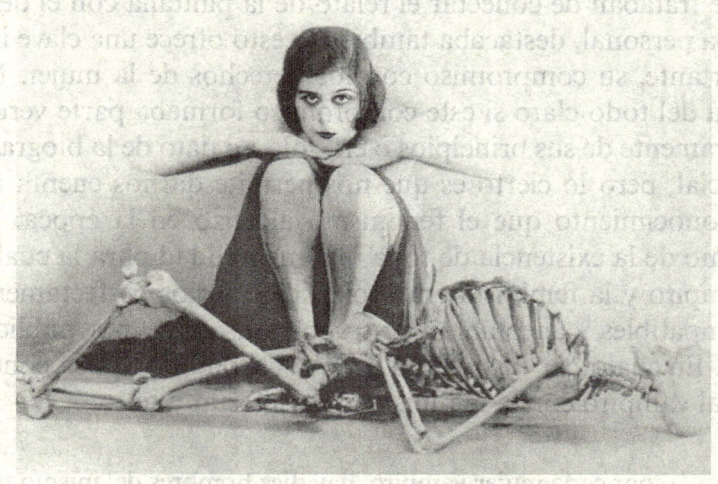

Theda Bara alrededor de 1914-1919 en una imagen publicitaria en la que un esqueleto simboliza su lado de mujer fatal, capaz de devorar a un hombre.

rente y vaporosa conocido como «desnudez vestida». Esta actriz fue sin duda alguna la antítesis de la virginal Mary Pickford, que encarnaba la pureza de la mujer estadounidense de la época, réplica de la feminidad victoriana ideal.

En un período en que las mujeres solo podían ser damas o *vamps,* buenas o malas, castas o prostitutas, Bara fue la depravación sensual personificada, el deseo nunca confesado de lo prohibido, la *Vamp* por antonomasia. Esta artista norteamericana representó además un prototipo de sensualidad oriental, con evocaciones del harén, que fue muy popular en la época, y que representaba un camino que conducía a los hombres hacia la perversión sexual, alejándolos de sus hogares y trabajos para finalmente abandonarlos. Así, sus roles de mujer fatal lanzaban sin ambigüedades un mensaje moral: resistirse a la tentadora o arriesgarse a la ruina. Pero un relato construido en torno a su persona por una de las primeras narrativas de la vida privada que adjudicaban a cada una de las estrellas de Hollywood una biografía artificiosa, narrativas que trataban de conectar el relato de la pantalla con el de la vida personal, destacaba también, y esto ofrece una clave importante, su compromiso con los derechos de la mujer. No está del todo claro si este compromiso formaba parte verdaderamente de sus principios o era solo un dato de la biografía oficial, pero lo cierto es que nos permite darnos cuenta del reconocimiento que el feminismo alcanzó en la época, así como de la existencia de toda una mentalidad para la cual el vampiro y la feminista eran roles identitarios perfectamente compatibles y aceptables, tanto por fans como por publicistas. En cualquier caso, fue la propia Theda Bara quien conectó al vampiro con la feminista al manifestar que

> por cada mujer vampiro, hay diez hombres del mismo tipo —hombres que cogen todo de las mujeres, amor, devoción, belleza, juventud, y no dan nada a cambio. V destaca al Vampiro y también a la Venganza. El vampiro que inter-

preto yo es la venganza de mi sexo hacia sus explotadores. Sabes... tengo, quizás, el rostro de un vampiro pero el corazón de una feminista[2].

En nuestra época, el vampiro es una figuración que, como se sabe, participa de un imaginario de seres nefastos, capaces de vivir de la sangre roja y fresca extraída de sus semejantes. No obstante, a finales del XIX y a comienzos del XX era, además, un ser claramente femenino, explotador, sensual, pervertido y vengativo, una amenaza asegurada para el orden masculino. Y este será también el sentido original del apelativo *vamp*, una designación que, sin embargo, no se forja en el cine mudo a partir de la nada. Como el cinematógrafo tenía como referencia el relato de la pintura, la literatura y la fotografía, la vampiresa sensual del séptimo arte encuentra sus precedentes simbólicos en las designaciones maléficas del arte del XIX. Las mujeres ojerosas de aspecto vampírico eran frecuentes en los retratos de la pintura; por su parte, el vampiro es una figuración femenina muy importante de la literatura, cuando no un tipo de mujer fatal que se sustenta fácilmente en un imaginario tan viejo como Eva.

Bara interpretó también a Salomé. De acuerdo con un consenso literario, Salomé fue la criatura más lasciva y desenfrenada que la historia nos haya mostrado, la que condujo al acto más horrible que haya existido: seduce a un hombre (Herodes) con su danza del vientre y pide la cabeza cortada de otro hombre (san Juan Bautista). La asociación de la sexualidad femenina con la muerte masculina, los países exóticos, el harén y lo oriental formaban parte del simbolismo de libertinaje de los europeos del cambio de siglo. Pese a los elementos perjudiciales, el orientalismo estaba en boga. En la adopción

---

[2] Citada en M. A. Buszek, *Pin-Up Grrrls. Feminism, Sexuality, Popular Culture,* Durham y Londres, Duke University Press, 2006, pág. 134. Todas las traducciones de obras citadas en inglés y francés son de la autora.

de un estilo decorativo y vestimental sensual y aterciopelado no faltaron los turbantes, las sedas, los dorados, los brillos tornasolados, las palmeras, las pirámides y la geometría en arabescos. Y hasta el nombre de Theda Bara, que promocionó a esta actriz feminista considerada el prototipo más acabado de *vamp* y mujer fatal, escondía el anagrama de una de sus famosas películas: en él podía leerse una *Arab Death* («muerte árabe»).

La mujer como encarnación de la fatalidad para el hombre adoptó múltiples formas a lo largo de la historia. La *femme fatale* que persigue al varón dominante y evolucionado es una figura indispensable en el escenario de un conflicto social del capitalismo industrial, una figura necesaria para comprender el antagonismo entre seres débiles afeminados y superhombres fuertes y viriles. Estos últimos despreciaban a los primeros porque parecían aliarse con las mujeres, débiles por naturaleza, como si fueran insensatos; parecían encontrarle sentido incluso a la mujer destructora de almas masculinas, contribuyendo así a que un monstruo de la naturaleza degenerado —la mujer varonil, la feminista— se transformase en una criatura con poderes de seducción casi mágicos. Los superhombres triunfadores veían a los débiles como buscadores de la suavidad del efebo —sustituto masculino de la monja hogareña—, como amantes de lo andrógino o consortes degenerados de la «ginandroide» —la lesbiana opuesta al reino del espíritu masculino. De naturaleza fatal y monstruosa, al igual que lo habían sido Eva y las brujas, el imaginario de las amazonas, las ginandroides, las lesbianas y el personaje que más nos interesa, las *garçonnes* que se visten de hombre, se integra en un mismo simbólico que va a encontrar continuidad en las fatales del cine, donde el elemento de atracción andrógina se revestirá de carga erótica.

El cine atará los nudos que unen a las mujeres con el sexo y el cuerpo, pero raramente con la reclamación política. El séptimo arte producirá en su imaginario su propia figuración de *femme fatale*, una criatura sin espesor y fantasmal que aterra y atrae al mismo tiempo porque pertenece a un espacio ideal, fantástico; a un lugar carnavalesco en el que es posible transmutar el tedio de la realidad más banal y cotidiana en una experiencia prodigiosa, extraña y extraordinaria plagada de seres ambiguos escurridizos, adelgazados y diabólicos como brujas, de mirada desorbitada y grandes ojeras. Son seres magnéticos que anulan la voluntad de su víctima y ofrecen la impresión de traer la desgracia a quienes andan demasiado cerca.

En realidad, los hombres del 1900 descubrían seres femeninos con tendencias antinaturales y varoniles por todas partes: ginandroides poliándricas opuestas a los deberes maternales que se habían convertido en asesinas de niños, mujeres vampiro sedientas de sangre y semen que perseguían la cabeza del hombre genial e idealista, actrices y bailarinas que con su vida autosuficiente apenas se diferenciaban de las prostitutas, etcétera. Y el interés por la figura de Salomé hay que analizarlo en este contexto. Los pintores franceses, especialmente, difundieron entre el público un tipo semítico de feminidad que poseía la belleza desalmada «de una tigresa más que de una mujer, llevando la bandeja que ha de recibir la cabeza de Juan Bautista, y la espada que lo va a decapitar, con tal indiferencia como si se tratase de un plato de fruta»[3]. Era una mirada masculina a la que, sin embargo, no se ajustaban las pintoras. En 1898 Juana Romaní habría huido del dramatismo de la cabeza cortada en una interpretación del tema de Salomé en la que la cabeza del apóstol está ausente del cuadro, y en torno a 1900 bastantes versiones creadas por mujeres siguieron a Romaní. La historia del arte reproduce miradas masculinas. Pero las miradas de las mujeres también existen. El caso de la estadounidense Ella Ferris Pell constituye una afirmación

---

[3] B. Dijkstra, *Ídolos de perversidad,* Madrid, Debate, 1986, pág. 386.

«revolucionariamente feminista para su tiempo»[4]: una Salomé que era bastante más peligrosa que la espada decapitadora que pintaban los pintores masculinos reposando al lado de una cabeza ensangrentada que yace con los ojos abiertos en una bandeja. En este cuadro, los atributos de la mujer tentadora bíblica de rasgos vampíricos o tuberculosos, característicos de la pintura masculina, desaparecen para cederle el protagonismo a una joven alta, fuerte y grande, que observa al espectador desde lo alto con una mirada segura de sí misma. Sin embargo, estas alegorías de la autonomía femenina no solían encontrar buena acogida en los ambientes burgueses, que reducían el poder de la feminidad hasta la total dependencia. Y quizás por eso la crítica se limitó a un silencio desafectado. Por lo demás, las habilidades pictóricas de Ferris Pell, que en parte se había formado en París pero alcanzó cierta notoriedad en Nueva York y se ganó la vida como retratista y pintora de paisajes, parecen haber tenido menos peso en su carrera que las consecuencias negativas que tuvo para ella estar vinculada al grupo feminista de Helen Campbell.

Así pues, tanto el vampiro como Salomé o cualquier otra *femme fatale* pueden leerse como una construcción histórica de la mirada masculina que reacciona a las primeras demandas de autonomía en las mujeres. De hecho, son seres que se consideran «masculinizados» y pertenecen a un contexto social en el que a las tendencias varoniles en las mujeres se les concedía mucha importancia. Lo habitual era que se censurasen política y moralmente, máxime cuando empezaba a haber jóvenes de buena familia que imitaban el estilo «fatal», inconsciente e irresponsable que asumían actrices y bailarinas.

Pero la «masculinización» de las mujeres era solo una parte de la realidad del siglo XIX. Convive con su contrario, con el otro lado formado por la «feminidad» del conjunto de vidas tristes y

---

[4] *Ibíd.*, pág. 390.

decorativas de innumerables esposas ornamento que encontraron su representación iconográfica y plástica en las santas monjas del hogar, en las mujeres muertas como ofelias, postradas o ingrávidas, en las ninfas con su columna vertebral casi quebrada y las violaciones terapéuticas; mujeres, en fin, que se debatían en agonías que las acercaban al único lugar donde el reposo parecía posible: la tumba. ¿Explica la debilidad el deseo contrario de masculinización, de fortaleza? Es posible que así sea, que cada extremo se explique por su contrario. De hecho, no todo acababa en la tumba. En este gélido lugar del cementerio podían resucitar. Eso sí, transformadas ahora en flores del mal, convertidas en un sinfín de mujeres de cera vengativas, muy poco femeninas, góticas, pálidas y ojerosas como la luna llena. Y de este modo, un imaginario decadentista que condenaba la virilidad en las mujeres mezclaba al mismo tiempo las brumas de lo fantasmal en lo real para transformar lo femenino en amenaza sobrenatural, vampiresca, fatal para el hombre.

El imaginario de un principio femenino doble, ambiguo y nefasto, no fue exclusivo de escritores y poetas, sino muy familiar para todo el mundo. En él encuentra su lugar apropiado ese ideal igualmente gótico de las mujeres vampiro; seres funestos que, al igual que la sacerdotisa de la cabeza cortada del hombre llamada Judit, tan reproducida en los museos, persiguen a los hombres, ávidas de sus diferentes flujos vitales. Las mujeres amenazantes del relato bíblico y las criaturas fantasmagóricas y voluptuosas, cuyo comportamiento emula el de los hombres, pueblan la imaginación popular en un mundo urbano que crece y crece en callejuelas sin asfaltar y noches iluminadas con farolas de luz de gas que proyectan sombras expresionistas, angulosas y demasiado alargadas, y que, al doblar la esquina, dejan zonas en una penumbra hostil y desconocida. Completando el cuadro, otras inquietudes se pondrán en relación con estas: son las resueltas activistas que, desde mediados del xix, están dando los primeros pasos para organizar el movimiento de la mujer moderna y que, por afinidad comparativa, no se librarán tampoco de las descalificaciones siniestras.

El siglo XIX necesitó entregarse a sus negros fantasmas imaginarios porque vivió muy atosigado por un nuevo orden que clamaba su derecho a salir a la luz frente a las devociones que suscitaba el espíritu ordenado e inalterable del tiempo. Si entre 1850 y la Primera Guerra Mundial son múltiples las amenazas que cortan el aire: movimientos sociales, nacionalismos, antisemitismo, misoginia, etc., es porque la plácida civilización colonial occidental tiene una bestia dentro, porque tiene que enfrentarse a las consecuencias del inmovilismo que supone su propia barbarie imperial colonial. Con la era de la técnica desaparecen los antiguos miedos al infierno. Dios ha muerto y las poblaciones se abandonan a las deidades de la industria y sus cotizaciones de bolsa. Pero estas llevan el diablo en el cuerpo. Cuando la burguesía industrial reemplaza definitivamente a la nobleza, a las clases populares se les notifica que cada cual ha de buscar su propio bien y que no deben esperar compensación a sus sufrimientos. Ahora bien, una parte del mal se resiste a desaparecer, especialmente aquella que se quedó atrapada en el mismo lugar de siempre: en el círculo infernal de la feminidad.

La pobreza femenina es notoria, y había ejércitos de mujeres que, si bien hacían el trabajo servil y gratuito, dependían materialmente de los hombres para su subsistencia. Para ellas la situación era insostenible. Las mujeres han de recurrir a la astucia porque casi nadie reconocía que eran los pobres de los pobres. El XIX está plagado de figuraciones misóginas que asocian a las mujeres con formas demoníacas: las amazonas, las feministas, la mujer-vampiro, la histérica, las fatales, etc.[5];

---

[5] Existen asimismo otras figuras rebeldes o de feminidad sospechosa como la oradora objeto de un breve análisis por parte de Joan Scott en *Théorie critique de l'histoire. Identités, experiences, politiques,* París, Fayard, 2009, págs. 149-159.

pero lo que se buscaba era un chivo expiatorio para los males internos. Y se lo encontraba allí mismo donde se producía la precariedad y la exclusión. Se recurrió a un sinfín de transcripciones de la vieja bruja medieval, a un imaginario que nombraba una preocupación casi obsesiva por el arquetipo de la mujer malvada, que muy frecuentemente se hará corresponder con los desórdenes del feminismo y la transformación social que propone la ciudad sufragista.

Las mujeres y la astucia, las mujeres y el mal. En el fondo, se trata del viejo imaginario de la misoginia europea, pues no en vano las figuraciones maléficas de la tradición cristiana tienen que ver con el descontrol de las mujeres, poseen siempre algo de femenino que encuentra su precedente en una Eva mítica, causante de la caída del varón y figura contrapuesta a una Virgen María benefactora. El Vicio y la Virtud. La transgresión del orden supuestamente natural de los sexos se le atribuye a un principio femenino que enlaza con la insumisión —por lo tanto, con aquello que es necesario sujetar y controlar. El esposo es amo, dueño y señor de la esposa. El reparto de los sexos parece tan natural como la industria que reparte los roles laborales, aunque, a través del dominio y la servidumbre, se perjudicase sobre todo a una de las partes. Las figuraciones femeninas del mal son, como el mal mismo, formas de rechazo, de alteridad.

Pero el mal femenino exterioriza también una preocupación muy especial, un miedo al ataque a la normativa androcéntrica que instituye como un estado de cosas natural y razonable la autoridad y el poder de lo que se considera el principio bueno, capaz, masculino. Los seres ambiguos, de sexo indefinido, pero también, como veremos más adelante, las sufragistas y *garçonnes,* las cuales producían la impresión de que quisiesen acabar con los dos sexos masculinizándose, fueron representados una vez tras otra como mujeres demoníacas y fatales. Las figuras de la esposa y la madre no les convenían. Eran ridiculizadas en las caricaturas del humor sarcástico como mujeres feas abocadas a la eterna soltería, como las malas madres y las malas esposas que dejaban a sus maridos en casa, obligándolos a ocuparse de hijos y tareas domésticas, etc., es decir, la maldad no se medía en sí misma sino por relación a un desajuste social que dañaría la posición central del hombre y, debido a ello, a la sociedad entera.

Vamps, sufragistas y *garçonnes* son figuras que, sin embargo, hunden sus raíces en un contexto histórico en el que no pocas mujeres viven en parejas, en que se habla de mujeres libres y, en general, fatales, que lo son porque desafían el orden masculino. Al hacerlo, reactualizan el viejo imaginario de la caída en la que el hombre aparece en su inocencia, pues la responsabilidad culpable se hace recaer en el principio femenino que arrastra hacia abajo, desde la despreocupación del feliz paraíso hacia la fría naturaleza femenina de la tierra infértil y amenazante. Es cierto que no todo el siglo XIX está impregnado de discurso amonestador. Las mujeres reciben también un discurso favorable y aleccionador que puede llevarlas a la Virtud, a ocupar un lugar destacado en lo alto de un pedestal. Son las ensalzadas en los altares como vestales, diosas, vírgenes, madres —incluso de la patria— y esposas virtuosas. Sin embargo, como a su vez son maldecidas en los bajos fondos como seres diabólicos, libertinos e inmorales, se encuentran oscilando entre dos extremos irreconciliables que las convierten en seres sin matices, seres que están muy lejos de la norma humana que, por el contrario, permite al varón el libre acceso a la gama completa de los vicios y virtudes humanas. Ocupando en la situación de partida el mal lado del universal humano —pues santas y diablesas no son en realidad personas humanas sino clichés, mitos y estereotipos fantasmales—, los esfuerzos de las mujeres independientes que, en lugar de complacerse con la situación, trataron de experimentarse como seres libres habrían realizado parte de un trabajo que, lo persigan voluntariamente o no, impulsa el largo proceso de su liberación colectiva. Ahora bien, visto desde la posición de quien recibe o sufre la discriminación del estereotipo de la mala, lo que hay es impotencia. Y la Eva del relato bíblico, las brujas, los vampiros, las feministas, las amazonas, las lesbianas, las *garçonnes* y demás figuraciones de un mal femenino que desafía o ignora la norma establecida por los hombres ocupan una posición muy vulnerable desde el momento en que se ven obligadas a medirse con la innoble estrategia de apropiación de su humanidad. Como veremos, las mujeres autoafirmativas que en el cambio de siglo expresaban el triunfo de una mentalidad feminista vivieron una situación difícil. La mayoría de las veces no fueron reconocidas más que como una confirmación entre otras del eterno femenino que une a las mujeres con el mal. De ahí que, cerrando el círculo, muchas de quienes trataron de escapar a los estrechos límites de la feminidad establecida se viesen expuestas al ridículo, la condena y la caricatura, pues lo que se percibía como la inesperada masculinización de las mujeres se oponía al buen modelo de la feminidad virtuosa y verdadera.

En las primeras escenas de *A Fool There Was*, un rico abogado de Wall Street aspira el perfume de un conocido símbolo de la feminidad: una rosa, una de las lozanas rosas de largos tallos sumergidos en el agua de un florero. Unas imágenes después, el vampiro Theda Bara, que causará su perdición alejándolo de su devota familia, les arranca con crueldad los frescos pétalos, observándolos arrugados y deslucidos en la palma de su mano con la sonrisa siniestra de quien marchita la feminidad honesta. Con este gesto, Bara expresa tanto la maldad femenina como el sentimiento de insatisfacción de las mujeres con su condición. Fueron estos mismos sentimientos de aflicción los que desataron los miedos de muchos escritores. Por ejemplo, un autor como Nicholas Francis Cooke[6], muy influ-

---

[6] Cfr. N. Cooke, *Satan in Society*, disponible en: http://archive.org/stream/sataninsociety00cookuoft/sataninsociety00cookuoft_djvu.txt (consultado el 8-3-2012).

yente en la época, temía que «la mujer dejase de ser la madre cariñosa y se convirtiese en una pendenciera amazona»[7]. Y como la preocupación de que el hombre se viese privado de la confortable paz hogareña está presente en muchas obras de pintores del período, el miedo puede leerse como un intento de conjurar la amenaza que para el orden establecido suponían las mujeres fatales, autosuficientes y suspicaces hacia el poder masculino, mujeres que trataban de vivir sin depender del poder de un hombre. La nueva Eva rebelde se estaba deslizando hacia movimientos feministas capaces de acoger el malestar en la feminidad. Pero contra la realidad de un movimiento feminista que muy mayoritariamente estaba compuesto de mujeres educadas, la representación de la mujer feminista respondía frecuentemente a una caricatura: era representada como una vieja bruja masculina, lo que no refleja una fidelidad a la verdad —si bien tampoco lo pretende. Su función principal era liberar en la sociedad de masas un sentido segundo, connotado, de la palabra «feminista»: aquel que enlaza con antiguos relatos de la historia espiritual europea acerca de mujeres diabólicas, fatales, vampíricas, descastadas e insaciables. Por otra parte, si tenemos en cuenta el origen francés de la palabra «feminismo», así como el momento en que empieza a ser de uso frecuente, en el cambio de siglo, tuvo que haber muchas asociaciones simbólicas con la libertad y depravación de las costumbres urbanas, en concreto con las de la *femme fatale* mujer parisina, frecuentemente vinculada en el imaginario masculino occidental no con la mujer nueva, libre e independiente o con la chica que llegaba a la ciudad buscando una vida mejor, sino con la sexualidad sin control de una salvaje mujer-fiera que trae el mismo desorden que los placeres serpentinos escondidos en el interior del célebre fruto prohibido. Al escapar al

---

[7] B. Dijkstra, *Ídolos...*, op. cit., pág. 142.

poder de un marido o de un hombre individual, la mujer nueva (la *vamp* fatal) se convierte en moral y políticamente sospechosa.

En el siglo XIX y en los comienzos del XX el desarrollo científico-industrial y el ambiente cultural, moderno y decadente a la vez, se fundieron en un todo único que tendría mucha influencia en lo que la sociedad pensaba acerca del sexo, la raza y la clase. Artistas e intelectuales conformaban una vanguardia cohesionada que a menudo recogía las mismas ideas de filósofos[8] y científicos que trataban de demostrar que la diferencia y la desigualdad de sexos y razas eran leyes inapelables de la naturaleza humana. Las representaciones de la mujer en el arte masculino constituían una respuesta al esquema dualista de dos sexos: el primero, superior y masculino, y el segundo, inferior y femenino. La naturaleza femenina diabólica, como culpa y caída, el mensaje de un íntimo lazo entre la mujer y las razas degeneradas, las obligatorias Salomés, Judits y Dalilas que realizaban los artistas jóvenes en las escuelas académicas de bellas artes, todo ello confirmaría la vieja idea religiosa de un mundo clásico que veía a la mujer bajo el esquema de la «verdadera feminidad» o, en su defecto, de la maldición para el hombre. En las representaciones del arte también se exhibían ondinas pasivas que llegaban a la costa como olas muertas, pero que hacia el final del siglo se volvían activas, transformándose en sirenas y mujeres-pez, regresivas y bestiales, que acechaban apostadas en las rocas o en los escarpados acantilados. Estas mujeres, en las que resurgía la

---

[8] En la línea de muchos otros filósofos, el español Ortega y Gasset sostenía que «el destino de la mujer es ser respecto al hombre» o que «no existe ningún otro ser que posea esta doble condición: ser humano y serlo menos que el varón». Citado en F. Thébaud (dir.), *Le siècle des féminismes*, París, Les Éditions de l'Atelier, 2004, pág. 294.

fuerza masculina del estadio bisexual primitivo, encarnarían la independencia y el sentido radical de la libertad que despertó el recelo de muchos hombres del 1900, en especial al verlo reproducido en sus esposas y en las mujeres más cercanas. Pero es necesario tener en cuenta que desató también un sentimiento de ambivalencia que en algunas ocasiones hizo que les resultase fascinante encontrarse con lo que era visto como el nuevo espíritu varonil de las mujeres. Estas figuraciones ideales del arte fueron calando en el simbólico de un público burgués que cada vez frecuentaba más a menudo los museos y que, de este modo, encuentra más oportunidades para familiarizarse con una visión de la feminidad que encierra una amenaza de castración para los hombres —pues la pretensión de «masculinidad» de las mujeres las convertía en rivales del hombre.

El hombre de clase acomodada se veía rodeado no solo de mujeres varoniles y feministas sino de criaturas obreras voluptuosas que parecían creadas para engañar y seducir, actrices y prostitutas del cabaré que no sienten el recato delicado de las mujeres burguesas sino que incluso aparecen representadas en las figuraciones ideales de las exposiciones de arte como seres nocturnos que escapan de la luz del día: son las bebedoras de absenta, las fumadoras de opio, las cocainómanas y adictas a la morfina que pasan su vida inactiva entre el turbio café de ambiente bohemio y el cuarto lóbrego con falsa decoración de volutas de harén oriental. Todo este mundo era en realidad la parte oscura del sistema informal de bigamia masculina que se había implantado por todo Occidente, sistema que fue puesto en evidencia en ocasiones como la forma más específicamente burguesa de hipocresía moral. Esposa, mantenida, trabajadora manual y prostituta destacan en el universo victoriano como elementos de un sistema patriarcal que establece la sumisión general de todo un colectivo. En *Los años,* por ejemplo, Virginia Woolf abre el relato de la saga familiar de los Pargiter con un interior doméstico en el que yace

Léon Spilliaert, *La buveuse d'absinthe,* 1907.

pasivamente en la cama de su dormitorio un «ángel del hogar», la esposa debilitada y moribunda de un coronel cabeza de familia que llega a casa después de la visita de rigor a su amante o mujer mantenida[9].

La mujer *vamp* y las persistentes insinuaciones culturales de una mujer devoradora de hombres y asesina de niños amenazan al patriarcado, pero expresan a su vez el miedo que el cambio de siglo experimentó ante todas las hibridaciones y las indefiniciones del sexo. El vampiro, asociado, al igual que las actrices, las bailarinas y las prostitutas, a una mujer-fatal sexualmente activa, tanto podía ser la seductora maléfica que desvía a los hombres de su trabajo y los aparta de su familia como la feminista que trata de alterar el orden sociosexual; en cualquier caso, es algo que encaja en una vieja ecuación que, desde Eva, une a lo femenino con el mal. Cuando el mundo económico de los imperios coloniales estaba lleno de fluctuaciones y se volvía inseparable de las ciudades que crecían como hormigueros humanos, cuando pobreza y riqueza coexistían en extremos totalmente opuestos, era necesario encontrar culpables que canalizasen el malestar. Si bien nadie era inmune a la caída ni a la ruina, la pérdida de poder de la aristocracia venía acompañaba de una rápida promoción social de una clase media de hombres de negocios que componían la clase acomodada. El hombre triunfador que ascendía en la escala social no era un buen candidato para hacerse responsable del malestar social, pues representaba, por el contrario, el modelo del éxito social, inseparable de la acumulación de dinero y del acaparamiento de mujeres. De ahí el fácil recurso a un imaginario tradicional en el que la otredad amenazante se encarnaba en judíos, mujeres y, eventualmente, razas e indígenas peligrosos,

---

[9] Cfr. V. Woolf, *Les Années,* París, Gallimard, 2007.

personajes sobre los que pesaba el control ejercido por el cientifismo biologicista, el racismo y los exterminios étnicos. Por ejemplo, el filósofo Schopenhauer se caracterizó por su radical misoginia, y Nicolai Hartmann describe a un marido de clase media que sufre la presión de una esposa histérica y melancólica cuyo egoísmo natural ofrece además no poca resistencia al verse amenazada por el intento del marido de cumplir el objetivo del matrimonio y rodearla de hijos.

En esta situación, no es raro que el escritor Jules Bois se refiera en 1896 a la «guerra de los sexos», lamentando al mismo tiempo que la mujer ya no se contentase «con ser el suelo destinado a la reproducción de las generaciones»[10]. Se desarrollaba, en efecto, una guerra larvada, un novedoso espíritu de los tiempos que inauguraba una época de agitación social protagonizada por mujeres, que desataba oleadas de misoginia y que fantaseaba con seres fatales, auténticos vampiros. La idea de una «guerra de sexos», que se desarrolla al mismo tiempo que se despliega un feminismo de la primera ola, apunta a que el bando de propaganda antifemenina y antifeminista, incluso de corte *ginecida,* que se estaba propagando por el arte y la cultura se estaba enfrentando activamente al bando contrario de la «causa», es decir, al de la reclamación de derechos de las mujeres. La guerra de sexos encarna, además, la paradoja de la nueva mujer, dueña de sí misma y, por ello, odiada; aunque también admirable por haberse despojado de las vestiduras de la monja hogareña y haber tratado de derribar el pedestal débil e inseguro en que había vivido su madre.

Ahora bien, ¿por qué representar la venganza de las mujeres con un vampiro? La referencia fundamental de la literatura de vampiros, el *Drácula* del escritor irlandés Bram

---

[10] Citado en B. Dijkstra, *Ídolos...*, *op. cit.*, págs. 366-367.

Stoker[11], es la obra que mejor ilustra el tema de la mujer vampiro, la más popular. Este prototipo de la literatura de ficción sobrenatural del último romanticismo es contemporáneo de las sufragistas y de las mujeres nuevas masculinizadas. En realidad, muchas figuras de mujeres malditas proliferan a comienzos del período sufragista, lo cual es un buen indicador de que las cosas se estaban moviendo para las mujeres, y de que la reacción defensiva por parte de quienes veían sus privilegios amenazados era inevitable.

La novela prolongará su vida en el cine expresionista de Murnau y en el plano literario comunica, como vamos a ver, el mismo mensaje maldito que las criaturas amenazantes como cantantes, prostitutas, bailarinas y actrices transmitían en el teatro de variedades. Incluso las mismas insinuaciones que las figuraciones de la pintura de finales del XIX transmitían en el estético: son mujeres seductoras que a veces hacen uso de su atractivo sexual para atrapar a un hombre en sus enmarañadas redes. Una vez atrapado, estas mujeres varoniles lo ignoran y lo abandonan o tratan de desarrollar relaciones desviadas del contrato sexual y su ideal civilizatorio; a veces lo atacan directamente o incluso tratan de ocupar sus mismos puestos de trabajo —y esto se lee como que se los usurpan a quienes, de suyo, les pertenecerían. Estas criaturas detestables quieren marchitar los pétalos de la flor, creen que hay que poner punto final a las imágenes de la pasividad enfermiza y la docilidad femeninas. Quieren ocupar el primer plano de la escena y parecen grandes y dominantes; incluso se atreven a desplazar la cuestión del sexo desde el plano individual y privado hacia el político y social, e incluso puede que apuesten, como veremos en su momento, por una civilización nueva[12] e igualitaria, más humana. Pero como alteran el orden estable-

---

[11] B. Stoker, *Drácula,* Barcelona, Mondadori, 2006.
[12] *Ibíd.,* pág. 158.

cido, sus acciones se interpretan casi siempre desde el arcaico imaginario de la mujer que traspasa el límite trayendo consigo el mal.

Con *Drácula*, la ficción literaria gótica concibe al vampiro insaciable ávido de sangre, la figura más propia del cambio de siglo. Fue publicada en 1897, cuando los médicos les recetaban a las frágiles victorianas aquejadas de anemia y melancolía que acudiesen al matadero al despuntar el alba a beber sangre fresca de bueyes recién sacrificados. La novela reproduce los tópicos culturales del momento acerca de un futuro evolucionado que tendrá que superar los demonios regresivos del pasado, pues los siglos anteriores aún poseen «unos poderes propios que el "modernismo" no consigue extinguir»[13]. La contraposición de personajes femeninos oscila entre Mina, que personifica a la novia buena, una institutriz cuyas perspectivas de futuro consisten en ayudar a su futuro esposo «tomando todas sus notas en taquigrafía»[14], y tres «voluptuosas diablesas»[15], personajes antagonistas a los que en algún momento se compara de modo bastante significativo con poderes femeninos de la mitología clásica: las temibles «tres Parcas»[16] que mueven los hilos de los destinos de los hombres. Las tres diablesas son mujeres vampiro, ardientes y sensuales; personajes construidos de acuerdo con la explosiva mezcla de muerte y sexo. Viven con Drácula en el castillo al que para su desgracia llega el abogado inglés Harker. Estas tres jóvenes voluptuosas, una rubia y dos morenas, tratan de seducirlo como tentadoras y cimbreantes serpientes, lo cual le produce una mezcla moralmente ambigua de deseo y temor.

---

[13] *Ibíd.*, pág. 81.
[14] *Ibíd.*, pág. 107.
[15] *Ibíd.*, págs. 83-86.
[16] *Ibíd.*, pág. 99.

Las mujeres *vamp*, hijas sanguinarias de Drácula, son la expresión de un conflicto que se desarrolló en el interior mismo de la cultura masculina del período entre los afeminados y los «hombres de verdad». Por un lado, la figura de Drácula sintetiza la visión que una época se formó de un sátiro mezquino y afeminado que no había participado en la evolución de la especie y que, justamente por ello, se asocia con mujeres, pues, como ellas, se trata de un ser atrapado en su animalidad y en su incapacidad para controlar sus deseos. Por otro, las inclinaciones de los hombres «de verdad», los superhombres de finales del siglo XIX que empezaban a soñar con el poder mundial, se habrían forjado un ideal de feminidad en el prototipo de lo que posteriormente, en el cine de Hollywood, se convertirá en el estereotipo de la rubia tonta. Los caballeros iban a preferirlas rubias[17], y la metáfora útil a la hora de ilustrar la figuración de la feminidad ideal será la «rosa americana». A esta variedad de flor, símbolo de la mujer de Norteamérica, recurre, por ejemplo, el artífice del *trust* del petróleo J. D. Rockefeller. Para ilustrar el principio de la competencia entendida como supervivencia del varón socialmente más apto, es decir, para argumentar la necesidad imperiosa de un líder que ha de inmolar a los débiles, tanto en los negocios como en la sociedad, este magnate del oro negro se expresa del modo siguiente:

---

[17] *Los caballeros las prefieren rubias* es el título de una novela de la escritora y guionista de Hollywood Anita Loos. Ejemplo de cómo la jovencita guapa a la caza del «caballero» puede aspirar al ascenso social, cuenta la historia de una mujer joven tonta e inculta cuya vida se sustenta en la astucia y los engaños, pues depende de los ingresos que le proporcionan los ricos «caballeros» a los que mal que bien consigue ir sacándoles dinero y joyas. El rico caballero y la rubia tonta pero astuta porque se adapta al sueño que de ella construyen los hombres son equiparables al príncipe y la corista. En ambos casos la falta de fortuna lleva a considerar al propio cuerpo como capital, como objeto de explotación económica. Cfr. A. Loos, *Los caballeros las prefieren rubias*, Barcelona, Tusquets, 1986.

La rosa americana puede producirse en el esplendor y la fragancia que lleva alegría a su poseedor solo mediante el sacrificio de los capullos tempranos que crecen a su alrededor. Esta no es una tendencia malsana en los negocios. Se trata, simplemente de la resolución de una ley de la naturaleza[18].

Otra ley natural es que el varón fuerte y competitivo no establezca alianzas con mujeres, afeminados, judíos y socialistas. La bestialidad de Drácula es del mismo tipo que la del sátiro, que se asocia con mujeres y las insta a perseguir a los «verdaderos» hombres; pero también la de quien no busca ángeles del hogar sino el nuevo tipo de mujeres británicas: a la varonil Lucy, una «mujer nueva» de instintos poliándricos que se enamora de tres hombres diferentes y se pregunta con curiosidad: «¿por qué no puede una mujer casarse con tres hombres a la vez, más aún si se le presenta la ocasión?»[19]. Una vez alimentada con la fuerza vital de cuatro hombres débiles que no lograron vencerla, Lucy gana fuerza y se transformará en una perfecta salvaje que dirige su sed hacia el símbolo central de la humanidad: el niño. La sed de sangre infantil a la que hace referencia la novela es el signo de una virilidad que recientemente ha tomado posesión de la mujer, de esa misma fuerza masculinizadora que animaba a las feministas a renunciar a los deberes sagrados de la maternidad y atacar a sus bebés todavía no concebidos. En Hampstead Heath aparecerán recién nacidos con el cuello destrozado, pero Lucy, cada vez más lánguida y debilitada a medida que persevera en la vampirización de los otros, acabará lógicamente vencida. Aquel con quien podría haberse casado si no hubiese ajado sus pétalos, si no se hubiese aliado con una fuerza oscura como Drácula, le clavará la conocida estaca de

---

[18] Citado en B. Dijkstra, *Ídolos...*, *op. cit.*, pág. 275.
[19] B. Stoker, *Drácula, op. cit.*, pág. 115.

madera en el corazón. Este castigo supone un primer triunfo del bien.

Sin Lucy, el conde tendrá que resignarse a una feminidad más virtuosa: Mina, una mecanógrafa, la esposa monógama voluntariosa que ejerce como secretaria de su marido. Sin embargo, en tanto amiga de Lucy, tampoco se encontraba tan alejada del ideal de la mujer moderna que sueña con una época nueva. De hecho, Mina no se opone a las nuevas visiones del matrimonio y anota en su diario:

> Algunas de las mujeres de «la nueva ola», que se dedican a escribir, nuevas mujeres escritoras, lanzarán un día la idea de permitir que hombres y mujeres duerman juntos antes de pedir la mano y concederla. Pero pienso que la nueva mujer no lo aceptará en el futuro: ella misma pedirá la mano[20].

Drácula nos presenta un acontecimiento de época: una novedosa ruptura con la feminidad en la época victoriana. La mirada de su autor es ambigua, pero en conjunto podría leerse como un cuento aleccionador dirigido a los hombres de mentalidad moderna, aconsejándoles que no satisfagan la sed de sangre de la feminista, la nueva mujer que encarna Lucy, porque, extrapolando las palabras de Flaubert a este contexto, «esta nueva mujer no era más que "un vampiro que satisfacía a los jóvenes hermosos para devorar su carne"»[21].

Así pues, el vampiro, una importante figura del arte y la literatura del 1900, representaba a la mujer como personificación de todo lo negativo del sexo, la posesión y el dinero. Se trataba una vez más de una de las muchas encarnaciones de la mujer como signo de perdición, y podía simbolizar tanto a la feminista como a la mala esposa, incluso a la prostituta que, oculta en la oscuridad, acechaba en los callejones de Pa-

---

[20] *Ibíd.*, pág. 346.
[21] Citado en B. Dijkstra, *Ídolos...*, *op. cit.*, pág. 347.

rís para traer la ruina económica, la pérdida del poder masculino o la enfermedad venérea. El vampiro incorporaba, en fin, la estéril sed de la mujer-niña sin inteligencia, instintivamente poliándrica aunque fuese virgen, pero representaba igualmente el ansia de dinero de la bebedora de absenta de mirada afilada, cuya adicción provocaba su fiebre por la esencia masculina.

Al igual que Lucy y Mina, las nuevas mujeres escritoras se preocuparon por el amor, y los análisis del «amor encadenado» fueron frecuentes. Se dirigían de modo especial a esas uniones que, exigiendo la humildad absoluta, eran incompatibles con la libertad. Sin embargo, la contraposición, muy querida a las feministas, a la que tuvieron que hacer frente las mujeres de la época, entre «amor libre» y «matrimonio», no significaba la obscenidad por oposición a la pureza virginal —la obscenidad existía pese a todas las prohibiciones legales e incluso gracias a ellas—, sino que expresaba el deseo de transformar un orden sexual y reproductivo desfavorable que los hombres imponían desde las instituciones sociales y políticas que estaban entre sus manos. Solo una transformación de la institución del matrimonio podría crear un «sexo humano» en una «civilización humana».

En *Monsieur Venus,* una de esas novelas que de vez en cuando impulsaban el necesario escándalo moral en la institución literaria y que data de 1884, su autora, Rachilde[22],

---

[22] De origen francés, su verdadero nombre era Margueritte Vallette-Eymery. La concepción de la feminidad en la literatura decadente y en el movimiento artístico futurista es compleja y requeriría un análisis aparte. La francesa C. Bard sostiene que esta escritora reivindica su misoginia, pues el feminismo remitiría para ella a una «feminidad brusca, quejumbrosa y vindicativa». Cfr. C. Bard (ed.), *Un siglo de antifeminismo. El largo camino de la emancipación de la mujer,* Madrid, Biblioteca Nueva, 2000, págs. 62-63.

hace su análisis particular de la fatalidad porque invierte, desde su mismo título, los roles sexuales, lo cual nos puede permitir objetivarlos mejor. *Monsieur Venus* nos ofrece un prototipo de mujer fatal o *femme dominatrix* que le da la vuelta a las lógicas establecidas para reírse de ellas y situar a la mujer en la misma posición de poder que ocupaba el varón de finales del xix. Escrita catorce años después, pero mucho menos conocida que *La Venus de las pieles* de Sacher-Masoch, la novela de Rachilde narra un caso de rebelión femenina: el de una amazona de clase acomodada que actúa como un hombre de su misma clase social. La perspectiva narrativa pone al descubierto un sistema sociosexual en el que una de las partes, sometida al poder de la otra, encuentra su realización en un ideal de sumisión —solo que ahora el sometido es un hombre que, en tanto sometido, asume una posición femenina frente a esa amazona dominante que responde a la figuración de la mujer fatal. Tratando de desocultar los hilos que mueven al sistema, la escritora sustituye la masoquista relación de un escritor con una baronesa que proponía Sacher-Masoch por la de una burguesa de clase alta y un bello Señor Venus que conjuga el elemento masculino con la belleza de una mujer, pero que carece de virilidad porque en su débil posición de joven pobre tiene que adaptarse al papel sumiso que una mujer dicta para él, dócil hasta tal punto que finalmente, en su extrema obediencia, sueña con convertirse en una mujer. Así, en una inversión de los roles sexuales, la joven bella de la alta burguesía que pretende destruir el sexo encuentra su víctima propiciatoria en el joven bello de las clases bajas, iniciándolo en un proceso de feminización que conduce a una sumisión voluntaria en la que el amor se transforma en un sentimiento que exige degradación, un sentimiento que se concibe como entrega total y desaparición automutilante en los deseos del otro.

En el cambio de siglo, dentro del inestable mundo económico del mercado de valores colonialista y de las empresas misteriosas que aparecían y desaparecían, las fluctuaciones hacían posible que cualquier hombre pudiese hacerse rico o arruinarse de la noche a la mañana. El sádico imperial representaba la ambición desmedida. Sus fantasías de dominación se desentendían de la masa de asalariados abocados a trabajar para los consorcios empresariales en condiciones miserables. Y más importante aún era que su codicia se plasmaba también en un colaborador que hacia 1900 ya había podido adquirir una vivienda propia, habitando con cierta comodidad entre artistas, escritores, contables, soldados, ejecutivos y tenderos; componiendo, en fin, el grupo de la clase media ilustrada. Así, incluso el trabajador masoquista colaborador reproducía la jerarquía, puesto que podía contratar los servicios sexuales de alguien más marginal que él para que, en un giro especular, le degradase como él mismo se degradaba ante sus superiores. El masoquista, al dirigir los actos de quien le golpeaba, podía realizar fantasías de dominio sobre su señor o bien comunicarle que tenía que prestar más atención a su servidor; se venga imaginariamente al soñar que algún día podrá ocupar el lugar del señor real y hacerse con el poder. Por esto, el ambicioso que cumple órdenes sería el ayudante perfecto del verdadero sádico imperial que ni comparte su riqueza ni es capaz de pensar en lo común, sino que se limita a imponer su voz de autoridad y conseguir que otros ejecuten fielmente sus decisiones.

Ahora bien, el mejor papel que representa la mujer dentro del esquema sadomasoquista es el de hembra dominatrix, un tipo de mujer fatal sustituto del señor o del vampiro financiero doméstico —le toca encarnar el mal, pues, en un esquema invertido, el hombre o el esposo aparece muchas veces como el mártir. El discurso sadomasoquista necesita el diseño de dos sexos, de un esquema de heterosexualidad normativa que aparece al mismo tiempo mezclado con relaciones de poder político-económicas exclusivamente masculinas. Eran relaciones en las que el reconocimiento del otro y la coexistencia humana entre los sexos que reclamaba el movimiento de mujeres aparecían como algo imposible, incompatible con un orden económico necesitado de esclavas serviciales y subordinadas.

Contrariamente a la de Rachilde, la novela de Sacher-Masoch, *La Venus de las pieles,* describe el castigo gratuito de uno de esos hijos de las monjas hogareñas de mediados del xix que, en un acto de humillación suprema, anhela ser reconocido. Y lo que parece buscar no es el reconocimiento por parte de una mujer a la que se somete cuando le pide realizar actos agresivos. La mujer dominante es una simple sustituta, está ocupando el lugar del «hombre auténtico, un superhombre, un señor divino, un verdadero representante de la clase de los verdugos de los que él no es más que un servil lacayo»[23]. De hecho, una criatura inferior en cerebro y fuerza física, cuya personalidad venía definida de modo negativo como carente de personalidad, podía ofrecer poco reconocimiento. El verdadero reconocimiento llega de las esferas de los poderosos —y ahí no hay mujeres. El mundo de los fuertes señores masculinos y los débiles esclavos afeminados, de los verdugos y los leales ayudantes, rozaba la homosexualidad, ya que dentro de un sistema económico que excluía a la mujer o la relegaba hacia lo subalterno las verdaderas relaciones se desarrollaban entre hombres. Los hijos maduros de las monjas del hogar son personajes pertenecientes a un escenario histórico en el que la enemiga-mujer a veces tiene capacidad para unificar en una sola figura al señor masculino y al esclavo afeminado, pero ese mundo masculino de señores y esclavos, de verdugos y leales ayudantes, plantea también la exigencia previa de renunciar a la mujer. La manipulación de las imágenes implícita en las representaciones de una mujer dominante vestida de pieles y reduci-

---

[23] B. Dijkstra, *Ídolos...*, *op. cit.*, pág. 373.

da a su simple animalidad furiosa tiene su contrapartida en un masoquismo masculino que, creando un señor sustituto que podía ser sacrificado, expresaría una adaptación a las consecuencias de la marginación, un alejamiento de los sillones del poder y no una sumisión al supuesto poder de la mujer.

En la realidad, las «cadenas», ligaduras y bridas del amor, solo ataban de pies y manos a las buenas esposas que aceptaban la situación de sumisión —y cuyos nudos reales y teóricos estaban desenredando aquellas que, pasándose al otro lado de la línea fatal del mal, integraron las filas del sufragismo. Y no fueron solo las costumbres imperantes los grilletes más sólidos, sino también las creencias científicas y filosóficas los factores que influyeron en el hecho de que, en la segunda mitad del XIX, en medio de un caótico desarrollo de centros urbanos industriales, con altos índices de pobreza femenina y dependencia económica de un varón, proliferasen la prostitución y las amantes mantenidas —la lengua francesa reservó para estas últimas el término *cocotte*. Por otra parte, mortalidad y desnutrición infantil, tasas increíblemente altas de alcoholismo masculino y prostitución femenina fueron temas que preocuparon ya a las primeras sufragistas, alarmadas por una «condición femenina» que, siendo muy específica, entendían que no podía comprenderse en toda su amplitud tomando únicamente como categoría de referencia la noción de clase. La diferencia de sexos atraviesa todas las clases sociales, y en todas las clases las mujeres eran la parte pobre, la que apenas recibía ingresos por su trabajo casi siempre gratuito. E incluso, como muestra el siguiente comentario, a mediados del siglo XX no habían mejorado mucho las cosas:

> Un día, un Rolls se detiene ante nuestras vitrinas. La dama que salió arrebujada en martas nos pidió tímidamente algunos panfletos. Nosotras la animamos a sumarse a nuestro movimiento. Con lágrimas en los ojos, se excusó.

No disponía de un franco. Su marido no le daba dinero. Ella no era más que su reclamo[24].

Debido a esa situación de pobreza, alrededor de la Primera Guerra Mundial se formó un inmenso contingente de prostitutas en Europa[25]. Tanto fue así que los recién llegados para una empresa bélica que arrancaba del nuevo mundo descubren con asombro un verdadero ejército de las paradójicamente llamadas «mujeres de vida fácil». «Esto no es una guerra..., esto es una jodida casa de putas», exclama Fred Summers, uno de los soldados estadounidenses que tomaban tierra en París, y a quienes sus mandos les aconsejaban fervientemente mantenerse lejos del vino y de las mujeres[26].

El autor austríaco Stefan Zweig sostiene que, en los comienzos de siglo, la misma ciudad, la misma sociedad y la misma moral se indignaban cuando las muchachas montaban en bicicleta. Pero ese mismo mundo que preconizaba tan «patéticamente la pureza de la mujer toleraba esa horrible venta del propio cuerpo, la organizaba e incluso sacaba provecho de ella»[27]. Asegura no recordar a un solo amigo desprovisto del miedo a la infección, ni uno que no hubiese aparecido en alguna ocasión con la cara pálida. Y como la salud de las esposas dependía en parte de la actividad sexual de sus maridos, el discurso sufragista decidió alzarse contra la «lacra social» de la prostitución, realizando un alegato con argumentos mora-

---

[24] La anécdota ocurre en el año 1935 y se refiere a un vehículo que se detiene en París ante la sede de la Association pour l'égalité des droits civils entre Français et Françaises. Cfr. L. Weiss, *Combats pour les femmes,* París, Albin Michel, 1980, pág. 54.

[25] Véase, por ejemplo, S. Zweig, *El mundo de ayer. Memorias de un europeo,* Barcelona, Acantilado, 2010, págs. 113-124.

[26] Cfr. J. Dos Passos, *1919,* Barcelona, Mondadori, 2007, pág. 120.

[27] S. Zweig, *El mundo...,* op. cit., pág. 122.

les a favor de regulaciones de lo que consideraban un problema de salud. Había que proteger a las mujeres y los niños ante enfermedades de transmisión sexual como la sífilis.

El tipo más amenazante de «mujer fatal», la prostituta, y su sexualidad suponían también un peligro muy directo para los clientes: a uno lo chantajeaban con un aborto, otro no tenía dinero para un tratamiento sin que se enterase su familia, aquel no sabía cómo «pagar los alimentos de un hijo que le endosaba una camarera»[28]; eso cuando no les habían robado la cartera en un burdel y no se atrevían a denunciarlo. Para los que tenían más poder económico o más escrúpulos, siempre existía la posibilidad de una relación con «una de aquellas criaturas anfibias que se encontraban mitad fuera y mitad dentro de la sociedad, actrices, bailarinas y artistas, las únicas mujeres "emancipadas"»[29].

En París fueron numerosas las empleadas de los cabarés que vivieron en Montmartre y tuvieron hijas e hijos de padres desconocidos. Cuando aún eran bellas y jóvenes, había hom-

---

[28] Ibíd., pág. 124.
[29] Ibíd., pág. 117. No está claro si Zweig se refiere aquí con el término «emancipadas» a las solteras o a la emancipación característica de los ambientes de los barrios bajos o bohemios sin más. Careciendo de ingresos por no estar casadas, y a falta de una formación profesional, muchas mujeres jóvenes o lo suficientemente bellas obtenían ingresos de los hombres acomodados. Este medio de vida dependía de su efímera belleza, mientras que la fealdad o la vejez las relegaba a tareas más subalternas. Y así la belleza constituyó, de manera muy especial para las mujeres, un capital a explotar en sí mismo. La libertad sexual de las mujeres de los medios artísticos constituye, sin embargo, todo un capítulo aparte: los casos de verdadera libertad se solapan a veces con los de la mera forma de subsistencia. En el extremo opuesto, las escasas «emancipadas» educadas, con formación e incluso con algunos ingresos propios, reclamaban más educación y más derechos políticos para todas. En realidad, el perfil de quienes participaron en el movimiento de las mujeres guarda mucha relación con el nivel de educación y con el número de hijos, pues si bien la paternidad se asumía con ligereza, la maternidad limitaba los recursos y el tiempo disponible.

bres que las ayudaban materialmente; pero fueron muchos los casos en que se olvidaban posteriormente de ellas. Algunas de las hijas de esas cabareteras pasaban demasiado tiempo en la calle y eran retenidas por la policía en la comisaría por *vagabondage de mineure*, donde se las hacía esperar hasta que sus madres acababan el espectáculo y venían a recogerlas. Sin embargo, la disposición normal de una misma sociedad burguesa que prohibía la educación igualitaria, el ejercicio de una profesión y la libertad sexual de esposas e hijas, establecía al mismo tiempo que, entre los dieciséis y los veintiséis, los hijos varones tratasen de crearse una posición social —pues, contrariamente a las hijas, que tenían que casarse cuanto antes, a esta edad a los jóvenes aún no se los consideraban lo bastante maduros para el matrimonio. Esta situación desigual favoreció que muchas mujeres se casasen alrededor de la adolescencia con hombres mucho mayores que ellas, mientras que otras se quedasen sin ingresos y entrasen a formar parte de un mercado de prostitución que facilitaba que únicamente los hombres pudiesen tener una vida sexual —tanto antes como fuera del matrimonio. Zweig dibuja de un modo muy concluyente un cuadro de hombres, algunos jóvenes, otros maduros o casi ancianos, que se encuentran en un espacio organizado alrededor del intercambio de cuerpos de mujeres, cuerpos como capital a explotar. Al mercado de la prostitución, propio de las ciudades donde había «mujeres hambrientas y tristes que ofrecían placer sin placer»[30], se añadía el hecho de que en las zonas rurales «el mozo de diecisiete años ya dormía con una sirvienta y, si la relación traía consecuencias, no se le daba mayor importancia»[31]. Ser pobre y no tener gran cosa que perder definía la situación de muchas mujeres, incluso en el único lugar que prometía nuevas oportunidades: la ciudad metropolitana.

---

[30] *Ibid.*, pág. 120.
[31] *Ibid.*

Bailarinas, actrices y prostitutas expresaban, una vez más, la dimensión sexual asociada a la pobreza femenina. Paradójicamente, una buena parte de los negocios del mercado económico capitalista de tintes puritanos, muy preocupado por lo tanto por la virginidad de las mujeres, se desarrollaba en esos lugares de «disipación» concebidos para conjugar el ocio masculino con las finanzas y las transacciones necesarias para los negocios. Solo allí podían rozarse los extremos de las clases sociales, pues prostitutas, bailarinas y actrices eran mujeres sin recursos económicos de cualquier clase social; mientras que los hombres eran quienes pagaban el precio del ticket de la diversión y el espectáculo.

Ahora bien, sea prostituta, feminista o mujer independiente que desafía a los hombres, la mujer fatal responde en la imaginería del cambio de siglo al mismo esquema amenazante que cristaliza la idea de la Eva primitiva. Vampiros, feministas y demás fatales conforman todo un imaginario de reacción ante las demandas de las mujeres, pues la revuelta de estas se interpreta como un chantaje al orden fraternal del padre y del hijo. Y el orden les exige replegar sus posiciones.

La prostitución fue la otra cara del matrimonio, su parte oscura. Pero además la resistencia mostrada por la nueva generación de mujeres al ideal de pasividad de una Ofelia muerta causó miedo. Especialmente entre los círculos artísticos e intelectuales que compusieron las vanguardias artísticas e intelectuales existió un aumento de la homosexualidad masculina. Se produjo una tendencia importante hacia el celibato y la homosexualidad activa, porque de este modo los hombres encontraron la manera de escapar tanto al sistema sociosexual del matrimonio como a la prostitución que los emplazaba en una masculinidad tóxica también para ellos. La homosexualidad fue un indicador de un cambio de mentalidad en «una generación de hombres llenos de temor, miedo, sorpresa y horror ante la perversidad de la mujer cuando esta intentaba liberarse de la prisión de santidad a la que había sido relegada por la generación de mediados de siglo»[32]. Quienes habían crecido en las décadas de 1870 y 1880 habían sido educados por sus madres en la abstinencia virtuosa y esperaban recibir su propia oportunidad para disfrutar los placeres de la supremacía. Pero muchos de estos hombres burgueses de las clases medias acabaron por desarrollar miedo a lo femenino y codeándose solo con hombres. No habrían amado a las mujeres con vida propia, sino a sus imágenes mortuorias porque

> habían «elevado» a sus esposas a la posición de monjas hogareñas inmaculadas y cuasi virginales, una vez que las habían convertido en delicadas posesiones que requerían un trato especial, se dieron cuenta de que habían forjado en sus propias mentes desolados monstruos de frustración sexual[33].

Así, el último período del XIX cambiaría el amor maternal de una mujer infantilizada en un amor crecido, una «idea» verdaderamente masculina, ejemplificada en los jóvenes desnudos de *La Escuela de Platón* del cuadro de Jean Delville. Cuando la mujer como abstracción había demostrado no ser digna de confianza sino un «ídolo de perversidad» que ocupaba el lugar de una madre ideal, y cuando las mujeres individuales habían fracasado en la prueba de crear hombres superiores, entonces el artista, en la pura interacción masculina, elabora conceptualmente un «nuevo hombre» que se corresponde con el héroe artístico mencionado por Proudhon: «El arte solo tiene un género, el masculino»[34]. Las representaciones artísticas recogerían desde efebos suaves y afeminados hasta musculados adultos supermasculinos.

---

[32] B. Dijkstra, *Ídolos...*, *op. cit.*, pág. 202.
[33] *Ibíd.*, pág. 355.
[34] *Ibíd.*, pág. 208.

En este contexto, no resulta extraño que la escritora Violet Page, escribiendo bajo el seudónimo de Vernon Lee, le haga preguntar a uno de sus personajes de *Dionea*:

> ¿por qué entre todas esas estatuas solo hay hombres y chicos, atletas y faunos y el único busto de esa pequeña y delicada madona que es su esposa? ¿Por qué no vemos amazonas de hombros anchos o una Afrodita de grandes caderas?[35].

Quizás porque desde el culto a la invalidez y la muerte en monjas místicas y ángeles hogareños, propio de mediados del XIX, hasta las *vamps* sexuales de ojos abiertos, locas y desesperadas, una misma disposición social en forma de leyes y costumbres coloca a las mujeres en una relación de obediencia.

Sin embargo, llegado 1917, son muchos los hombres y las mujeres que comienzan a percibir que en los roles de unos y otras algo había cambiado de manera irreversible. Un jurista de la época afirmaba que «el reino de la mujer-muñeca, ignorante de la vida»[36], había concluido. Por su parte, el novelista Louis Narquet usó la palabra *fatale*[37] para referirse a una realidad que quizás era desagradable para muchos hombres pero que de facto expresaba la evolución de la mujer a partir de la guerra. De este modo, la figura de la sexualidad suprimida, propia de la santa asexuada y virginal que conforma el prototipo de ángel del hogar, encuentra su reverso en una mujer que se afirma a sí misma y reacciona ante la situación social —si bien en el orden del discurso toma la forma de una mujer

---

[35] Disponible en: http://www.gutenberg.org/dirs/etext06/8hntg10.txt (consultado el 2-9-2012).

[36] Citado en M. Roberts, *Civilization without Sexes. Reconstructing Gender in Postwar France, 1917-1927,* Chicago, The University of Chicago Press, 1990, pág. 149.

[37] Citado *ibíd.*, pág. 150.

fatal cuya sexualidad sin regulación escapa a la vigilancia masculina.

A medio camino entre los estereotipos de la santa victoriana y la mujer perversa, el cine estadounidense encontrará la síntesis benigna que supere los elementos amenazantes de la independencia y la mujer libre. Es la forma de perversidad que adopta, por ejemplo, una *star* hollywoodiense como Rita Hayworth, una mala bajo control. En cualquier caso, si el estereotipo de la santa funciona como modelo para una mujer mística que se ofrece en sacrificio a su señor[38], la historia social creyó necesario también forjar el modelo de una amazona fuerte que, una vez vencida, sirviese para ensalzar el orgullo y la fortaleza del poder masculino. A fin de cuentas, el imaginario de la fatal es el ingrediente esencial de un discurso de reacción, de un relato que trató de reprimir y paralizar un proceso de liberación en curso.

---

[38] Simone de Beauvoir cree que en las figuras de la narcisista, la enamorada y la mística existe un desdoblamiento del yo, un estado de alienación en otro yo o segundo yo imaginario que acaba dominando al propio yo. Así, la narcisista no vive para sí sino para el yo del que se enamora, aunque este no sea sino ella misma, la enamorada vive para la figuración ideal del amado y la santa mística es la sierva de su amado señor. Todos ellos son estados en los que la persona huye de sí misma, de su sensación de vacío, para refugiarse en abstracciones ideales que son producto de su propia mente. Cfr. S. de Beauvoir, *Le Deuxième Sexe, I,* París, Gallimard, 1976 (en castellano, la edición más reciente es de Ediciones Cátedra, colección Feminismos).

Capítulo 2

La nueva civilización

Virginia Woolf asegura que nadie en concreto es responsable de la carencia de espíritu civilizado:

> Era absurdo culpar a ninguna clase o sexo en conjunto. Las grandes masas de gente nunca son responsables de lo que hacen. Las mueven instintos que no están bajo su control [...]. Los patriarcas, los profesores, tenían que combatir un sinfín de dificultades [...]. Tenían, es cierto, dinero y poder, pero solo a cambio de albergar en su seno un águila, un buitre que eternamente les mordía el hígado y les picoteaba los pulmones: el instinto de posesión, el frenesí de adquisición que les empujaba a desear perpetuamente los campos y los bienes ajenos, a hacer fronteras y banderas, barcos de guerra y gases venenosos; a ofrecer su propia vida y la de sus hijos [...]. Estos instintos son desagradables de abrigar, pensé. Nacen de las condiciones de vida, de la falta de civilización[39].

---

[39] V. Woolf, *Una habitación propia,* Barcelona, Seix Barral, 1995, pág. 55.

Fueron numerosas las imágenes que alertaban del peligro del nuevo comportamiento.

Foto de estudio de Annie Dawson Wallace en bicicleta (Sydney, 1899).

Las «mujeres nuevas» cuestionaron la sexuación del mundo y desafiaron las convenciones del comportamiento femenino aceptable.

Las mujeres fatales crearon alarma social y despertaron visiones negativas de la feminidad. Pero sin ellas no habría existido la propuesta implícita y positiva de liberación que vamos a ver a continuación. Frente a un ideal de feminidad victoriana que se había vuelto caduco, feministas y demás fatales aspiraban a un nuevo espíritu civilizado. De este modo hace su aparición el «ideal de la mujer nueva». Se trata del «ideal de la mujer libre» en una «nueva civilización» para las mujeres occidentales.

A comienzos del siglo xx se organiza un tiempo histórico único y extraño. Agitado al tiempo por las conocidas mutaciones económicas y políticas de una sociedad que de año en año es menos rural y más urbanizada e industrial, sacudido por una Primera Guerra Mundial en la que las alas de metal de la «caballería del aire» que galopa en las nubes constituyen la gran novedad de la estrategia militar, estos momentos insólitos van a definir y concretar los estilos de vida independiente que más tarde serán adoptados por innumerables mujeres de todo el siglo xx. Se abre el telón de un ideal cosmopolita, de una nueva civilización, y es en este escenario donde dará el primer paso lo que puede considerarse la verdadera modernidad de las mujeres.

De este modo, entre 1880 y 1920 aparecen tres generaciones que están demoliendo ruidosamente los estrechos lugares comunes que cerraban el paso al aire fresco de las nuevas formas de feminidad. Rebeldes y reformadoras que sueñan con una civilización nueva quieren encaminar a la sociedad hacia nuevos horizontes. Sin embargo, el ideal de una nueva civilización no se expresa en un tema concreto, como pudiera ser el voto, ni atañe a un solo grupo cohesionado, como pueden ser las sufragistas, sino que se esparce por diferentes países como una revuelta con frentes diversos que, tomados en conjunto, son el «movimiento social de la mujer». Nunca antes las demandas de emancipación elaboradas por parte de incontables asociaciones, ligas, círculos, clubes, etc., habían sido tan explícitas. Nunca se había manifestado de un modo tan subversivo en la apariencia, los gestos y las formas de vida la firme resolución de la autonomía personal. Ninguna vez se había reclamado con tanta fuerza el derecho a desarrollar una personalidad propia.

Las fotografías en blanco y negro nos muestran pequeños, y sin embargo numerosos, grupos de chicas de ciudad que, cogidas del brazo, ocupan de lado a lado casi todo el ancho de la calle —muchas de ellas forman parte de asociaciones o leen los periódicos, gacetas y boletines que esas asociaciones hacen imprimir. Son estudiantes o trabajadoras en día libre o en final de jornada, profesionales de todo tipo que malviven en pensiones con luz de gas y estufas de carbón, que guardan sus pocas pertenencias en los armarios de hoteluchos ubicados en callejas sin pavimentar o en los pequeños hospedajes de callejones alejados de los hogares burgueses con electricidad recién estrenada. Jóvenes, en fin, que viven en alguno de los cuartos fríos y oscuros de las recién creadas metrópolis industriales en crecimiento. Como núcleos de intensa atracción, las grandes ciudades se comparan con hormigueros que captan año tras año, con la seducción de su estilo de vida brillante lleno de halos y resplandores, a más y más mujeres hacia unas ocupaciones que con un poco de suerte les permitirán una estetización de su vida que a su vez va a provocar una turbulenta reacción en quienes no ven con buenos ojos que el eterno femenino reniegue de sí, se renueve y se transforme. La intransigencia antifeminista tiene, en efecto, a su disposición el arma crítica de un viejo imaginario que equipara a las mujeres que se alejan de una feminidad considerada «verdadera» con un mal funesto para el hombre y la sociedad.

Figuras como la sufragista y la feminista, figuras maléficas como las vampiros chupasangres, las ginandroides[40], las

---

[40] Las raíces etimológicas «gin» y «andro» indican la masculinidad y la feminidad; lo mismo ocurre con el término «andrógino».

lesbianas, las fatales del cine, las *garçonnes,* mujeres reales como las *grisettes* parisinas, la escritora Virginia Woolf o la modista Coco Chanel y personajes literarios como Monique Lerbier, la protagonista de *La Garçonne,* que veremos más adelante, coinciden en una misma red de no consentimiento con la situación heredada. Innumerables mujeres anónimas, mujeres individuales, toman la calle y la biblioteca en conjunto. Son la «mujer nueva» que discute las lógicas de una Mujer con M mayúscula que construía naturalezas femeninas serviles y disciplinadas, carentes de deseos propios; cómplices, por sumisión, con el hombre. Virginia Woolf dirá que en este punto empieza la historia de las mujeres porque la sociedad de las extrañas, anónimas, olvidadas y desconocidas empieza a decir algo, a escribir el primer capítulo de su historia colectiva —aunque más tarde sea olvidado. Discrepantes, están embarcadas en un mismo proceso para dejar atrás determinadas maneras de pensar la categoría de feminidad; y por ello están comprometidas con una crítica de tipo social orientada hacia los ideales de una Nueva Civilización. Mujeres pacifistas, feministas, radicales partidarias de la emancipación, del amor y las uniones libres, del control de los nacimientos y del divorcio, huyen del sufrimiento, de la servidumbre, y se sienten artífices de un cambio: preconizan y protagonizan el nuevo espíritu que esperan traerá la felicidad, si no para ellas, sí para las que vengan después, respaldando al mismo tiempo la idea de encaminar a la sociedad hacia un tiempo de libertad futura; sin dogmas de autoridad.

Dora Black, la escritora feminista y socialista que tuvo por marido al filósofo Bertrand Russell, lo hace del modo siguiente:

> Nos ha llevado siglos de pensamiento y de burlas sacudirnos del sistema medieval. Con vistas a ello, he tomado en forma de impulsos, instintos o necesidades ciertas fuerzas conductoras de la especie humana como las conocemos

en la actualidad, argumentando que tales cambios sociales y económicos les darán nueva, libre y variada expresión. Pero dar incluso este primer paso hacia una sociedad feliz es una tarea hercúlea. Después de que se haya logrado, las generaciones futuras podrán ver lo que la criatura [nosotros] hará a continuación[41].

Así pues, esta nueva criatura que no morirá en su generación sino que prolongará su vida en los tiempos futuros nace en el ambiente de posturas enfrentadas entre partidarios del antiguo orden y seguidores de la nueva civilización teorizada por revolucionarios y radicales de comienzos del xx.

La «mujer nueva» da un primer paso hacia una sociedad más feliz. Toma poco a poco la bastilla de los espacios abiertos: camina sola por las calles, nada en el mar y hace deporte, viste chaqueta entallada y a veces bombachos inspirados en los diseños de Oriente, como los creados por Amelia Bloomer, una modista de un período de tránsito que combina corbata y camisa blanca con corsé y sombrero de flores. Porque la nueva mujer tendrá bicicleta, el primer símbolo de emancipación, y en la generación siguiente conducirá un automóvil, el segundo. Su bicicleta le permite adentrarse por parques y caminos polvorientos. Y si bien las caídas, tropezones y durezas de las piedras constituyen inoportunos obstáculos, se salvan al igual que se salvan las dificultades insidiosas que opone el poder de las murmuraciones: ¡una mujer en bicicleta, habrase visto!

Aunque sea una mujer burguesa, y por lo tanto educada para la estricta domesticidad, su vida transcurre en espacios cada vez más amplios. Es, por lo tanto, mucho más libre que su madre, cuya libertad de acción ni se mencionaba a base de desautorizarla como un peligro incompatible con el ancestral

---

[41] Cfr. Dora Black (de casada, Russell), *The Right to be Happy*, prefacio, pág. viii (www.questia.com/read/72513108/the-right-to-be-happy).

pudor y recato femeninos. En un mundo en el que aún no había exploradoras, arqueólogas ni aviadoras que conquistasen el cielo abierto o volasen hacia lo alto pilotando artefactos metálicos con alas desplegadas en el aire, los modales femeninos estaban orientados todos ellos a proyectar una imagen del hombre del doble de su tamaño natural. La esposa era el reflejo del esposo, y su función era adorarlo, engrandecerlo. Pero los cambios no pueden esperar cuando concluye el siglo.

Para ilustrar las mutaciones experimentadas por la mujer nueva dentro de lo que consideraba «Treinta años de Progreso», entre 1895 y 1926, el dibujante estadounidense Dana Gibson colocó, al lado de una mujer con curvas, que mira altiva hacia el frente desde su hermosa figura erguida y precisa, que viste sombrilla de encaje, vestido de volantes hasta los pies, mangas abombadas y una pamela profusamente decorada con flores, a otra mujer que lanza dudas sobre su propio sexo y observa la arrogancia de la primera como quien siente curiosidad por una especie de feminidad caduca y casi extinguida. La joven escuálida despojada de su feminidad necesita menos tiempo para lograr una apariencia respetable. Sigue la moda de la época de descomponer en pedazos el sexo victoriano y se ha cortado el pelo al cero. Se ha puesto una falda por encima de sus rodillas y sus piernas están apenas cubiertas por unas medias de seda enrolladas justo donde termina la longitud de la falda. Ha cambiado el corsé por una camiseta a rayas horizontales ceñida a su pecho plano y una sencilla gargantilla estrecha adorna su cuello. Y casi podría escucharse el tintineo de sus pulseras mientras acerca a sus labios una larga boquilla que sostiene un cigarrillo humeante entre sus largos dedos. Si lo que digo no tiene significado, habría que recordar que una de estas mujeres es una metáfora de la vieja feminidad, la «feminidad verdadera», y la otra es la nueva propuesta: la moda de las jóvenes *flappers* que, abandonando el sonrosado pudor de la enamorada, niegan la sumisión del amor y aceptan el vértigo de la vida activa, su intensidad, el

Girls will be girls. Mujeres fumando, bebiendo o haciendo deporte. El dibujante Dana Gibson captó en numerosas ocasiones el nuevo espíritu de libertad de las mujeres.

Thirty Years of Progress, D. Gibson, 1926. En tan solo una generación la apariencia visual de las mujeres dio un vuelco.

cuerpo móvil y deportivo, la aspiración a reinventarse cada día para transformarse en la mujer nueva.

Al inicio del siglo, las revistas femeninas de los Estados Unidos mostraban el estilo de vida de la clase alta como el ejemplo a imitar en las clases medias. De este modo, los medios de comunicación estarían contribuyendo a crear una cultura de masas que imitaba a la clase social que se situaba por encima. Los nuevos emigrantes podían adoptar esta «estética de la imitación», fundamental para el ascenso a las clases medias y necesaria para quienes van a reproducir el modelo urbano de familia norteamericana. Posteriormente, hacia los años treinta, ocurre lo contrario. La referencia se invierte y lo que difunden es el *American way of life* de los barrios suburbanos de la nueva clase media recién constituida. Ahora las revistas recogerían, y al tiempo crearían, un imaginario de familia moderna de clase media, con tipos variados de norteamericana que irían desde la victoriana «verdadera mujer» hasta «mujeres nuevas» como la *flapper,* e incluso la «mujer fatal», causante, según muchas opiniones, de una seria crisis de masculinidad.

Pero la historia no cambia de repente, de la noche a la mañana. Se pueden observar muchos cambios al comenzar el siglo XX, cuando ni siquiera las señoras de las clases media y alta que «no necesitan trabajar» pertenecen ya a un verdadero espacio doméstico. En tanto nuevas consumidoras, tienen que desatender «la casa» para darse una vuelta por «el mundo», y en tanto almas caritativas, salir a la calle para ocuparse de los pobres. Y cuando el estatus de clase se define por los bienes que se poseen, incluso muchas mujeres «respetables» quieren tener empleos, anhelan poder ganar su propio sustento sin necesidad de un marido. Así que cuando el mundo anterior, el de la joven dama altiva que sueña con el hogar y el apuesto oficial, se vuelva viejo, la nueva civilización tendrá que reconocer a la mujer que trabaja. Las oleadas de nuevos emigrantes necesitan cocineras y sirvientas para las cafeterías de comida rápida; la novedad del teléfono y los telegramas necesita telegrafistas y telefonistas que han de recibir un nivel medio de formación; los «grandes almacenes» necesitan ascensores en los que un botones anuncia planta y sección, pero también compradoras de todas las edades y jóvenes dependientas, y, por supuesto, mujeres en los negocios de la moda, el diseño y la decoración.

Ahora bien, la tarea que exigió más energía al «movimiento social» de las mujeres fue la de la reforma de la sociedad. Una expresión de la época como «maternidad social» nos indica que se está produciendo una extensión hacia afuera, hacia el mundo, de las virtudes domésticas femeninas, lo cual convierte a muchas burguesas, a veces las mismas a las que algunos socialistas consideran parásitos sociales, en protagonistas de una reforma filantrópica sin precedentes. Los sucios y superpoblados barrios de los suburbios industriales donde se hacinan los nuevos trabajadores de clases desfavorecidas, que llegan a Norteamérica incluso de lugares tan distantes como el otro lado del océano, acogen el trabajo caritativo de las jóvenes cristianas de buenos modales que, en su intento por sentirse útiles, «ayudan a esos pobres» de los barrios míseros, y mantienen constantes entrevistas con mujeres cargadas de hijos o aquejadas de sífilis que son engañadas continuamente y que reclaman la ayuda de un espíritu comprensivo. Algunas de ellas emprenderán, en solidaridad con las madres de hijos ilegítimos y las esposas de hombres alcohólicos de manos curtidas que pasan más tiempo en la sucia taberna de la esquina de la calle que en su propia casa, la famosa campaña de la «ley seca» que prohibió por un tiempo la venta de alcohol en los Estados Unidos.

Hay que recordar que este «espíritu de beneficencia» venía del siglo XIX, y que solo llegado el XX se convierte en un verdadero ideal internacional de «reforma social», en uno de los elementos de la «nueva civilización» que se preconiza en las asociaciones de mujeres. Este espíritu del bien y la caridad llevó, por ejemplo, a la gallega Concepción Arenal a convertirse en visitadora de cárceles, impulsando, a imitación de lo que ocurría en otros países, una reforma que trató de humanizar las condiciones del mundo penitenciario, una transformación que realizó bajo la mirada vigilante de directores de prisiones que no veían con buenos ojos ni la intromisión de mujeres ni las labores caritativas.

Así pues, a medida que las mujeres van logrando hacerse un hueco en los lugares socialmente relevantes que el sistema burgués había reservado para un ser bífido, que apoyaba un pie en lo privado, como varón «primogénito» y como «cabeza» de familia, y el otro en lo público, como ciudadano y trabajador, las posiciones críticas que invitaban a ser útil y a «crearse a sí misma», superando los códigos de conducta establecidos, se oyen más y más alto y se hacen más y más frecuentes. Sin embargo, la historia de la Modernidad se resiste a este cambio. Parece que percibe una y otra vez un peligro inquietante en las mujeres que salen de las sombras de la casa privada. No sin razón. Tan solo unos cuantos pasos son los necesarios para cruzar el atajo que separa el viejo mundo doméstico del «nuevo espíritu de los tiempos» que quiere acabar con los privilegios de un género masculino que entendía el amor como bajarse las enaguas y al mismo tiempo dictaba bondad, pureza, fidelidad y abnegación. Y como unos nacen de este siglo y otros de aquel, el espíritu del tiempo moderno iba invitando a cada cual a expresar opiniones, a criticar, a declarar simpatías y antipatías por medio de propuestas firmes de una nueva civilización, de un nuevo pacto social y sexual.

Toda una herencia se reestructura hacia finales del XIX, orientándose hacia la nueva civilización en las figuras pioneras que reclaman el derecho a una educación al igual que los hombres, en las que participan en manifestaciones, trabajan en oficinas o acaban en la cárcel, donde sus huelgas de hambre ponen en jaque a un gobierno como el inglés, que no quiere ser responsable de las muertes por inanición de las sufragistas. Con la apertura del siglo XX, tanto el sufragismo y el feminismo como la postura ético-estética individualista de la *garçonne* resignifican los símbolos, reeducan las mentalidades, en especial esas que aún creían en damas de miriñaque. Finalmente reconducen la mirada de la sociedad entera, haciendo subir unos cuantos grados la temperatura de las polémicas que buscan poner punto final a las identificaciones más normativas de la masculinidad y la feminidad.

La escritora y feminista sueca Ellen Key presentó este ideal de una «nueva civilización» como inseparable del movimiento internacional de mujeres, y alude a su carácter «feminista». Frente a otros movimientos sociales, el de las «mujeres nuevas» se caracteriza por ir más allá de las estrechas ideologías políticas y de las rigurosas divisiones de clase. Nociones como «libertad de costumbres» y «libre agencia» se presentan en su obra *The Woman Movement*[42] como inseparables de la consecución de derechos económicos, pero en clara oposición a las luchas por la mera igualdad o a la simple aplicación a las mujeres de los derechos políticos de que, como ciudadanos, disfrutaban los hombres. Muy vinculada a los movimientos de reforma social que pusieron sus esperanzas en el reconocimiento social de la maternidad como fuerza reproductiva que podía ser tanto o más importante que la paternidad del cabeza de familia y su mundo productivo, Ellen Key entiende el feminismo como un movimiento capaz de abarcar una gran multiplicidad de corrientes, y no se olvida de mencionar a las «feministas de clase alta» que trabajaban «codo a codo con

---

[42] E. Key, *The Woman Movement,* Nueva York, Putnam's and Sons, 1912.

las ramas menos dogmáticas del socialismo en su lucha suprema para la protección de la madre»[43].

En su opinión, las dos grandes cuestiones del siglo son la cuestión de la mujer y la laboral. Pero ambas están tan unidas que la incorporación de las mujeres al mundo del trabajo en una sociedad que se industrializa cada vez más produce una transformación tanto o más profunda que la del desarrollo técnico considerado en sí mismo. La participación de las mujeres en dicho proceso fue parte del éxito del modelo industrial y tecnológico; y aunque muy frecuentemente los socialistas reducirían el problema de la mujer a que el poder económico estaba en manos de solo unos pocos —y por lo tanto tratarían de incorporar a las mujeres a la lucha de clases—, Ellen Key piensa que la diferencia de sexos se basa en algo más importante, pues, condiciones económicas aparte, la corta libertad que las costumbres impusieron a las mujeres les habría dejado tan poco margen de acción como el pesado vestido que trababa los movimientos de la Gran Dama que nunca salía sola. De aquí que el movimiento de mujeres tuviese que empezar su historia por reclamar derechos humanos en una nueva civilización, y por ello esa historia es una parte de los ideales emancipatorios que interesan a la humanidad entera. Con hombres fuera de casa y mujeres en casa, la cuestión económica y de clase no podía surgir —pues las mujeres ni siquiera eran una clase, sino el sexo excluido del derecho de ciudadanía, y por lo tanto de todas las clases. Pero sí que existía una cuestión de «derechos de la mujer», porque si el trabajo gratuito de la mujer en casa era algo valioso, aunque invisible y anónimo, parecería irracional negarle reconocimiento político y no hacerle corresponder derechos específicos. Los análisis de Key ligan la cuestión de la maternidad y la del valor del trabajo de las mujeres. Y estas dos cuestiones unieron

---

[43] *Ibíd.*, pág. 33.

a las mujeres en el movimiento por una nueva civilización, una unidad que se realizó por encima de las diferencias de clases sociales, pues filantropía y reforma social reúnen clases dispares. Así, frente a otros movimientos sociales, el de las mujeres es «ínter» o «transclasista».

La «nueva civilización» ha de aceptar, pues, la actividad laboral remunerada de las mujeres. En las primeras décadas del siglo muchas mujeres nuevas que no eran necesariamente socialistas —y que incluso pertenecían a una clase acomodada— concibieron el trabajo como una forma de autoexpresión, como un ideal de vida en el que podían salvaguardar su independencia frente a las exigencias que creaba el matrimonio y la familia. Incluso antes de comenzar el siglo, y al lado de los primeros argumentos que defendían la combinación de carrera con trabajo[44], existieron declaraciones del tipo: «Te quiero pero quiero más a mi trabajo»[45]. De este modo, se estaba materializando cierto rechazo a la institución de la familia y a la específica opresión derivada del rol sexual femenino. Por otro lado, en las primeras décadas del XX se plantean nuevas redefiniciones del trabajo de las mujeres que introdujeron discrepancias entre aquellas feministas que defendían planteamientos igualitaristas y grupos de trabajadoras que, en sindicatos o partidos socialistas, reclamaban legislación laboral específica y medidas de protección especiales para las mujeres. Harriot Stanton Blatch, hija de la pionera sufragista Cady Stanton, y Alice Paul son dos de las feministas estadounidenses que defendieron legislaciones igualitarias, mientras que Dora Russell reclamaba legislación protectora, en especial para los casos de maternidad[46]. En realidad, los debates sobre si debía o no asociarse la identidad de

---

[44] L. J. Rupp y V. Taylor, *Survival in the Doldrums. The American Women's Rights Movement, 1945 to the 1960s,* Nueva York, Oxford University Press, 1987, pág. 178.

[45] Citado *ibíd.*, pág. 171.

[46] *Ibíd.*, págs. 190-192.

las mujeres con la maternidad, sobre si las leyes proteccionistas eran beneficiosas o perjudiciales —pues ofrecían una imagen de la mujer como ser débil, que había que proteger—, son recurrentes en el feminismo. En consecuencia, ya en 1908 hubo quienes exigieron derechos basándose en su condición de madres y hubo quienes, como Pelletier, pusieron el acento en los peligros de esa elección: «Las sociedades que vengan pueden construir templos a la maternidad, pero no lo hacen más que para aprisionar a las mujeres»[47].

Pacifismo, transformación de las costumbres, reforma social y actividad laboral son elementos de la nueva civilización. Pero lo que indudablemente creó mayor revuelo y sorpresa fue la cuestión, que veremos en detalle en el siguiente capítulo, de los derechos políticos. Por el momento, bastará con señalar que los políticos del gobierno de Inglaterra concedieron el voto más como un «regalo» o un «merecido premio al trabajo patriótico de las mujeres» durante la guerra que como una respuesta al derecho que venían reclamando las sufragistas. Según cuenta la escritora Ray Strachey, tras la consecución del voto, algunas organizaciones de mujeres trataron el tema de qué decisión tomar con vistas al futuro, ahora que la unidad de acción no se simbolizaba en el acceso a las urnas[48]. Hubo una tendencia caracterizada por su temática principalmente feminista, que creía que era necesario trabajar para la emancipación en términos igualitarios; mientras que otra, y esta constituía una mayoría, sentía que ahora ya estaban emancipadas y que debían reorientar su poder político, utilizándolo para mejorar aspectos sociales de todo tipo: bienestar de niños, mejora de la salud, la

---

[47] Citada en J. Scott, *Théorie critique...*, *op. cit.*, pág. 161.
[48] Cfr. R. Strachey, *The Cause. A Short History of the Women's Movement in Great Britain*, Londres, Virago, 1988.

educación, la sanidad, el entendimiento internacional y la formación general de las mujeres en los deberes de la ciudadanía. Las primeras pensaban que ya había otras organizaciones abogando por estos asuntos, mientras que las segundas les criticaban que centrarse únicamente en planteamientos igualitaristas suponía caer en una perspectiva meramente académica. Lo que salió adelante fue un compromiso entre las dos perspectivas, pues el objetivo siguió siendo feminista como antes, pero a ello se le añadió la educación de las mujeres en los deberes de la ciudadanía y la persecución de una real igualdad de libertad, estatus y oportunidades que, traducida al nivel de la vida cotidiana en un mundo donde los hombres aún se definían como soportes protectores de sus esposas e hijos, significaba tratar de superar muchas injusticias y desigualdades, como la desigualdad en el divorcio, en las leyes de herencia y nacionalidad, en la reclamación de paternidad, en la custodia de los hijos y en los estándares de moralidad, en la diferencia de oportunidades en el empleo y en las retribuciones, etc.

De hecho, este último punto fue especialmente importante para la situación de las mujeres de 1918. La razón es que su prosperidad financiera experimentó una caída importante al finalizar la guerra, puesto que miles y miles de mujeres trabajadoras eran despedidas y no volvían a encontrar trabajo. Fue una crisis económica que afectó exclusivamente a las mujeres. El desarrollo industrial en Inglaterra se estaba contrayendo, y no expandiendo, por lo que la demanda de fuerza laboral se redujo drásticamente y los puestos de trabajo se reservaron para los soldados retornados, pues el gobierno asumía como un hecho incuestionable que la ciudadanía era masculina, que daba derecho al trabajo, y que las mujeres tendrían que volver poco a poco al hogar. Por un lado, la guerra había sido un duro golpe para las mujeres, puesto que había roto sus ilusiones sobre el derecho a la educación y demás, creando una desarticulación en su movimiento; pero por otro había incrementado enormemente el número de las que debían sostenerse a sí mismas sin hombres —una de cada tres. Así que la política de despidos de posguerra creó desesperanza y una clase de nuevas pobres. Se habían acabado los sueldos generosos. Paradójicamente, la opinión pública asumía, mientras tanto, ese imaginario de que todas las mujeres estaban mantenidas y protegidas por hombres; y que si iban a trabajar era debido a una deliberada maldad o a la simple avaricia de quien quiere tener dinero para colmar sus caprichos más superficiales, como medias de seda y vestidos de satén.

Por su parte, la prensa añadía lo suyo. Había variado de tono al acabar la contienda, sustituyendo el discurso de unos meses atrás de las heroínas angélicas que cuidaban de los heridos y las salvadoras de la patria que mantenían las fábricas de las ciudades por acusaciones de parasitismo y egoísmo hacia esas mismas mujeres. Así, fue a las mismas mujeres que habían trabajado en las fábricas de municiones y abastecimiento de todo tipo, que habían sostenido con sus brazos la economía de guerra, a quienes se buscó en muchas ocasiones como chivo expiatorio de nuevos males, acusándolas de pervertidas por la guerra. Entonces las mujeres mismas acabaron contemporizando poco a poco con la situación, encerrándose en una posición de humildad y permitiendo la vuelta de las viejas exclusiones debido a una mezcla de rígido sentido del deber y de miedo psicológico a enfrentarse a las descalificaciones. Al lado de los despidos, el gobierno inglés prometió, además, restaurar algunas de las prácticas del viejo orden de preguerra. La solución, recogida por la prensa de la época, que se planteó para toda esa población femenina ahora desocupada pero que muy recientemente, debido a su trabajo, había saltado de repente de la pobreza a la clase media fue la vuelta a la servidumbre doméstica. La misma que resume sin tapujos un tal Mr Greg citado por Virginia Woolf: «La esencia de la mujer es que el hombre la mantiene y ella le sirve»[49].

---

[49] V. Woolf, *Una habitación propia, op. cit.*, pág. 77.

Dos trabajadoras en 1920 con Nancy Witcher Langhorne, la primera mujer que ocupó un escaño en la Cámara de los Comunes del Parlamento Británico. Al parecer, Churchill declaró ante ella que tener una mujer en el Parlamento era tan molesto como tener una mujer en el baño.

Ahora bien, la cosa no resultó tan fácil como parecía. Las mujeres que habían disfrutado de los momentos más independientes de su vida y de unos sueldos que nunca habrían soñado difícilmente aceptaban soportar catorce horas diarias de domesticidad mal retribuida. Además, las más jóvenes no tenían ropa adecuada ni experiencia en las labores caseras, por lo que a menudo eran consideradas bastante salvajes para los criterios de los hogares medios. Las sobrecargadas madres con hijos que buscaban ayuda doméstica veían a las muchachas de la guerra como inexpertas en salud, limpieza, cocina, etcétera. Por ello, la medida ideada en 1919 por el gobierno para estas trabajadoras industriales del período de guerra consistió en ofrecerles preparación para el trabajo doméstico en centros de entrenamiento diseñados a tal efecto. De este modo, fueron los mismos poderes públicos ingleses los que enseñaron domesticidad y servidumbre, contribuyendo al retroceso de la mujer moderna y su ideal igualitario de la nueva civilización. Una vez más ocurría lo que ya había ocurrido en el siglo anterior con un Código Napoleónico que declaraba la incapacidad jurídica de las mujeres, una vez más se articulaban «políticas de reacción» con el objetivo de frenar lo que las mujeres habían conseguido no sin esfuerzo. La historia se repite, no sería la única vez.

No me gustaría dar por concluido este capítulo sin señalar que en más de una ocasión se ha dicho que la guerra, fomentando la incorporación de la mujer al mercado laboral, fue la causa de que, posteriormente, en un parlamento compuesto por hombres benevolentes que quisieron premiar a las mujeres por sus esfuerzos, se les concediese el derecho de voto a las mujeres. Es difícil dejar de pensar que esta es una manifestación más de entre las muchas que existieron a la hora de relegar al cajón de desperdicios de la historia al menos cincuenta años de combate del movimiento de las mujeres inglesas. Por esta razón, los posibles efectos positivos que sobre el futuro tuvieron estos procesos internacionales de luchas articuladas alrededor del voto y de resistencias hacia políticas conservadoras quizás no fueron todo lo sobresalientes que podrían haber sido. Entre las poblaciones escolarizadas en una historia parcial —cuando no censurada— que privilegia y visibiliza exclusivamente a grandes nombres masculinos y oscurece a las mujeres, se favorece a veces un desconocimiento general, e indirectamente se desarticulan algunos de los ideales de esa «nueva civilización» que pretendía libertades más amplias para el conjunto de la humanidad. Aquellas que vislumbraron esa nueva civilización y que, debido a ello, integraron las diversas y múltiples agrupaciones, asociaciones y ligas que constituyen el grueso del movimiento feminista y sufragista occidental tomaron clara conciencia de que la educación, la sexual incluida, era fundamental para las mujeres, y que la cuestión política y laboral dependía de ella. Además, pensaban que eran las mujeres educadas las más lúcidas y con mayor sagacidad para percibir un sistema que las excluía, malogrando sus posibilidades de vida. Por esta razón consideraban que eran esas «mujeres educadas» quienes estaban en mejor disposición para desarrollar los conocimientos que les permitiesen desarticularlo. Lo que tal vez no tuvieron en cuenta es que los sistemas educativos occidentales, que promocionaron la figura de «hombres ilustres que reciben medallas», encontrarían en este nuevo atajo insidioso una manera oblicua para no contar sus historias, para frenar la emancipación que impulsaron y para elevar una vez más al hombre blanco al pedestal del protagonista principal de la historia humana. De este modo, las mujeres que soñaban con la «nueva civilización de emancipadas» acaban siendo paradójicamente expulsadas de una Civilización que decide recopilar tan solo los relatos que encajan como un guante en la masculinidad como norma, en las tradiciones de dominio masculino, en el culto a la personalidad masculina.

Capítulo 3

Libertad o muerte: Rose, Emmeline y las sufragistas radicales

En su novela *Los años,* Virginia Woolf construye un personaje secundario llamado Rose que responde al prototipo de «mujer de acción» de comienzos del xx. Su manera de vestir es la que corresponde a quien «ha experimentado muchas pasiones y hecho muchas cosas»[50]. Por eso, no son los recargados vestidos lo que esta joven prefiere, sino los austeros trajes de chaqueta de líneas rectas y masculinas. Es una activista feminista, y sus desafíos militantes al orden establecido muestran una mayor independencia y radicalidad en la acción que la de la maternal señora Ambrat, un personaje de otra novela que veremos más adelante y que, por el contrario, es seguidora de un feminismo de corte filantrópico que pretendía transformar la sociedad de la manera más pacífica posible, es decir, por medio de reformas sociales de tipo educativo e higienista en un marco estrictamente legal.

---

[50] V. Woolf, *Les Années, op. cit.*, pág. 234.

El personaje de Rose parece calcado del lema «Hechos, no palabras», una consigna con la que la destacada activista política sufragista Emmeline Pankhurst llamó a la acción radical para oponerse a quienes creían poder transformar la sociedad y a los políticos con solo buenos discursos y palabras complacientes. En realidad, las referencias a las campañas sufragistas se repiten más de una vez en *Los años*. Y en un intercambio entre Martin, el hermano de Rose, y otro personaje, se alude a las acciones sufragistas más inmoderadas:

—Tengo que ir a la cárcel a ver a mi hermana —dijo él.
—¿A la cárcel?
—Rosa. Ha lanzado un ladrillo[51].

En otro momento, la narración describe la crudeza de los métodos de alimentación forzosa empleados por los médicos de las prisiones para reducir la voluntad de las tercas sufragistas en huelga de hambre: «Sentada en un trípode mientras le embuten carne por la garganta»[52].

¿De dónde viene el interés que muestra esta novela por el sufragismo? La respuesta probable es que Virginia Woolf percibiese con implacable lucidez los límites que pesaban sobre su propia vida por el hecho de haber nacido mujer. Marcada por su experiencia vivida, se preocupó especialmente por la cuestión de los derechos de las mujeres, plasmando en esta novela un breve testimonio de las campañas por el voto de las mujeres inglesas.

En los primeros años del siglo se transforma la percepción de sí mismas que tenían las mujeres inglesas: si ya progresivamente estaban logrando incorporarse al sistema educati-

---

[51] *Ibíd.*, pág. 309.
[52] *Ibíd.*

A la izquierda, atuendo para marcha sufragista (1916). Los mensajes enviados por las prendas de vestir cambiaron cuando las sufragistas empezaron a hablar del voto.
A la derecha, la «suffragette» Emmeline Pethick Lawrence saliendo de la prisión de Holloway en Londres tras cumplir condena (1908).

vo, ahora pretendían conseguir un acceso total a las profesiones, la ciudadanía política plena y la autoexpresión sexual. En torno a estos temas se organizó un movimiento sufragista con muchas divisiones internas. De cara al exterior, fue una época en que el movimiento aparecía unificado, al menos cada vez que ocupaba las portadas de la prensa internacional. Su desarrollo era conocido en muchos países y su importancia llega a ser tan significativa que se puede medir en una manifestación de mujeres que logró reunir en las calles de una ciudad como Londres, evidentemente mucho menos poblada de lo que lo está actualmente, una larga marcha integrada por unas cien mil mujeres. Además, fueron luchas que, como vamos a ver, pusieron en jaque a los dirigentes políticos.

En Inglaterra, una campaña por el sufragio se había iniciado ya en 1860, con una intervención parlamentaria del marido de la sufragista Harriet Taylor, el filósofo John Stuart Mill, uno de los pocos filósofos partidarios de los derechos de las mujeres. Un poco después, en 1890, se había creado, a iniciativa de Millicent Garrett Fawcett, la National Union of Women's Suffrage Societies. Pero en comparación con la organización que creará Emmeline Pankhurst, la de Garrett era de corte conservador, mientras que las Pankhurst, madre e hijas, adquieren muy pronto, debido a sus espectaculares métodos activistas, el estatus icónico de las rebeldes agitadoras.

El sufragismo inglés se caracterizó por su intensidad y su complejidad, y funcionó en gran medida como modelo para otros movimientos nacionales de mujeres. De puertas hacia afuera las sufragistas eran todas iguales; pero de puertas hacia adentro, en realidad existían fuertes discrepancias. Quizá la más importante es la que quedó recogida en un antagonismo que distinguía entre *sufragistes* y *suffragettes*[53], es decir,

---

[53] El término *suffragette* tendría un sentido peyorativo. En Gran Bretaña, las sufragistas decepcionadas con la «no militante» National Union of

entre «constitucionalistas» que respetaban el orden establecido y «activistas» que no querían andar con contemplaciones. No querían palabras sino hechos. Algunas se habían cansado de ser dóciles y tomaron la decisión de autoafirmarse, pasando al uso de la fuerza y considerándose a sí mismas presas políticas en su propio país y por su propio estado. Durante un tiempo, la consigna de la no violencia del feminismo humanista y filantrópico convivió con esta convocatoria más radical de los «hechos», pero llegó un momento en que la convivencia se hizo tan difícil que ambas corrientes se separaron en las dos tendencias que dividieron más profundamente al sufragismo inglés, configurando a su vez las dos grandes trayectorias militantes sufragistas: la no violenta y la de lo que fue considerado un recurso necesario, y obligado por las circunstancias, al atentado contra la propiedad. Sorprendentemente, ni la prensa ni la sociedad, incapaces casi siempre de tomarse en serio a un movimiento constituido y dirigido por mujeres, lograron distinguir entre ambas corrientes, por lo que casi siempre se acabó por asociar a la totalidad del movimiento sufragista con lo que se consideraba una ridícula violencia callejera.

Podría decirse que todo empezó cuando la líder más célebre del sufragismo inglés, Emmeline Pankhurst, se hartó de los desacuerdos con el Partido Laborista, del que era militante, en relación con la causa de las mujeres. Corre el año 1903 cuando anuncia su ruptura con los socialistas para fundar el Women's Social and Political Union. Sus hijas, tanto Sylvia como Christabel, colaborarán en todo momento, y muy activamente, en sus campañas. La primera fue encarcelada en trece ocasiones e hizo huelga de hambre, sed y sueño, mientras

---

Women's Suffrage Societies de M. Garrett Fawcett se adherían al Women's Social and Political Union de E. Goulden Pankhurst. Cfr. F. Thébaud (dir.), *Le siècle...*, op. cit., pág. 89.

que la segunda huyó a París en el momento álgido de la campaña sufragista para no ser arrestada y poder seguir dirigiendo el movimiento. Además, otro de los múltiples conflictos que sellaron la relación entre socialistas y sufragistas estalló cuando una socialista como Christabel Pankhurst planteó lo que quizás es el primero de los desencuentros repetidos entre socialismo y feminismo, obligando a sus afiliadas a elegir entre su organización y el Partido Laborista[54].

Los métodos de la organización de Pankhurst fueron muy ingeniosos y mostraron finalmente una gran eficacia. Su lema «Hechos, no palabras» fue el resultado de una tensión con otras organizaciones de mujeres feministas más moderadas cuyo objetivo era solo ejercer influencia sobre hombres poderosos desde la sombra. Frente a ellas, Pankhurst eligió la calle y la publicidad; decidió tomar el espacio público con todo lo que esto significaba siendo mujer. Y como era frecuente que la prensa ofreciese una imagen caricaturesca de todas las militantes sufragistas, algunas de las mujeres moderadas se sentían arbitrariamente perjudicadas y pensaban que estaban sufriendo una indeseable antipatía que beneficiaba muy poco a «la causa» en conjunto. Pero Pankhurst había decidido que cincuenta años de simpatía habían sido suficientes, que no habían servido para nada, y que molestar y ganarse la antipatía era el mejor método para lograr los objetivos deseados.

Como otras sufragistas, la escritora Dora Marsden, protagonista de un episodio con Ezra Pound que veremos más adelante, también mantuvo discrepancias con la Women's Social and Political Union de las Pankhurst al observar que algunas mujeres ricas como Emmeline Pethick Lawrence estaban adquiriendo demasiada influencia. Creía además que sus dirigentes, Emmeline y Christabel Pankhurst, tomaban decisiones sin consultar a las afiliadas de la Union. Debido a ello,

---

[54] *Ibíd.*, pág. 190.

Emmeline Pankhurst dirigiéndose a una multitud mayoritariamente masculina en un mitin en la plaza Trafalgar Square de Londres.

En 1908, la sufragista Dora Marsden fue arrestada por romper ventanas en el transcurso de una acción de protesta en Old Trafford, Manchester. Fue condenada a dos meses de prisión.

Marsden se incorporará a la Women's Freedom League, otra organización sufragista que, por oposición a las campañas contra la propiedad privada de la organización liderada por Pankhurst, estaba en contra de cualquier tipo de violencia. Marsden es un ejemplo de las dificultades con que se encuentra alguien que quiera ver en el movimiento de las mujeres un modelo cortado por el mismo patrón, pues a partir de 1912 esta defensora del amor libre se inclina hacia el individualismo anarquista y se muestra desilusionada con un sistema parlamentario del que ya no espera nada, llegando a pensar que el sufragio no es una cuestión tan importante cuando «un puñado de capitalistas podía hacer que Inglaterra o cualquier otro país fuese a la bancarrota en una semana»[55]. No era la única que pensaba así. Otra defensora del amor libre y los derechos de la mujer, Emma Goldman, libertaria y miembro de la emigración rusa a Estados Unidos, consideraba igualmente que la cuestión del sufragio tenía poca importancia. Lo veía como una mera formalidad, como cualquier otro derecho político que remitiese a un estado que era opresor en sí mismo. Tanto el caso de Marsden como el de Emma Goldman son un ejemplo de que la reforma de la situación social y política de las mujeres en su dimensión no filantrópica, sino política, era de interés general a comienzos de siglo, pero al mismo tiempo estaba plagada de polémicas. En definitiva, algunas defensoras de un cambio en la situación social de las mujeres pensaban en el voto como un medio para lograrla; otras creyeron que el voto era una parte insignificante de un sistema político opresor que había que echar por tierra desde sus mismas raíces; sin embargo, todas ellas creían en un nuevo orden, en una nueva civilización.

Marsden y Goldman combinaron la «cuestión reproductiva» con la «cuestión política». Así que un elemento que con-

---

[55] Véase http://www.spartacus.schoolnet.co.uk/WmarsdenD.htm (consultado el 10-12-2011).

tribuyó a diferenciar aún más ya no el sufragismo inglés sino el panorama general del movimiento de mujeres era que a los planteamientos «puramente políticos» se añadía la cuestión de los «derechos sexuales y reproductivos», una cuestión que se organizará en un «movimiento pro amor libre y anticonceptivos», y en ocasiones simplemente en una movilización de quienes veían en el feminismo una oportunidad para expresarse sexualmente. Un ejemplo de esto último es la carta de 1915 en la que una lectora anónima de la revista feminista *The Freewoman,* que Marsden dirigía, reclamaba una sexualidad libre de la interferencia de la Iglesia y el estado, considerando que

> esto no constituye promiscuidad, tampoco poliandria, sino una oportunidad para vivir la propia vida sin tener que sacrificar tu nombre, privacidad, autorrespeto e ingresos con el fin de gratificar el instinto sexual. Se quiera admitir o no, el hecho es que las mujeres de hoy [...] están adquiriendo experiencia sexual fuera del matrimonio[56].

Así que cada sufragista y cada feminista tuvieron sus propias razones para sumarse al movimiento. Y ni los derechos políticos ni los laborales ni los reproductivos tomados por separado unificaron al movimiento.

No todas las organizaciones de mujeres hablaron del «deber moral» de infringir leyes porque, entre otras cosas, comportaba penas de cárcel. Volvamos por un momento a Emmeline Pankhurst, la sufragista que, al significarse por su radicalidad, quizás arriesgó más. Empleó incluso la palabra «terrorismo» para describir las acciones militantes de su organización,

---

[56] Citada en M. A. Buszek, *Pin-Up Grrrls...*, *op. cit.*, pág. 136.

pero en realidad eran un terrorismo y una radicalidad teñidos de pacifismo, pues pensaba que la violencia de la revolución de las mujeres era distinta a la de los hombres y debería limitarse a los objetos inanimados, respetando las vidas humanas.

Por Pankhurst sabemos que la primera persona expulsada con violencia de un mitin político y encarcelada por el solo hecho de hacer una pregunta no fue un hombre sino una mujer. La expulsión justificaría este marco revolucionario de un recurso legítimo a los métodos ilegales para obtener los derechos de ciudadanía de las mujeres. Ocurrió cuando «Votes for Women» ya había definido su horizonte político activista y emprendía una campaña sistemática de operaciones para obligar a los políticos hombres a no esquivar la cuestión del voto de las mujeres, forzándolos a responder por qué las mujeres estaban excluidas del ámbito de la representación política supuestamente democrática. Pankhurst nos cuenta que en su organización consideraban el atentado contra la propiedad de unos «hombres tan absortos en sus negocios que hasta olvidan votar en las elecciones ordinarias» pero que se empeñaban en negarle el voto a las mujeres una práctica política para cuando los argumentos caen en el saco roto de los ministros del gabinete, para cuando la «obstinación del gobierno persiste», pues eran esos mismos políticos que les negaban sus derechos quienes de manera bastante contradictoria admitían como legítimo el derecho a la revuelta y la rebelión de los seres humanos que sufren injusticias.

Este salto a la acción del movimiento de mujeres ocurrió tras cincuenta años de reclamaciones pacíficas que no condujeron a ningún resultado positivo. Las sufragistas inglesas dejaron a un lado las inútiles buenas palabras e idearon medidas tan calculadas como destruir los campos de golf que los hombres se habían reservado para sí durante los fines de semana, romper los cristales de las tiendas de sombreros justo cuando se iniciaba la nueva temporada y muchas otras acciones que ocupaban las páginas de la prensa internacional y que, si bien eran criticadas por parte de quienes creían sufrirlas injustamente, pues «no habían hecho nada», recibían la respuesta de que era precisamente por eso, por «no haber hecho nada» a favor de la causa de las mujeres, por lo que sufrían tan perturbadoras consecuencias. Cortes de líneas telefónicas, quema de buzones llenos de correspondencia oficial, retención de telegramas de hombres de negocios y rotura de cristales fueron algunas de las «prácticas políticas militantes»[57] que emplearon las sufragistas de la organización de Pankhurst para conseguir derechos políticos[58]. Pero estas inglesas activistas tienen conexiones internacionales, y se verán muy pronto secundadas en sus acciones espectaculares y radicales por las sufragistas estadounidenses[59].

---

[57] La expresión aparece en «Libertad o muerte», un texto referido a continuación.

[58] Huelgas de hambre, cortes de líneas telefónicas, tentativas de incendio de viviendas de parlamentarios y rotura de cristales o atentados contra la propiedad constituyeron prácticas políticas que también tuvieron bastante influencia en los movimientos franceses. Louise Weiss, la feminista cuyo protagonismo resultó fundamental para que las mujeres francesas consiguieran en 1944 un voto tardío, declaró que en su organización La Femme Nouvelle imitaron el activismo «creanoticias» *(create news)* que había conducido a la organización de Mrs. Pankhurst al éxito (cfr. L. Weiss, *Combats...*, *op. cit.*, pág. 21). Para un resumen del caso francés, véase F. Thébaud (dir.), *Le siècle...*, *op. cit.*, págs. 68-69.

[59] El sufragismo español era en este momento prácticamente inexistente. En general las reformas democráticas casi siempre llegaron a España con años de retraso si se compara con otros países de Europa. Las acciones de las inglesas eran descalificadas en la prensa española y ocasionalmente por algunas de las escasas mujeres que en España expresaban su compromiso con el sufragio femenino. Carmen de Burgos considera que el primer acto público del feminismo español ocurrió en 1921, cuando se presentó en el parlamento una demanda de derechos políticos y civiles. En 1927 afirmó que había en España tres tipos de feminismo: cristiano, socialista-revolu-

Así pues, terrorismo bastante pacífico. Pero también «Libertad o muerte», la frase que figura como título de un texto[60] que reproduce una de las intervenciones orales de Pankhurst durante un mitin en una de sus giras por los Estados Unidos. La extrema disyuntiva expresa bien qué es lo que quería el movimiento de mujeres de comienzos de siglo. No obstante, hay que leerla como una referencia muy explícita a las huelgas de hambre emprendidas por las sufragistas, a esas reclamaciones que ponían al gobierno en la difícil posición de tener que elegir entre la libertad y la concesión de la ciudadanía a las mujeres o, por el contrario, la responsabilidad política por las ocasionales muertes que podían provocar las decisiones contrarias a su «causa». Las lesiones bucales y de laringe provocadas por los métodos de alimentación forzosa en la cárcel que embutían carne por la garganta se curaban al principio entre rejas. Pero más tarde, una ley, conocida como «del ratón y el gato» —por el pulso que mantuvieron sufragistas y legisladores—, estableció que las militantes cuya vida corriese peligro fuesen a recuperarse a sus domicilios y, una vez restablecidas, regresasen a sus celdas —así se declinaban responsabilidades ante posibles muertes.

«Libertad o muerte» también menciona la inevitabilidad de la «guerra civil» o «revolución» de las mujeres en un evidente tono de reproche hacia quienes veían una simple «ma-

---

cionario y el independiente, rama con la que ella se identifica. Cfr. M. Nash, «The Rise of the Women's Movement in Nineteenth-Century Spain», en S. Paletschek y B. Pietrow-Ennker (eds.), *Women's Emancipation Movements in the 19th Century: A European Perspective*, Stanford, CA, Stanford University Press, 2004, y C. Fagoaga, *La voz y el voto de las mujeres. El sufragismo en España, 1877-1931*, Barcelona, Icaria, 1985, págs. 111-123 (esta última autora cree que no hubo «feminismo católico» sino «neutralización» del movimiento de mujeres).

[60] E. Pankhurst, «Freedom or Death» (1913), disponible en: http://en.wikisource.org/wiki/Freedom_or_death.

Poster sufragista de 1914 criticando una ley del gobierno que se popularizó con el nombre de «Ley del Ratón y el Gato». El gobierno trataba de eludir responsabilidades liberando de las prisiones a las sufragistas en huelga de hambre cuando su vida corría peligro, pero las enviaba de nuevo a prisión una vez que se habían recuperado. A este «dejarlas ir; luego coger de nuevo» se refiere el cartel: «El gato y el ratón. Ley aprobada por el gobierno liberal».

nifestación de histeria» en la revuelta de «Votes for Women». Pero el discurso nos muestra además otra metáfora de interés cuando Pankhurst se presenta a sí misma como el «soldado» que abandona temporalmente su puesto en el campo de batalla para explicar a la muchedumbre de las ciudades cuáles eran las estrategias de acción de esa guerra en curso. Resulta muy llamativa también la utilización simbólica de la noción «guerra civil», en este contexto que ya se calificaba como de «guerra de sexos». Y son interesantes las diferencias que establece entre las violentas revoluciones emprendidas por los hombres y la que en esos momentos está desarrollándose en el movimiento de las mujeres. Al parecer, los mismos hombres que las ridiculizaban o las perseguían estarían perplejos y sorprendidos, descubriendo con asombro que el «problema de las mujeres» presentaba algo nuevo, algo que «no se podía localizar» y «no se podía detener». Pankhurst menciona un tipo especial de «guerra», sostenida y constante, un conflicto permanente que hoy calificaríamos de «baja intensidad»; una «revolución silenciosa» que se tomaba su tiempo y, sobre todo, una «ofensiva de sabotaje» en la que el enemigo podía, bajo la apariencia de un ser sumiso, habitar en la propia casa, en la misma casa que era propiedad del bando contrario. Hacer la revolución desde dentro. En este «campo de batalla invisible», el enemigo de los hombres propietarios podía ser la propia esposa o la propia hija; y la «invasión» podía ocurrir en cualquier hogar de cualquier clase social. Así, esta líder inglesa es quien detecta por primera vez en la historia del feminismo que el activismo de las mujeres rompe con dinámicas de acción masculinas y que, además, la lucha de las mujeres no se reduce a un problema económico, como pensaban los socialistas, sino que atraviesa todas las clases sociales.

«Libertad o muerte» nos cuenta un capítulo de la historia del sufragismo. Al principio los hombres de las élites políticas se mostraron despreocupados y confiaban en la cárcel como solución para frenar lo que consideraban la «farsa» de las manifestaciones públicas de las mujeres. Pero el encarcelamiento de las primeras sufragistas no solo no consiguió acabar con el problema sino que, por el contrario, logró amplificarlo, como las ondas expansivas de un eco. Y entonces más y más mujeres se volvían beligerantes e imitaban las acciones de protesta. Por lo tanto, si al principio los hombres que las juzgaban consideraron que atentando contra el pudor y la vergüenza que supondría para muchas mujeres educadas hijas de hombres educados pasar por la cárcel, si creían que así «se descalificaban a sí mismas», las sentencias tuvieron el contraproducente efecto de que se le dio publicidad al tema. Y cuando el fenómeno de la agitación se agravó más y más, se extendió incluso fuera de las fronteras de Inglaterra. El gobierno había mostrado en su momento buena capacidad para hacer frente a la agitación sindical de los obreros. Pero las leyes vigentes no sirvieron para frenar la complicada insurrección de las mujeres. Y por ello fue necesario promulgar leyes nuevas, como las concernientes a la huelga de hambre, que al final tampoco lograron el objetivo buscado de detener las revueltas.

En la conclusión de «Libertad o muerte», Pankhurst señala que el problema no era exclusivamente referido al voto, y que por lo tanto no fueron a la cárcel solo para conseguirlo. Lo que vieron fue una oportunidad para mejorar una situación en conjunto. Comprendieron que el voto allanaría el camino de las luchas que, llegado su tiempo, les correspondiese a las mujeres del futuro. Al final, la líder inglesa parece compartir con Marsden y Goldman las múltiples facetas del problema, y es consciente de una genealogía de mujeres que se prolongará tras todas ellas.

En el texto nos explica que la revuelta no podían protagonizarla las clases más desfavorecidas, sino las mujeres de las clases acomodadas que estaban consiguiendo acceder al sistema educativo y percibían la injusticia de la situación de las mujeres de todas las clases sociales: la injusticia salarial de las mujeres en una sociedad industrial en la que ellas tenían responsabilidades familiares, hacían trabajo gratuito y cargaban con el aumento exorbitante del coste de la vida sin disponer siquiera de una habitación propia; la indecencia de unas leyes de matrimonio que permitían convertir a una niña de doce años en madre y esposa; en definitiva, el agravio y los «riesgos» que, en su opinión, comportaba en Inglaterra ser mujer. La sociedad fabricaba seres en riesgo, vulnerables. Cree que la revolución de las mujeres es necesaria cuando se alcanza cierto grado de desarrollo económico y cultural en la comunidad, y que la especificidad de esta lucha frente a otras tenía que ver con la demostración más valiosa que le estaban haciendo al mundo: que un gobierno no podía basarse en la fuerza porque «no se puede gobernar a alguien sin su consentimiento». Y así, las acciones de las mujeres expresarían el comienzo de una larga campaña de desautorización de lo que, hablando propiamente, no sería un gobierno —puesto que no había consentimiento ni beneplácito hacia la política emprendida por los hombres, sino sujeción y sumisión forzada.

En términos generales, los movimientos sufragista inglés y estadounidense se caracterizaron por una toma de conciencia bastante temprana de su carencia de derechos políticos, y a veces las sufragistas compararon la situación de las mujeres con la de los indígenas y los esclavos norteamericanos, es decir, con la de aquellos colonizados a base de hacer silbar el látigo de los imperios coloniales. No ignoraban que la experiencia de los colonizados era injusta, y comprendieron que, en el fondo, la situación de todas las personas desposeídas de derechos cívicos era similar. De ahí los vínculos estrechos que el movimiento sufragista estadounidense mantuvo con el movimiento pro derechos raciales. Y lo que es más importante, que incluso el documento fundacional de las luchas sufragistas estadounidenses, la «Declaración de Sentimientos», se pre-

Marcha de 20.000 mujeres en Nueva York,
23 de octubre de 1915.

Sufragista en una acción de protesta ante la Casa Blanca
en 1917.

sentase en Seneca Falls, en el marco de un congreso proabolicionista de la esclavitud.

El sufragismo estadounidense fue en sus comienzos poco beligerante. Las precursoras de una vieja guardia que defendían si no la igualdad intelectual de las mujeres al menos su superioridad moral, pacifistas armadas con una infinita paciencia, recurrieron a un activismo que no opuso demasiada resistencia. No obstante, la situación dio también un giro con la llegada de una nueva generación de jóvenes que se incorporaban a la universidad, sobre todo a los estudios de sociología y psicología, y que asumieron posiciones radicales porque se concibieron a sí mismas como agentes importantes de los cambios sociales, imaginando el potencial utópico de la Nueva Mujer; expresando, por otra parte, su vida sexual con una franqueza que a la generación anterior le resultaba incómoda[61].

La pionera estadounidense Elizabeth Cady Stanton, una de las firmes promotoras de un sufragismo con redes internacionales, profetizó a finales del XIX la aparición de este movimiento sufragista mucho más militante: «estamos pasando a otra cosa y la nueva mujer americana está llegando al frente. *Cave Canis*»[62]. Así, si bien a veces se considera que el movimiento sufragista británico y estadounidense fue moderado e incluso conservador en el XIX, pero muy agitador e incluso violento con la llegada del XX, existen autoras como Sandra Stanley Holton que sostienen que en 1890 algunas sufragistas

---

[61] El origen de la «liberación sexual» en la nueva generación de este feminismo de primera ola, así como su reflejo en las pantallas del cine mudo, quedan recogidos en la obra de Maria Elena Buszek. Cfr. M. A. Buszek, *Pin-Up Grrrls...*, *op. cit.*, págs. 134-141.

[62] Citada en K. Offen (ed.), *Globalizing Feminisms 1789-1945,* Nueva York, Routledge, 2010, pág. 50.

liberales radicales ya estaban promoviendo nuevas tácticas políticas y que «existen algunas continuidades significativas entre el sufragismo radical del siglo XIX y la militancia del veinte»[63]. Como vimos, la campaña inglesa por el sufragio femenino fue muy ingeniosamente combativa y tuvo una gran repercusión mediática[64]. Por esto, norteamericanas como Alice Paul, que habían colaborado con las inglesas, importan los métodos británicos a los Estados Unidos.

La historiadora Nancy Cott estima que hacia 1910 la palabra «feminismo», que servía para designar al movimiento de mujeres francés, es en los Estados Unidos de uso frecuente. Por otro lado, cree posible que haya ocurrido una desmovilización[65] tras la etapa sufragista, es decir, hacia los años veinte, si bien las etapas de decaimiento no habrían de interpretarse como agotamiento o liquidación del feminismo, pues su continuidad como movimiento existe a lo largo del tiempo. Es más, los «años de estancamiento» serían relevantes por su voluntarismo político, minoritario pero muy comprometido, suscribiendo en parte los principios de reforma social del mo-

---

[63] *Ibíd.*, pág. 49.

[64] Como acaba de señalarse, los métodos de lucha política de las sufragistas de la Women's Social and Political Union de Pankhurst tuvieron importantes repercusiones y un gran seguimiento en la prensa. Cfr. F. Thébaud (dir.), *Le siècle...*, *op. cit.*, págs. 187-189.

[65] Se ha hablado en muchas ocasiones de un «declive del feminismo» en los veinte frente a una «fase de revitalización» hacia mediados de los sesenta. Esta idea encaja con el planteamiento de las «olas feministas», correspondiendo la primera a una etapa organizada en torno al sufragio, en tanto aglutinador de una variedad de cuestiones que incluyen derechos laborales y políticos, y la segunda, a la renovación radical del movimiento en los sesenta. Sin embargo, quizás ese declive podría leerse como una especie de «agujero negro epistemológico» en la historiografía feminista. Y esto es lo que consideramos aquí, pues de otro modo sería difícil analizar a la *garçonne* en tanto prototipo de figura individualista de mujeres profesionales de los años veinte.

vimiento de mujeres anterior a la Primera Guerra Mundial. Así, organizaciones e incluso superorganizaciones dirigidas por mujeres estarían definiendo nuevos intereses políticos en los campos de la salud, la seguridad y la cooperación internacionales, la moral y el bienestar, etc. Y habría más similitudes que diferencias «en la participación de las mujeres antes y después de 1920»[66]. El declive de algunas organizaciones anteriores a los veinte se contrarrestaría con otras que ocuparon su espacio —sin contar las que continuaron en su mismo lugar. Las transformaciones en el trabajo, la sexualidad, el matrimonio y el consumo, pero también el auge de las ciencias sociales y de las profesiones, crearían la situación propicia para la emergencia de un tipo de feminismo más individualista que el anterior.

Visto así, los años veinte quizás no sean los de un general declive del feminismo sino los de un proceso de metamorfosis hacia otra cosa. Como veremos más adelante, tal vez no eran únicamente los ideales feministas los que se estaban frustrando, sino que había fuerzas patrióticas y patriarcales emergentes que estaban actuando en oposición al ideal feminista de la nueva civilización y del «Sexo Humano» e incluso frente a cualquier otra tendencia reformadora. Crisis civilizatoria o vitalidad de los movimientos sociales hacia una Civilización Nueva son nociones enfrentadas, pero sirven para definir ese extraño mundo de contrastes afilados de los años veinte.

El movimiento de agitación sufragista y feminista se desarrolló en países con núcleos urbanos fuertemente poblados e industrializados, lugares donde las organizaciones se multiplicaron al mismo ritmo veloz que la población emigrante

---

[66] N. F. Cott, *The Grounding of Modern Feminism*, Nueva York, Yale University Press, 1987, pág. 86.

que llegaba desde el campo a las ciudades. Pero incluso en países menos urbanizados, como España, y por tanto con menos organizaciones políticas en las que las mujeres tuviesen algo que decir a la sociedad entera, es decir, en un país donde las decisiones suelen tomarse cuando lo deciden las cúpulas políticas, existieron acciones que, por muy poco significativas que fuesen, realizaban una tarea pedagógica que tenía importancia, y que podía inclinar en una dirección determinada la opinión de los propios políticos.

En una obra que analiza los planteamientos ideológicos del debate sufragista español, la reacción de la opinión pública, las enmiendas que pretendieron introducir el voto de las mujeres en España, enmiendas presentadas en los años 1877, 1907 y 1908, así como las fuerzas políticas que las suscribieron, Concha Fagoaga[67] afirma que «el sufragismo entró en el Parlamento en enmiendas aisladas, con escasa presión de la opinión pública hasta 1908, cuando los periódicos dedican por primera vez comentarios editoriales a la cuestión»[68]. Pero sostiene también que en la segunda década del siglo las mujeres ya se movilizan.

En 1906 existirían tan solo algunos llamamientos aislados: «No tenemos más que copiar a nuestras hermanas del Norte de Europa, Norteamérica y Australia. En estas naciones las asociaciones de apoyo y protección de la mujer son innumerables»[69]. Sin embargo, el término «feminismo» o las medidas radicales de las sufragistas inglesas en una sociedad católica, conservadora, poco vertebrada y muy poco urbanizada como era la española parecían desmedidamente exagerados y desproporcionadamente drásticos. La partidaria del sufragio Carmen de Burgos, por ejemplo, sabía que la Alianza

---

[67] C. Fagoaga, *La voz y el voto...*, *op. cit.*
[68] *Ibíd.*, pág. 106.
[69] *Ibíd.*, pág. 112.

Internacional para el Sufragio de las Mujeres, reunida en Ámsterdam en 1908, contaba con «comités en todas las naciones menos en España, Portugal y Austria»[70], pero aun así pensaba que las españolas primero tendrían que conquistar espacios culturales y educativos y luego derechos civiles.

El movimiento de mujeres español no se encuentra propiamente organizado hasta la segunda década del XX, mientras que los comienzos de siglo estarían caracterizados por la indiferencia general hacia esta y otras cuestiones políticas. No obstante, la movilización de las mujeres en la segunda década, en especial la de las mujeres de las juventudes universitarias, fue el primer paso para la consecución del voto en el año 1931, tras la intensa campaña que se desató cuando Clara Campoamor cayó en lo que de manera irónica denomina su «pecado mortal»[71]. Es una referencia muy evidente al peso que el imaginario religioso, característico de la sociedad española, ejercía de manera aplastante sobre las mujeres en especial, pero es también una apelación a una clase política hipócrita que, si bien criticaba en el café la beatería religiosa de las españolas, en casa rezaba el rosario con ellas. Contando solo con el parlamento masculino, y en un ambiente misógino y antifeminista como el que Campoamor describe, solo un milagro podía hacer que el colectivo lograse el reconocimiento de un derecho. Y en un lugar sin apenas movilización de mujeres, el milagro ocurrió. Y una sola mujer, que creía por encima de todo en la libertad, hizo de este objetivo político una cuestión de vida o muerte, poniendo todas sus energías en una lucha que, sin embargo, iba a sellar su ostracismo político y, posteriormente, su oscuridad y su olvido histórico. Podría decirse que no estuvo totalmente sola, pues las feministas habían creado un estado de opinión que respaldaba

---

[70] Citada *ibíd.*, pág. 117.
[71] Clara Campoamor, *El voto femenino y yo. Mi pecado mortal*, Madrid, Horas y Horas, 2006.

Clara Campoamor fotografiada durante
un discurso en Donosti.

la acción de esta diputada. Pero lo cierto es que ella se sintió completamente sola librando su batalla y totalmente abandonada incluso después, cuando no le perdonaron su victoria. Por otro lado, fueron «logros», en plural, porque el voto significaba para las mujeres algo más que un simple derecho político. Suponía también un aumento de su dignidad humana. Y al final, Clara Campoamor también ganó el orgullo personal que recoge en la frase siguiente:

> Ni los más acérrimos enemigos de la mujer, que por serlo lo son míos, han podido arrebatarme el regusto paladeado de un logro que hace catorce años, cuando empecé a luchar por la dignificación de mi sexo, se me antojaba utopía pura en mi tiempo y en mi generación[72].

Para ir concluyendo, solo me queda insistir en que el texto de Pankhurst se refiere al distinto significado que tenían los actos de revuelta cuando eran realizados por hombres y cuando por mujeres, ensalzados en un caso, ridiculizados en otro. Pues bien, ese mayor o menor valor que la posteridad le concede a proyectos como el socialismo y el feminismo, que, en sí, son historia y, por lo tanto, equivalentes, tiene que ver con lo mencionado de que parte de la historia cultural del siglo XX se escriba en clave masculina. Y con lo que quizás sea más penoso aún: el subsiguiente aleccionamiento general de la población en una historia y una cultura que imponen a las mujeres la violencia simbólica de no tener un pasado que citar y en el que, a fin de cuentas, poder reconocerse. Cuando a alguien se le obliga a identificarse con una cultura que no es la suya, solemos hablar de una situación de violencia cultural. Las mujeres viven en medio de una cultura integrada por prestigiosos nombres masculinos. A veces son esos mismos nom-

---

[72] *Ibíd.*, pág. 247.

bres los que definen y deciden la situación de exlusión femenina. Y si esta historia que se escribe en clave masculina tiene la paradójica pretensión de ser neutra y escribirse desde un «nosotros» ajeno al sexo, ¿por qué incluye, pues, a las mujeres a lo sumo como una humilde cita generalmente poco visible en un espacio anexo a pie de página?[73].

---

[73] La filósofa M. Le Doeuff lanza la cuestión de cómo es posible que a finales del siglo XX los lugares donde se elabora el conocimiento no hayan alcanzado un estadio de «mixtidad igualitaria». Menciona «un rumor», una idea que sobrevuela en redes de prácticas, de actitudes y de decisiones, incidentes desagradables en la vida de las mujeres dedicadas al saber: temas que se consideran «poco femeninos» para ser abordados por una mujer o, por el contrario, reticencias hacia ciertos trabajos por considerarlos demasiado «femeninos» y/o «feministas», integraciones en equipos de investigación que son rechazadas y anulan toda una carrera, etc. M. Le Doeuff, *Le sexe du savoir,* París, Flamarion, págs. 15-16.

CAPÍTULO 4

Virginia Woolf y la máquina patriarcal

Hemos venido observando que, de llevarse adelante, el proyecto de la nueva civilización occidental tenía que pasar necesariamente por un compromiso para debilitar la fuerza de la costumbre victoriana y transformar así el orden social marcado a fuego por la ley del padre. Hemos advertido además que el proyecto era inseparable de un movimiento político que, ya se nombre como sufragismo o como feminismo, perseguía el horizonte común de avanzar en una dirección diferente, de transitar por un camino inexplorado, hacia un futuro nuevo en una nueva cultura.

Se trataba de un espíritu reformador que se había encarnado en los tiempos modernos, y que si ponía los ojos en el futuro era porque, como asegura Virginia Woolf, lo que había era un pasado carcomido, inservible. En realidad, antes de que las mujeres entrasen en las fábricas, «la figura siempre encorvada, con las manos nudosas y los ojos enrojecidos [...] mal que les pese a los poetas, es la verdadera imagen de la feminidad»[74]. Ahora bien, traspasar el umbral de las puertas de goznes chirriantes de los talleres e industrias no era suficiente. Nadie, ni siquiera una mujer en su vida de pobreza, era capaz aún de precisar el significado de las palabras «emancipación» y «evolución» porque el problema solo podía resolverse «mediante la evolución y emancipación simultánea del hombre»[75]. La nueva civilización tenía que ser un producto del espíritu colectivo. Y ninguna doctrina especial dictaba la línea de conducta de quienes deseaban algo mejor; solo había esquemas de acción en cada coyuntura, la necesaria aportación de cada libertad en la acción común.

Sin derecho a una voz y sujetas a la cuerda corta de la ley del padre, las heroínas del XIX representaban también al patriarcado, es decir, «lo que los hombres desean en las mujeres, pero no necesariamente lo que las mujeres son»[76]. Pero no ocurre así con el cambio al XX. Lo que deseaba el prototipo de padre que gobernaba la sociedad convencional del año 1900 no era lo que deseaban sus hijas. Lo que ellas querían era el futuro retratado en un texto en el que Virginia Woolf hace además un balance de su infancia y adolescencia:

> En la sala de estar de Hide Park Gate se enfrentaban dos edades diferentes: la edad victoriana y la edad eduardiana. Nosotras no éramos sus hijas, sino sus nietas. Debería haber habido una generación en medio para amortiguar el contacto. Por eso nosotras, cuando él recibía, percibíamos tan claramente que su comportamiento era ridículo. Lo mirábamos con ojos puestos en el futuro. Lo que veíamos era algo tan obvio ahora para cualquier chico o cualquier chica de dieciséis o dieciocho años que difícil-

---

[74] V. Woolf, *Horas en una biblioteca,* Barcelona, El Aleph, 2005, pág. 50.
[75] *Ibíd.,* pág. 52.
[76] *Ibíd.,* pág. 51.

mente se puede describir. Pero mientras veíamos el futuro, nos hallábamos por completo bajo el poder del pasado. Exploradoras y revolucionarias, como éramos ambas por naturaleza, vivíamos bajo el dominio de una sociedad que era unos cincuenta años demasiado vieja para nosotras. Este curioso hecho es la causa de que nuestra lucha fuera tan amarga y tan violenta: porque la sociedad en la que vivíamos era aún la sociedad victoriana. Mi padre era un típico victoriano, George y Gerald eran victorianos intensamente convencionales. De manera que teníamos dos guerras que librar; dos luchas que luchar; una contra ellos en cuanto individuo; y otra contra ellos como miembros de la sociedad. Nosotras vivíamos, se puede decir, en 1910: ellos vivían en 1860[77].

Ellas, en tanto victorianas, habían sido formadas en la subordinación, en el arte del agrado, la humildad y la renuncia. Pero como «mujeres nuevas» se afirmaban en la insubordinación. La rebeldía de las mujeres nacidas con el siglo que comenzaba libró el doble combate: contra hombres individuales y contra el conjunto social.

Porque no todos los contemporáneos ni todos los habitantes de un mismo país ocupan simultáneamente el mismo tiempo histórico, el sentimiento de incomprensión que sobrevuela en todo corte brusco entre dos épocas estaba evidenciándose muy intensamente en las vanguardistas mujeres jóvenes de comienzos de siglo.

Tanto para nombrar el dinamismo de las ciudades como para considerarlas el núcleo principal de las nuevas depravaciones humanas que, por el contrario, estaban ausentes en las visiones bucólicas de la vida en el campo, es bastante frecuente mencionar una falta de sincronía en las costumbres de esos dos mundos conformados por lo urbano y lo rural. Sin em-

---

[77] V. Woolf, *Momentos de vida,* Barcelona, Debolsillo, 2009, págs. 210-211.

bargo, aun dentro de las grandes metrópolis modernas, los estilos de vida pueden ser también muy discordantes en un tiempo de ciudad perturbado y fragmentado: las diferencias étnicas, religiosas, de sexo, de clase, ideológicas, de personalidad, crean pequeños núcleos que son otros tantos mundos en miniatura que se desarrollan en el mismo tiempo sincrónico de la ciudad, y en espacios simbólicos paralelos, pero hostiles y discrepantes. Incluso los diferentes barrios de una misma metrópoli atraen a unos u otros grupos de personas con tiempos que pueden ser tanto frenéticos como inmóviles y estancados. Unos viven antes, conservando lo que hay, y otros después, como vanguardias para lo que llegará después de ellos. Quizás porque lo anticipan, estos deciden lo que en el mundo tendrá que verse y mostrarse, lo que después se verá y oirá.

Así que los espacios de las mentalidades y las formas de vida nunca coinciden exactamente, como si se encontrasen en el tiempo de la neutralidad precisa de las agujas del reloj, de la caída geométrica de las hojas del calendario o de los mapas metropolitanos de líneas rectas y concluyentes que definen los paisajes matemáticos de países y ciudades. Las mentalidades y las formas de vida son dispares, nada uniformes. Si se observa a través del prisma de las representaciones que sobre el pasado se formarán las generaciones futuras, a veces una sociedad determinada y su mentalidad pueden ofrecernos la impresión, como en la mención de Woolf, de pertenecer a una época bastante más vieja de lo que en realidad es, mientras que otras veces las generaciones viejas, antecesoras de las nuevas, parecen, por el contrario, mucho más jóvenes que la generación de los que llegan después. Hay un desacuerdo entre el tiempo del reloj y el tiempo de la historia, entre el de la historia y el de la mentalidad.

Así pues, como la historia no avanza rectilínea hacia el futuro sino que tiene los requiebros exactos y puntuales de la forma del zigzag, a veces es la nueva generación la que se vuelve conservadora, como ocurrirá en los años cuarenta, y entonces es la vieja generación la que parece demasiado progresista para un mundo en el que han dejado definitivamente de ser jóvenes. Modernas y modernos, bohemios y vanguardistas de comienzos de siglo vivieron tiempos acelerados y fugaces que dejaron atrás a quienes no quisieron subirse a la locomotora ni al transatlántico. Fueron los protagonistas de cambios insospechados que, al igual que sus automóviles, recorrieron un tramo histórico mucho más extenso que el recorrido casi sedentario de los carros y bicicletas de quienes les precedieron. Un abismo muy grande les separó de los de antes y un despeñadero de gran altura les aparta también de quienes, persuadidos por una imagen deformada del nuevo hombre en una nueva civilización más alta, se apuntarán al nuevo ideal de masculinidad militarista de los posteriores años cuarenta. Si la próspera sociedad occidental colonial, que se desarrolló en los núcleos urbanos con el cambio de siglo, presenció con incredulidad y sorpresa la llegada de una nueva guerra, que al final logró asimilarse como el sacrificio de un mal que busca un bien más alto, pues se creyó ingenuamente que iba a acabar con todas las guerras de una vez por todas, lo que nunca concibió esa época esperanzada en el futuro es la barbarie desconocida y gratuita que tomó el relevo con los autoritarismos que arroparon la llegada del nazismo. A mediados de los treinta los hombres pierden definitivamente lo poco que aún pudiese quedar de los caballerosos y rígidos modales victorianos que habían entrado en decadencia con el cambio del siglo, y el factor inhumano vuelve los tiempos cada vez más tristes y severos. Los principios higiénicos y de reforma social vigentes desde el cambio de siglo se estaban reinventando para materializarse en una versión de limpieza étnica que suponía la simple exterminación organizada de colectividades enteras de vidas humanas. Lo más distintivo de la deshumanización del siglo XX son las personas individuales convertidas en meros objetos manipulables en masa, útiles para objetivos económicos y políticos que se endurecen mediante construcciones fantasmáticas de otros amenazantes.

En el fragmento citado anteriormente, Virginia Woolf aún podía expresar su visión de la ruptura que una mujer moderna estaba dispuesta a operar en su entorno social. Aún coexistía un mundo de contrastes entre el hombre nuevo y moderno que alcanzaba sus metas y realizaciones personales a base de una fuerte voluntad respaldada por estímulos externos y una mujer moderna que casi siempre contaba tan solo consigo misma a la hora de superar las críticas y de enfrentarse a la falta de reconocimiento social. Bastantes años después se verá que el mundo común sigue sin ser posible y que el hombre de negocios necesitará a una mujer *pin-up* sumisa. El expreso deseo formulado por Woolf de una generación intermedia que amortiguase la violencia del impacto que una codificación victoriana ya caduca operaba en su yo individual puede servir como referencia para establecer la medida común de lo nuevo: nuevo es aquello que exige librar una batalla contra miembros de la sociedad que solo admiten el pasado y su viejo orden de cosas. Pero a medida que caigan las hojas de los calendarios de los años treinta, las mujeres no podrán librar más batalla que la de la mera supervivencia.

¿Qué significaba ser una «mujer nueva» en el espacio vital de Virginia Woolf? Aparte de un atuendo mucho más confortable que la sobrecarga excesiva del corsé y los encajes victorianos, aparte del deporte al aire libre, el pelo corto, la bicicleta[78] y los bombachos, el automóvil y los pantalones, el maillot de

---

[78] Zweig asegura que «a finales de siglo, cuando las primeras mujeres osaron montar en bicicleta o a caballo a horcajadas, los campesinos les arrojaron piedras por atrevidas». S. Zweig, *El mundo de ayer, op. cit.*, pág. 107.

baño, la posibilidad de fumar en largas boquillas y el deseo de tener una profesión, ¿en qué experiencia colectiva se veía inmersa una joven que, en la primera o segunda década del siglo, había alcanzado la edad de los dieciséis o dieciocho años? ¿Qué se le permitía y qué se le negaba? La respuesta puede adivinarse observando qué es lo que ocurre en un salón los días de visita cuando la «patriarcal sociedad de la era victoriana en pleno» anda balanceándose por él[79]. Woolf dice lo siguiente:

> Vanessa y yo no estábamos convocadas a tomar parte en algunos de estos actos. Solo se nos permitía admirar y aplaudir cuando nuestros invitados masculinos se movían entre las distintas posiciones del juego intelectual. Jugaban con mucha habilidad. Conocían las reglas y daban mucha importancia a los que ganaban. Mi padre por ejemplo daba un peso enorme a los informes de los profesores; a las becas; a los cursillos; a llegar a ser miembros de la universidad. Los hombres Fisher atravesaban esos aros a la perfección. Se llevaban todos los honores, todos los premios. ¿Qué habría sido, me preguntaba hace pocos días, cuando leía la autobiografía de Herbert Fisher, de Herbert, sin Winchester, New College y el Gabinete? ¿Cuál habría sido su forma, si no hubiera recibido la impronta y la estructura de la máquina patriarcal? Todos nuestros parientes masculinos habían sido metidos dentro de la máquina y habían salido por el otro extremo, a la edad de sesenta años más o menos, con la calidad de director de estudios de una universidad, almirante, ministro del gobierno, juez. Es tan imposible pensar en ellos en cuanto seres naturales como pensar en un caballo de tiro galopando loco y libre por la calle[80].

La forma de la masculinidad no es natural, depende del sistema de troquelado social. Y por esto la lucha contra una

---

[79] V. Woolf, *Momentos...*, *op. cit.*, pág. 219.
[80] *Ibíd.*, págs. 219-220.

sociedad victoriana en declive significó para las mujeres activar el debate sobre la cuestión patriarcal, medirse con una ley del padre que las excluía del sistema educativo y las negaba como seres individuales con derecho a tener una personalidad propia. La cuestión patriarcal se presenta además, en este texto, ensamblada con la intelectual. La máquina patriarcal de los profesores, los cursos, las universidades, moldeaba acabados productos humanos masculinos preparados para escalar las posiciones sociales más reputadas: las de las altas esferas de los premios y los honores, aquellas que se creían tan dignas de pasar a la historia que hacían nacer en quienes las alcanzaban la necesidad de escribir unas memorias, una biografía.

El mito romántico del genio —así sea en su versión del hombre nuevo y moderno hecho a sí mismo— se rompe en pedazos cuando alguien se da cuenta de que es la misma disciplina con la que se somete a un caballo de tiro la que opera un formateado similar en seres mucho menos naturales como los humanos, entregados como están al modelado constante de sus ideas a través del lenguaje y el discurso. Las mujeres estaban excluidas del sistema que fabricaba genios. Así, el fragmento expresa lo que constituía una percepción consciente y común entre las mujeres de comienzos de siglo: que la cuestión intelectual y educativa era de una importancia fundamental para quienes querían trepar hacia los puestos superiores del escalafón social. Pero esos puestos exigían el requisito de la masculinidad, por lo que nunca serían para ellas. La medida del honor humano dependía del sistema educativo y de la posesión de masculinidad[81]; esa cuestión era la clave

---

[81] En este sentido, algo sigue ocurriendo en nuestros sistemas educativos. Quizás el hecho de que las mujeres asistan en silencio a una historia que representa casi exclusivamente los logros de la masculinidad cortocircuite sus procesos psicológicos de identificación, refuerce los de los hombres y cierre en un caso y abra en el otro las puertas a la posibilidad de escalar las posiciones sociales más relevantes. Pero existen también dos fantasmas de

para el ascenso social, el político y el económico —cuando no para la mera supervivencia material, pues educación y masculinidad posibilitaban obtención de ingresos. Así, el movimiento de reformas sociales educativas que emprendieron las mujeres ha de entenderse desde esta perspectiva que trata de desenmarañar la cuestión patriarcal como cuestión del saber, intelectual.

La manera de obedecer a la norma instituida permitía otra opción de «pasar por el aro». Consistía en aprender las reglas de juego de la máquina social, en cultivar las formas y la apariencia. Virginia Woolf se refiere a que su hermano George interpretaba las reglas como era debido y que «jamás puso en tela de juicio sus creencias acerca de bailar o no al son de la sociedad. Se ponía de pie y se quitaba el sombrero. No solo sin cuestionar su propia conducta, sino aprobándola, imponiéndola»[82]. Así que los códigos de la conducta social en función del sexo y la maquinaria intelectual-patriarcal se complementaban, se reforzaban entre sí e incluso se confundían.

El poder intelectual y el dominio de los códigos de la costumbre establecían la sociedad como una máquina eficaz «animada por la convicción de que las muchachas debían transformarse en mujeres casadas»[83]. La ley patriarcal tenía a su favor los códigos de la fuerza de la costumbre, y para transgredirla era necesario abrir la puerta de salida, traspasar el umbral que traspasó Virginia Woolf al matar una y otra vez al «ángel del hogar» para concentrarse en su trabajo de escritora. Y descubrir los hilos ocultos que movían a la gente como

---

los que habla Woolf en sus escritos: el del «ángel de la casa» y el «de la severidad de juicio» masculino, dos vigilantes despiadados planeando de forma insistente sobre las acciones de las mujeres que podrían explicar la presencia minoritaria que tienen aún hoy en las posiciones sociales más relevantes.

[82] V. Woolf, *Momentos...*, *op. cit.*, pág. 220.
[83] *Ibíd.*, pág. 225.

marionetas desde el orden establecido. Las mujeres casadas parecían esenciales en el mantenimiento del sistema, así que las jóvenes de comienzos de siglo que sospechaban del matrimonio[84] empezaban a contarse por cientos y miles. Y era necesario hablar de ello.

Al igual que sus contemporáneas feministas, Woolf desvela el principio político de la sociedad del momento porque señala que el matrimonio es la pieza clave que mueve la máquina. Y lo que estas mujeres jóvenes de la primera década del siglo podían difícilmente imaginar era que un retorno inesperado de esa feminidad victoriana, que vincula a la mujer con el sagrado vínculo del espacio doméstico, se expresará de nuevo en los años cincuenta, bajo una forma moderna que, como veremos en otro capítulo, Betty Friedan va a conceptualizar como la nueva «mística de la feminidad»[85]. La rosa americana, símbolo de la feminidad verdadera, dejará caer de nuevo su lluvia de pétalos rojos adornados con gotas de rocío sobre el joven cuerpo femenino.

De una manera que actúa de forma muy primaria, el contrato social de los iguales masculinos se sostiene en un contrato de matrimonio que aleja a las mujeres de los espacios públicos más prestigiosos. Anudando dominio con sometimien-

---

[84] Crisis del matrimonio y amenaza de disolución de la familia aparecen como propias del desarrollo industrial y la correspondiente incorporación de las mujeres a la esfera productiva. En realidad, el siglo XX podría analizarse como la historia de una tensión entre políticas estatales natalistas y resistencias al matrimonio y la maternidad, especialmente por parte de las mujeres urbanas, como muestra la temática del aborto y los anticonceptivos. El decreto de encierro en la célula conyugal y el control del cabeza de familia sobre la conducta (especialmente la sexual) de la esposa databan del siglo XIII, momento en que los clérigos y dirigentes de la Iglesia imaginan una estructura social nueva, asentada en la pareja y la conyugalidad, que se irá instaurando a base de superar largos conflictos. Cfr. G. Duby, *Le chevalier, la femme et le prêtre*, París, Hachette, 1981.

[85] Cfr. B. Friedan, *La mística de la feminidad*, Madrid, Cátedra, 2009.

to, organiza ese espacio segregado del hogar, espacio que a su vez muestra la utilidad de alejarlas también del mundo intelectual, y por tanto de las esferas de la acción económica y política. De aquí que dos de los caballos de batalla del sufragismo fuesen, por un lado, el voto como posibilidad para pasar al otro lado, para acceder al corazón de la máquina, y, por otro, el divorcio y la crítica al matrimonio, en tanto que estructura básica de subordinación social para las mujeres. Las categorías «divorcio» y «matrimonio» concentran buena parte de las energías de las mujeres desde los comienzos del feminismo. La infelicidad que aportaba un contrato legal de matrimonio, que, en realidad, era una manera más o menos encubierta para otorgar privilegios a la posición masculina, podía superarse con maneras alternativas de vivir y amar como las que proponían los ideales del amor libre, del matrimonio-compañerismo y de parejas unidas no por el interés de una de las partes, sino por vínculos de amor y generosidad, temas todos ellos que de manera general constituyeron preocupaciones típicas de esta época y que adquirieron una importancia especial en la literatura escrita por mujeres.

El cambio de siglo estaba instaurando lo que sus críticos veían como una anarquía sexual que incluía nuevas formas de convivencia que pretendían romper con la rigidez victoriana. Incluso en casos como el de la teóloga y sufragista sueca Fredrica Bremer, la primera en cuestionar el marco religioso que, desde la Reforma, limitaba el campo de actuación de las mujeres, pueden encontrarse afirmaciones que cuestionan este orden social matrimonial contrario a la igualdad entre mujeres y hombres. Esta reformista pondrá en cuestión lecturas patriarcales de la Biblia como las de Lutero, oponiéndose asimismo a la ideología estatal de la ortodoxia de género luterana. En su opinión, la igualdad es uno de los mensajes fundamentales del cristianismo. Corría aún la segunda mitad del XIX cuando Bremer ya considera que: «Hay libros escritos para moldear a la mujer en buena esposa y madre pero ninguno para moldearla como buen ser humano y ciudadano en todos los caminos de la vida, de modo independiente al matrimonio»[86].

Por lo tanto, en el descenso del número de matrimonios o, lo que es lo mismo, en el aumento considerable de solteras en las primeras décadas de siglo no solo encontramos el reflejo de una situación coyuntural de tasas bajas de población masculina debido a muertes en la guerra. La explicación que busca describir la situación de las mujeres considerando como causa única al hombre puede pasar por alto que las mujeres estaban tomando sus propias decisiones independientemente de los hombres disponibles. Es necesario tener en cuenta el incremento de mujeres que, al igual que Virginia Woolf, rechazaron la moral de autosacrificio y obediencia impuesta por los códigos establecidos, y que por lo tanto trataron de actuar de manera libre, asumiendo de este modo una conducta impropia en tanto que la independencia atentaba contra las normas del decoro femenino y era casi automáticamente calificada como una masculinización improcedente en las mujeres. Hay que leer en ese hecho un claro indicador del nivel de conciencia colectiva alcanzado en un período en que convertirse en soltera no era un mero producto del azar o, si hablamos del período posterior a la guerra, un hecho debido exclusivamente a las muertes de hombres en los campos de batalla, sino una decisión personal por parte de quienes elegían el trabajo en las fábricas, talleres y oficinas, frente a lo que consideraban la tiranía del marido, del amor y de los hijos. Y fuese o no deseada, esta elección tuvo un contenido claramente político. La crítica a una situación injusta, manifiesta en el texto de Woolf, se convertía en verdadera acción política en las diversas fórmulas de convivencia que se desviaban de aquellas

---

[86] Citado en K. Offen (ed.), *Globalizing...*, *op. cit.*, pág. 84.

proclamadas por un estado que legalmente les daba todo el poder a los hombres sobre las mujeres, un poder implícito en la institución del matrimonio. Precisamente, tanto el sufragio como los actos de rebeldía personal de la mujer moderna funcionaban a modo de metáforas que contenían demandas educativas, laborales y, en general, un distanciamiento del espacio doméstico, lo cual trajo consigo que el aumento de libertad y autonomía en las mujeres occidentales fuese independiente del que pudo haber existido en el colectivo de los hombres, pues se cumplió justamente como oposición a las estructuras políticas patriarcales diseñadas por el colectivo mismo de los hombres.

Quien no ha sido reconocido como sujeto de su propio discurso, quien aún no ha logrado el derecho a manifestarse por la palabra y la acción, tiene que empezar por reclamar la obtención de ese espacio. Por eso las formas de acción política de mujeres y hombres no pueden analizarse con los mismos criterios. Carecer de derechos elementales instala a la persona en la vulnerabilidad o en la posición social del combatiente. Existieron mujeres que recurrieron a prácticas de acción personal como el estilo de vida discordante o la ruptura con la costumbre establecida; otras formulaban demandas de igualdad en luchas colectivas como el sufragismo. Pero en ambos casos respondieron a intereses bien distintos a los de las luchas políticas de los hombres. No eran luchas de clase sino de sexo y de crítica patriarcal, como en el caso de la escritora Virginia Woolf, que, aun perteneciendo a una clase económicamente privilegiada, se sitúa en una posición crítica que interpela a un mundo de hombres librando esas dos guerras paralelas en que consistió la guerra de las mujeres de 1910 contra los hombres que se obstinan en vivir como en 1860: una movilización contra ellos como individuos, y otra contra ellos como miembros de la sociedad. A fin de cuentas, cualquiera que hojease las páginas del periódico no podría dejar de ver que

Inglaterra se hallaba bajo un patriarcado. Nadie en sus cinco sentidos podría dejar de detectar la dominación del profesor. Suyos eran el poder, el dinero y la influencia. Era el propietario del periódico, y su director, y su subdirector. Era el Ministro de Asuntos Exteriores y el juez. Era el jugador de criquet; era el propietario de los caballos de carreras y de los yates. Era el director de la compañía que paga el doscientos por ciento a sus accionistas. Dejaba millones a sociedades caritativas y colegios que él mismo dirigía. Era él quien suspendía en el aire a la actriz de cine. Él decidiría si el cabello pegado al hacha era humano; él absolvería o condenaría al asesino, él le colgaría o le dejaría en libertad. Exceptuando la niebla, parecía controlarlo todo. Y, sin embargo, estaba furioso[87].

Era extraño que un hombre con tal poder pudiera estar furioso, como los ricos que sospechan de los pobres que quieren sus riquezas. Furioso con las mujeres, a las que consideraba inferiores, y furioso con las feministas. Sin embargo, esta cólera le ayudaba a mantenerse en el sillón de su poder, pues sin ella perdería la confianza en sí mismo, sin ella dejaría de creer en su superioridad innata. De ahí «la enorme importancia que tiene para un patriarca, que debe conquistar, que debe gobernar, el creer que un gran número de personas, la mitad de la especie humana, son por naturaleza inferiores a él»[88].

---

[87] V. Woolf, *Una habitación propia, op. cit.*, pág. 48.
[88] *Ibíd.*, pág. 50.

Capítulo 5
Coco Chanel se corta el pelo

Además de cubrirnos o protegernos del frío, el vestido cumple una función mucho más significativa. Es capaz de permitirnos ocupar una posición más o menos poderosa en el mundo, modificar nuestra manera de verlo y cambiar la visión que él se hace de nosotros. Por eso, cuando una mujer reclama para sí el traje masculino, hace algo bastante más serio que vestirse para salir a la calle. Se «masculiniza» para rechazar la inferioridad. Reivindica el reparto, el acceso a una independencia que, de suyo, no pertenecería a los hombres, sino que, de forma unilateral, parece haber sido confiscada por ellos.

En este capítulo trataré de ver por qué la moda no es el fenómeno frívolo y desdeñable que a veces se supone, sino una manifestación artística y política que expresa nuestra historia cultural; algo, pues, imprescindible para comprender la nueva visión del mundo que suscriben las mujeres de comienzos del xx. Es, además, la expresión de sí que nos permite descubrir el estilo de vida de las *garçonnes* masculinizadas, las mujeres modernas de clases sociales diferentes, altas, medias y bajas, que se cortaron el pelo por muchos más motivos que el de simplemente estar a la moda. Sabían que el cabello largo es un símbolo de la feminidad —y por tanto de la inferioridad— pero intervenir en este elemento de su corporeidad podía convertirlas en presa fácil de duros juicios. Sin embargo, era necesario expresar de algún modo el deseo de salir de la exclusión, definir su pertenencia a un mundo público en el que trataban de desarrollar su personalidad de manera más plena: querían realizarse en un oficio o en una profesión —lo cual, por otra parte, es impensable sin el contexto de las formas de vida urbanas. Trataré de mostrar cómo a pesar de las difíciles condiciones que suponía su pertenencia a un colectivo desfavorecido, algunas, al cortarse el pelo, consiguieron desterrar la omnipresente figuración del «ángel del hogar» transmitida por padres y madres.

Se ha dicho en alguna ocasión que los movimientos políticos, el feminismo por ejemplo, pocas veces dan lugar a formas artísticas nuevas. Arte y política congeniarían mal. Sin embargo, ¿cómo pensar el sufragismo y el feminismo de las tres primeras décadas del siglo xx sin las mujeres audaces de las vanguardias artísticas que abandonaron lo establecido?, ¿cómo entender esa época sin las manifestaciones estéticas del cine mudo y del mundo de la moda, espacios en los que las mujeres realizaron importantes trabajos culturales?, o incluso ¿cómo concebir la literatura de la primera mitad del xx sin esa transformación social de fondo de la que es testigo y memoria la escritura literaria que emprendió Virginia Woolf?

Al igual que ella, la diseñadora Coco Chanel recogió el aire de los nuevos tiempos industriales modernos con diseños que apuntaban a una sobriedad «unisex» que bien podría recordar el ideal del cambio de sexo de Orlando, protagonista él/ella de la novela homónima de Woolf. El discurso cultural, acostumbrado a interesarse muy poco por las formas de vida de las mujeres, nos dice que este tipo de mujeres constituye una excepción, puesto que sus actitudes vitales, es decir, modos independientes de vida como el de estas dos creadoras, no se podrían encontrar en muchas mujeres anónimas. Sin embargo, ¿qué decir, entonces, de ciertas imágenes del mundo de la pintura que representan a mujeres solas en los cafés, mujeres como esa secretaria cuyo nombre no sabemos y que nos mira desde el primer plano de un cuadro del pintor Christian Schad?

Creo que las formas de vida de hombres y mujeres de comienzos del xx se habían acercado mucho más de lo que pensamos. Podemos encontrar testimonios en el mundo de la fotografía, en las imágenes de mujeres que llamaríamos no muy correctamente «masculinizadas» si pensamos que «masculino» y «femenino» son atribuciones arbitrarias, mujeres como las que fotografió la estadounidense Berenice Abbott. Lo que une a todas estas miradas iconoclastas y heréticas, lo que indudablemente parecen compartir, es no haber renunciado a la posibilidad de tener una vida propia.

A comienzos de siglo, las mujeres coinciden en un esfuerzo para desarrollar su personalidad: en el caso concreto de Chanel, emprendiendo una revolución artística del cuerpo y el vestido que acercaba a las mujeres los mismos ideales de la androginia estilizada que se expresa en el atuendo de la *garçonne,* figuración asexuada de lo femenino que está en las antípodas de las redondeces sonrosadas que inscriben al conjunto de las mujeres en ese momento relativamente breve de la vida de algunas de ellas que supone la gestación. Al esquivar la asociación de las mujeres con un vientre materno, la expresión estética de las *garçonnes* sugiere lo asexual, es tan andrógina e individualista como novedosa, tanto que quizás no existan precedentes en la historia de Occidente de un recurso tan conscientemente politizado a la fuerza significativa de los cuerpos y sus apariencias visuales.

Los cuerpos pueden significar un sexo o el otro no por ser una realidad biológica, sino por sus actitudes. Comparando al Orlando hombre con el Orlando mujer, Woolf escribe:

> hay ciertos cambios. El hombre tiene libre la mano para empuñar la espada, la mujer debe usarla para retener las sedas sobre sus hombros. El hombre mira el mundo de frente como si fuera hecho para su uso particular y arreglado a sus gustos. La mujer lo mira de reojo, llena de sutileza, llena de cavilaciones tal vez. Si hubieran usado trajes iguales, no es imposible que su punto de vista hubiera sido igual[89].

La historiadora feminista Ida Blom alude al hecho de que, pese a las acusaciones de inmoralidad, ciertas mujeres noruegas se habían incorporado a finales del XIX a deportes como el alpinismo y el tenis —la revista de la Women's Rights Association impulsaría el desarrollo de actividades al aire libre, al tiempo como medio para fortalecer la salud y como apuesta ideológica por la igualdad de derechos. Esta misma historiadora menciona igualmente propuestas de reforma del vestido para liberar los cuerpos de las mujeres del aprisionamiento de los corsés y cuenta que algunas, que se habían cortado el pelo, habían recibido serias reprobaciones por «cortar toda su feminidad y su adorno más importante»[90]. De esta manera, las formas vestimentales que se estaban adoptando indican que la ruta hacia la nueva civilización se estaba construyendo perceptiblemente, en forma de gestos y actitudes.

En las transformaciones que experimenta la moda no hay que captar un fenómeno conceptualmente inútil sino, en tan-

---

[89] V. Woolf, *Orlando,* Madrid, Alianza Editorial, 2003, págs. 130-131.
[90] Cfr. S. Paletschek y B. Pietrow-Ennker (eds.), *Women's Emancipation...,* op. cit., págs. 148-149.

Christian Schad, *Sonja,* 1928.

to expresión artística e ideológica, un indicador de un ambiente histórico, cultural y político. En este caso, aquel que creía llegado el tiempo de una nueva civilización. La capacidad de la moda para anticipar o recoger nuevas tendencias sociales es tan importante como las concepciones teóricas de la política. No es la política, pero los debates que surgían en torno a ella desataban verdaderas pasiones ideológicas y auténticas luchas sobre principios; particularmente en Francia, donde la moda de la mujer moderna fue central para fabricar la mitología cultural de la era de posguerra. A veces se cree que la moda expresa lo que las personas sienten pero no saben o no pueden expresar. En este sentido, los trajes asexuales de Coco Chanel tuvieron la capacidad de mostrarles a las mujeres por qué cosas estaban luchando, pero son a su vez el indicador de que el diseño participa del cambio social y recoge los nuevos principios, la nueva conciencia política que subvierte el mundo de antes.

Como corresponde a la personalidad libre de la artista, la viajera, la fotógrafa, la antropóloga, la periodista y demás profesiones novedosas para las mujeres de comienzos de siglo, el feminismo de 1920, el de la *garçonne,* no responde a ideales patrióticos sino a esquemas cosmopolitas y pacifistas, a la apertura a diferentes sentidos culturales. De tipo individualista, y en apariencia menos politizado que el sufragismo organizado, se inscribe igualmente en el *movimiento de la mujer nueva* que anticipa en gran medida algunas de las reclamaciones del feminismo de los sesenta. La importancia de un movimiento de *flappers* y *garçonnes,* la sorpresa que causó incluso en una sociedad que a comienzos de siglo ya se veía a sí misma como moderna, ha quedado recogida en múltiples publicaciones y discusiones —lo cual es indicativo de que ninguna esfera de la sociedad se mantuvo al margen, como tampoco el movimiento de la mujer prescindió de los debates, cambios y continuidades de la sociedad de la que formaba parte. Muchas de estas mujeres, capaces de suscitar a su alrededor las críticas de hombres que, en minoría, las apoyaban y, en mayoría, les declaraban su enemistad y las responsabilizaban de la ruina del mundo civilizado[91], eran con toda seguridad mujeres de las que se decía que «habían leído» y que eran producto de la nueva civilización, mujeres que estaban concretando la agenda política del amor libre, las uniones libres, la crítica al matrimonio y la rebelión generalizada ante el poder del padre.

La biografía de Coco Chanel responde a la de una de las miles de jóvenes que llegaron a la ciudad de París en los tiempos interbélicos tratando de ganarse la vida. Algunas no lo consiguen y acaban en las redes de prostitución, otras conseguirán desarrollar su brillante carrera sin apenas obstáculos, y aun otras engrosan las filas de la clase que, por definición, renuncia a toda profesión estable: la bohemia; ese extracto social que, sin embargo, encuentra en la fuerza de la contestación individual su verdadera pasión política. Chanel responde al prototipo de la *garçonne* independiente. Cuando ve por primera vez que sus asuntos marchan bien y que sus negocios empiezan a tener éxito, descubre escandalizada que en realidad es su adinerado compañero sentimental quien ha depositado en el banco títulos en garantía para cubrir sus déficits. El escritor Paul Morand, su amigo y biógrafo, que escribió un libro a partir de los recuerdos y conversaciones que mantuvo con la diseñadora, recoge la siguiente recrimi-

---

[91] Una novela del escritor español V. Blasco Ibáñez que lleva el significativo título de *Los enemigos de la mujer* se refiere de modo crítico e irónico a la creación de una estrafalaria comunidad compuesta exclusivamente de hombres misóginos que tratan de llevar una vida de espaldas a la guerra. El personaje de Alicia responde a esta figura de «la mujer civilizada», las «mujeres de nuestro mundo» de las que ellos se declaran enemigos, pero menciona a su vez enfermeras «de aspecto híbrido». Cfr. V. Blasco Ibáñez, *Los enemigos de la mujer,* Valencia, Prometeo, 1919, especialmente págs. 26, 27, 75 y 199.

nación de Chanel a su pareja: «¿Te han telefoneado del banco? ¿Y por qué no a mí? Entonces, ¿dependo de ti?». Fiel a su idea de *garçonne* hecha a sí misma, un año después sus ganancias de la rue Cambon se incrementaron hasta el punto de que el aval ya no fue necesario. Morand reproduce otra conversación que esta revolucionaria de la moda mantuvo con un amigo:

> —¿Parece que estás trabajando? —me dice irónicamente—. ¿Entonces Capel no puede mantenerte?
> Poder responder a estos jóvenes ociosos, a estos criadores de mantenidas: «No debo nada a nadie». ¡Qué alegría! Yo era mi propio señor, no dependía más que de mí[92].

En la mitología cultural de la época, caracterizada como estamos viendo por una redefinición sustancial de la identidad femenina, el pelo corto fue la expresión *garçonnière* más acabada de una estética visual que hacía prever el fin de la diferencia de sexos. Morand subraya en la creación de su personaje literario el corte de pelo porque sabe que para Coco Chanel fue algo importante. En 1917 comienza a recortarse el pelo poco a poco, y al final lo lleva corto.

> —¿Por qué se corta el pelo?
> —Porque me molesta.
> Y todo el mundo se extasiaba al decir que yo me parecía «a un *jeune garçon,* a un pastorcillo». (Para una mujer, esto empezaba a convertirse en un cumplido)[93].

Parecer un chico, hacerse hombre... el cumplido no era trivial. Era lo que tantas y tantas mujeres querían. Y no por-

---

[92] P. Morand, *L'allure de Chanel,* París, Gallimard, 1996, pág. 60.
[93] *Ibíd.*, pág. 67 (he optado por mantener la expresión *jeune garçon* del original).

Gabrielle «Coco» Chanel en imágenes captadas en los años veinte y treinta. Sus diseños, a menudo inspirados en la ropa de las mujeres obreras y de los hombres, eran simples y cómodos de usar, lo que los hizo muy populares durante la Primera Guerra Mundial.

que consideraran la feminidad algo en sí débil e inferior, como creían los discursos misóginos, sino por acceder a los privilegios que la masculinidad otorga gratuitamente. El pelo corto indicaba el camino de la independencia, hacía referencia a elementos que implicaban la liberación del cuerpo de las mujeres, el abandono de la pasividad. El pelo corto acentuaba el vigor deportivo, el dinamismo, la energía, la fuerza. Pero esta propuesta estética que Chanel les presenta a las parisinas acomodadas de posguerra, esta mujer nueva de pelo corto y líneas rectas y sobrias, no estaba tampoco muy lejos de la austeridad honesta, del rigor vestimentario de las obreras y las trabajadoras de las fábricas industriales. Se ha asegurado incluso que se inspiraba en ellas, en las obreras que trabajaban en sus talleres. Al presentar una propuesta estética que masculiniza a las mujeres de clase media y alta, acerca a las profesionales a la apariencia de las trabajadoras menos cualificadas. Y de este modo, la mezcla de elementos interclasistas y andróginos confunde y equipara clase y sexo más fácilmente.

Chanel demuestra que la moda se puede expresar a un nivel de creatividad capaz de responder a la pregunta ¿cómo es posible la producción de una mujer nueva en el mundo? Su estilo sobrio acabó denominándose *genre pauvre* porque recordaba la delgadez de las obreras, la cual tenía, además, capacidad para significar trabajo, acción. Al adoptarlo, su clientela trataba también de alcanzar la delgadez: *maigre comme Coco*. Y no cabe duda de que si este estilo se puso de moda fue porque la devastación que había dejado la guerra, unida al desempleo de las mujeres, estaba contribuyendo a ello.

En la preguerra, la gordura se consideraba signo de opulencia y la vestimenta de las mujeres expresaba muy ostentosamente la pertenencia a una clase social. Pero a medida que avance el siglo y aumente la clase media, se impondrá una apariencia cada vez más uniforme. Las cosas habían cambiado y las mujeres burguesas, inactivas por estar encerradas en el espacio doméstico y a veces porque comían demasiado, parecían fuertes. Y muchas no querían parecerlo. Por ello «se comprimían» en sus corsés cada vez más —el corsé era una prenda que «hacía subir la grasa al pecho, la escondía bajo el vestido»[94]. Con los diseños de Chanel, posteriores a esa Gran Guerra que da nacimiento al siglo XX, las mujeres compraban, por el contrario, la *nouveauté* de la figura esbelta y la juventud activa, el cuerpo móvil. En la intolerable paleta de colores de Oriente de su competidor, el modisto Poiret, al parecer el primero en descartar el corsé para sus vestidos rectos, Chanel aún ve una feminidad artificiosa, una imposible decoración escénica[95] que recordaba la complicación de los artificiosos vestidos victorianos. Ella lo destronará imponiendo sencillez, juventud, delgadez y monocromía; pero sobre todo lanzando en las pistas de esquí, en las canchas de tenis y en las arenas de las playas a «una *garçonne* de cabellos cortos y risa sonora»[96].

Mientras Chanel trabaja para sacar adelante su visión recta, llana y lisa, del cuerpo femenino, su contemporánea Virginia Woolf también se corta el pelo y trata de dar cuenta de la hegemonía discursiva masculina, de la general ausencia de mujeres escritoras en la historia de la literatura. Analiza con rigor la historia y se hace consciente de los impedimentos de tipo externo que frenaban el desarrollo de las capacidades

---

[94] *Ibíd.*, págs. 65-66.

[95] Poiret desplazó la cintura de los vestidos hacia lo alto del talle. Se inspiraba para sus colecciones en el orientalismo y exotismo de los vestuarios del irreverente ballet ruso (justo antes de la Primera Guerra, Nijinski y Stravinski desatan escándalos en París con sus representaciones), introduciendo en la moda chalecos y pantalones amplios al modo oriental. Y aunque sus propuestas liberaban el cuerpo, sus diseños aún estaban presos de un esquema de mujer exótica, una figura de alteridad soñada, ideal. Chanel, por el contrario, diseñó ropas cómodas para mujeres urbanas que siguen los ritmos acelerados de unas metrópolis industriales que cada vez quieren más obreras, más profesionales y más mano de obra.

[96] D. Desanti, *La banquière des années folles: Martha Hanau,* París, Fayard, 1968, pág. 9.

para el trabajo de escritura[97]. Se da cuenta de que en todas las casas había una hucha de ahorro para pagar los estudios de los hijos de los hombres educados y ninguna para las hijas de esos mismos hombres educados, hijas que incluso contribuían con su trabajo a llenar la hucha que pagaba los estudios de los hermanos y el mantenimiento de sus universidades, con sus comedores, sus salas de reuniones, sus bibliotecas y sus galerías de hombres ilustres. Woolf trata de explicarse excepciones como la de la poetisa Safo y observa que las mujeres de Lesbos no vivían encerradas en harenes ni estaban sujetas a la disciplina rigurosa de Esparta, sino que recibían una educación de alto nivel que incluía el hábito de expresarse en público, una educación como nunca más volvería a desarrollarse para ellas, salvo precisamente en los tiempos de Virginia Woolf, y que marcaría una diferencia entre las mujeres del pasado y las de su propia época. Pero Woolf sabe también que algunas leían los libros de sus hermanos y compraban papel y pluma para escribir, si bien hacerlo en casa, fuera del sistema de promoción que son las universidades, los círculos literarios y demás, las convertía en extrañas desconocidas.

Woolf reclama educación y profesión, y es consciente de pertenecer a una situación social nueva en la que la educación de las mujeres es considerada fundamental por las mujeres mismas. El pelo corto y la simplicidad del vestido tenían un significado especial para las mujeres educadas —y no digamos para las escritoras más intelectuales. El pelo largo y el peinado complicado eran incómodos y exigían una gran inversión de tiempo. En la correspondencia de Virginia Woolf se encuentra una carta, enviada en el año 1927 a su amiga Vita Sackville-West, en la que le cuenta las impresiones que suscita su nuevo aspecto:

---

[97] W. Woolf, *Ce que je suis en réalité demeure inconnu*, París, Éditions du Seuil, 1993, págs. 115 y 220.

1) El corte a lo *garçonne* de Virginia la desfigura completamente.

2) El corte de Virginia la cambia completamente, favoreciéndola.

3) El corte de Virginia pasa completamente desapercibido.

He aquí las tres escuelas de pensamiento que se enfrentan actualmente sobre este importante tema. He comprado una trenza de cabellos que sostengo con una horquilla. Se cae en la sopa, a donde hay que ir a pescarla con un tenedor[98].

La anécdota, junto con la ironía que la acompaña, expresa bien cómo una intervención en lo que se puede considerar la alegoría más acabada de la feminidad, la melena, el cabello largo, desataba juicios de valor tan importantes como «escuelas de pensamiento». Y es que las sentencias acerca de un simple corte de pelo o sobre una austera trenza postiza tenían sus componentes ideológicos, y estos no estaban exentos de mostrar su influencia psicológica en el comportamiento aceptable en las mujeres. Una mujer podía elegir encajar las críticas o bien, con la intención de tener tranquilidad, contrarrestarlas y pasar desapercibida, recurrir a símbolos tradicionales de la feminidad como los bucles, los lazos y el pelo trenzado. En efecto, los juicios sociales funcionaban como las escuelas de pensamiento de muchos filósofos que dictaban normas sobre el deber femenino.

Toda la simbología del corte de pelo femenino puede reducirse a la disyuntiva que opone la preciosa melena ondulada —rubia, a ser posible— al problemático pelo corto. Y ambos son, de hecho, los dos ejes que articulan un relato de Scott Fitzgerald, el autor estadounidense más citado cuando se tra-

---

[98] *Ibíd.*, pág. 220.

ta de los extravagantes «años alegres». Escrita en 1920, la acción de *Berenice se corta el pelo* se desarrolla en el contexto social de una generación «alimentada de jazz», cuando el temperamento de un joven podía ser tan inquieto como lo que sigue:

> la idea de bailar más de un fox-trot con la misma chica carecía de encanto para ellos, por no decir que les resultaba completamente detestable. Así, ellas, cuando llegaban los intermedios, podían estar seguras de que, una vez reemplazado, aquel chico no iba a volver a cruzarse en toda la noche[99].

Fitzgerald describe un duelo entre dos personajes femeninos, Berenice y su prima Marjorie, esta última tan fría y exenta de cualidades femeninas que su prima confiesa sentir al hablar con ella la misma dificultad que experimenta con los hombres. Berenice se caracteriza por su actitud provocadora e independiente. La narración recurre al corte de pelo para plantear al tiempo un reto, un engaño y una venganza entre las dos primas. Pero también desvela toda una mitología que, en una ciudad de provincias estadounidense de moral puritana, rodeaba al pelo corto en las mujeres. La señora Deyo lo detesta, y cuando da una charla en el Club Jueves sobre «Las manías de las nuevas generaciones», le dedica un cuarto de hora al «corte de pelo a lo chico». Berenice «ve en ello la prueba suprema de su valor, su derecho a caminar con paso firme hacia el cielo estrellado de las chicas populares»:

> —¿Cree que debería cortarme el pelo a lo chico, señor Charley Paulson?
> Charley levantó la vista sorprendido.
> —¿Por qué?

---

[99] S. Fitzgerald, *Flappers y filósofos,* Madrid, Velecio Editores, 2007, pág. 187.

—Porque lo estoy pensando. Es una forma fácil y segura de atraer la atención [...].

—Quiero ser una vampiresa de sociedad —anunció fríamente, y continuó para informarle de que cortarse el pelo de esa manera era el preludio necesario [...].

—¿Crees en el pelo corto? —preguntó G. Reece en el mismo tono de voz.

—Creo que es inmoral —afirmó Berenice gravemente—. Pero en la vida solo tienes tres opciones: divertir a la gente, alimentarla o escandalizarla[100].

Berenice no quiere ser una del montón, una chica como las demás. Para relatar la escena que describe el corte de pelo, Fitzgerald recurre a la misma estrategia narrativa con la que se cuentan los acontecimientos de gran magnitud: describir cómo se detienen todas las actividades humanas que se desarrollan alrededor, como si el mundo se hubiese congelado de repente. Y, por supuesto, resalta sus propiedades masculinizadoras:

—Quiero que me corte el pelo a lo chico.

Al peluquero se le abrió la boca hasta que se le cayó el cigarrillo.

—¿Qué?

—Mi pelo... ¡Que me lo corte!

Para evitar preliminares, Berenice se sentó directamente en el asiento. Un hombre sentado en la silla contigua se volvió hacia ella y le lanzó una mirada jabonosa y asombrada. Otro peluquero estropeó el corte de pelo mensual del pequeño Willy Schuneman. El señor O'Reilly gruñó y juró una barbaridad en un musical gaélico antiguo cuando la cuchilla se hundió en su mejilla. Los limpiabotas abrieron los ojos como platos y se lanzaron a sus pies. No, Berenice no quería que se los limpiaran.

---

[100] *Ibíd.*, págs. 203-204.

En la calle un transeúnte se detuvo para observar. Y un poco más tarde se unió una pareja y media docena de niños pequeños.
[...]
—¡Mira, un chico con el pelo largo!
—¿Y eso? Parece que la mujer barbuda ha venido a afeitarse[101].

En el relato de Fitzgerald, la simbología del *bob cut* tiene un doble sentido. Parece sugerir que la mujer de pelo corto lanza un desafío, pero, al perder lo único que posee, al cortar como un verdugo su propia feminidad, se convierte a la vez en la víctima desdichada de su propio acto. Con el pelo corto, Berenice pierde su encanto femenino. Y entonces tan solo le queda ver cómo crecen y se mueven, «ágiles como serpientes inquietas»[102] entre los dedos, los tirabuzones de princesa anglosajona de su prima Marjorie.

La feminidad misma está encerrada en una paradoja, circunscrita a una ambigüedad esencial, pues tanto asumirla como negarla puede suponer ejercicios de una libertad vacía que no aseguran ningún espacio de poder por pequeño que sea. Las mujeres, sometidas a variadas y complejas formas de control y vigilancia —el chismorreo y la aprobación que tematiza el relato de Fitzgerald serían solo dos de ellas—, no tendrían libertad de decisión, sino una libertad nihilista, libertad para nada. Berenice afronta el reto de cortarse el pelo que le lanza su prima porque su poca inclinación a la feminidad hace difícil que los hombres se fijen en ella y, por lo tanto, percibe en ello una posibilidad para hacerse popular y deseable. Pero en la medida en que acaba por convertirse en el objeto de deseo de Warren, uno de los pretendientes de Marjorie, invade un terreno que no le corresponde y se expone a la venganza femenina.

---

[101] *Ibíd.*, págs. 214-215.
[102] *Ibíd.*, pág. 218.

En el relato de Fitzgerald, el *bob cut* es el símbolo de una independencia que al mismo tiempo atrae y repele, pero otra lectura posible podría sugerirnos que el corte de pelo no es más que una estrategia entre mujeres harpías que luchan por un trofeo masculino a conquistar. De este modo, el relato se centra en la venganza femenina y evita sugerir su potencial para simbolizar los deseos de afirmación individual. Tras cortarse el pelo y comprobar que ha caído en la trampa de su prima, que buscaba convertirla en el hazmerreír de los chicos debido a su feminidad perdida, Berenice se venga a su vez cortándole sus bellos bucles mientras duerme. Y en un triunfante acto final, lanza los mechones al porche de la casa de Warren, lo cual señala de manera ambigua tanto el gesto desafiante de un espíritu independiente que triunfa sobre su prima como el resentimiento que sigue al fracaso en la carrera por la popularidad social y la aprobación de los hombres que emprenden las vidas de tantas mujeres, cuyos actos no tienen valor para sí mismas sino justamente por la relación que guardan con los deseos de un hombre. En cualquier caso, el relato pone en evidencia que el juego de hacerse deseable para el mayor número de hombres exige a las mujeres una buena inversión de tiempo para lograr confianza en su apariencia física.

El hombre, «es él el que cuenta» —le recuerda Marjorie a una Berenice que no parece muy dispuesta a cultivar su feminidad. Y también:

> Cuando una chica siente que está perfectamente acicalada y vestida, se puede olvidar de toda esa parte. Eso se llama encanto [...]. Nunca te preocupas de tus cejas [...]. Serían preciosas si te ocuparas de ellas una décima parte de lo que dedicas a estar tirada en el sillón[103].

---

[103] *Ibíd.*, págs. 199-200.

Chanel, Virginia Woolf y el personaje de Berenice son tres ejemplos de la difícil relación de las mujeres con su apariencia física. En los años de preguerra escritoras, intelectuales e innumerables trabajadoras que se dejaban buena parte de su vida en oficinas o talleres tomaron la decisión de cortarse el pelo. Hacia el final de la guerra se lo corta Chanel, y hasta mediados o casi finales de los veinte la popularidad del pelo corto fue en ascenso.

¿Por qué el pelo corto creaba tempestades emocionales tales que llegó a dividir familias e instigó incluso acciones legales por parte de un padre contra un peluquero que, sin autorización paterna, le cortó el pelo a su hija?[104]. La respuesta indica una tendencia a trazar fronteras bien claras entre los sexos, a eliminar la inquietud que provoca la ambivalencia sexual. Porque si la *allure garçonnière* del pelo corto, que encajaba con el estilo de la mujer moderna e independiente que estaba subvirtiendo el viejo orden de los sexos, se aceptaba, ¿qué pasaría con el espacio doméstico y la natalidad?

La *garçonne* francesa y una *flapper* anglosajona como Berenice expresan algo más que el ascenso de la chica joven a la escena del protagonismo social. Son dos modelos de mujer nueva cuyo lenguaje visual expone a las claras la crisis de los ideales domésticos de comienzos de siglo que, paradójicamente, no tardarán demasiado en volver. Alrededor de esas dos figuras se formaron verdaderas oleadas de rumores, rachas huracanadas de disturbios en forma de crónicas y críticas periodísticas, ilustraciones sarcásticas de revistas, panfletos, diseños de moda, teorías sociológicas, escritos religiosos y morales, etc. Hay autoras que ven en la *flapper* un nuevo conjunto de atributos de género y mencionan entre sus particularidades algunas características sexuales: dulce, salvaje, ino-

---

[104] Véase M. Roberts, *Civilization...*, *op. cit.*, págs. 63-64.

cente y sexual[105]. Y quizás sea cierto que la *flapper* acentuó la dialéctica sexual entre nueva y vieja feminidad en mayor medida que la *garçonne*, pues esta última propuesta se nos aparece a primera vista menos provista de connotaciones sexuales, más ambigua y andrógina, bastante más susceptible de desencadenar los fantasmas de inquietud que se generaban ante una «civilización sin sexos».

La *flapper*, por su parte, aunque parezca más cercana a la *garçonne* que a la *pin-up* —debido en parte a que el imaginario de la época aún no había elaborado de modo acabado, como veremos, las grandes místicas femeninas de los años cuarenta—, se acerca bastante a un modelo de «feminidad *mass media*» propio de la cultura de masas, que se estaba elaborando en la publicidad y el cine sonoro de Hollywood y que dentro de poco se iba a diseminar por la prensa, los anuncios y las pantallas de las urbes europeas. Se trata del modelo de feminidad norteamericana, imprescindible en un sistema económico que obtiene buena parte de sus ingresos promocionando una mentalidad sexy encajada en una mentalidad doméstica.

Los casos opuestos de una *garçonne* triunfante como Coco Chanel y de una *flapper* como Zelda Fitzgerald, que fracasa al verse involucrada en dinámicas matrimoniales, bien podrían significar que para ser *garçonne* es necesario haber aprendido una dura lección de libertad que poco tenía que ver con el tufo a puritanismo moral de la liberación sexual norteamericana. El aparato de propaganda publicitaria necesitará una buena chica inocente, una *pin-up* cuya sexualidad se pone a disposición del imaginario y las estructuras simbólicas de un inconsciente histórico masculino. En definitiva, parece que la

---

[105] V. Pravadelli, *Cinema and the Modern Woman*, disponible en: http://media.wiley.com/product_ancillary/48/14051798/DOWNLOAD/Chapter%2031%20-%20Cinema%20and%20the%20Modern%20Woman%20by%20Veronica%20Pravadelli.pdf (consultado el 25-8-2011), pág. 4.

lección de los desafíos políticos es más fácil de interiorizar siendo parisina. Dejando la alta cultura para la vieja Europa, Estados Unidos aspiraba a forjar un hombre medio hecho a sí mismo, con igual dosis de rudeza de *far west* y de disciplina al servicio del *trust* del acero; un hombre de negocios que necesita un ejército de mujeres que de manera benevolente y casi gratuita le ayuden a llevar adelante su visión de los dólares como piedra angular para mover el mundo.

En sus intentos para destacar entre el conjunto de *outsiders* que aspiraban al sueño dorado norteamericano, muchos hombres experimentaban una sensación de dominio cuando recibían el impulso de una mujer dócil que realizaba el trabajo auxiliar y asentía disciplinadamente a la tradición de unos caballeros que preferían a las rubias *starlettes*. A menudo se ha recurrido a un vaquero solitario para simbolizar el poder masculino norteamericano, pero el *saloon* fue también el lugar por antonomasia de un vaquero entre mujeres que están allí para facilitarle y alegrarle su rústica vida de negocios y muerte. Cuando las formas de vida decidan que el vaquero se traslade a la ciudad y se convierta en un hombre de empresa, las mujeres le acompañan ocupando el espacio que el sistema de representación le reserva al sexo subalterno. Y entonces la división de sexos y el poder visual de la «dominación masculina»[106]

---

[106] Empleo aquí la expresión en el sentido que establece el sociólogo francés Pierre Bourdieu, es decir, como conjunto de estructuras simbólicas androcéntricas que se ponen en marcha alrededor de un cuerpo previamente clasificado como masculino, entre ellas la visión del acto sexual como acto de posesión y apropiación de otro cuerpo —clasificado previamente como femenino. Por otro lado, Bourdieu cree que toda estructura social consiste en un conjunto de esquemas de percepción y apreciaciones inscritas en los cuerpos, y que la representación social de la masculinidad como nobleza encuentra su contrapartida negativa en una feminidad complaciente con las expectativas masculinas. Es un doble estándar de evaluación que hace que la misma cosa se aprecie, tanto por parte de hombres como de mujeres, como noble y difícil cuando es un hombre quien la realiza, y poco

siguen vigentes. Solo algunas, que pueden autodenominarse tanto *flappers* como *garçonnes*, recurren al potencial estético del pelo corto y la rígida línea vertical para marcar distancias. Sin embargo, *garçonnes* como Coco Chanel y *flappers* como Zelda Fitzgerald, aun conviviendo entre los mismos escritores y artistas estadounidenses llegados a París, expresarán formas de vida muy distintas. Una es independiente y vive en un contexto caracterizado por la «crisis *du foyer*»; la otra acompaña a su esposo escritor en busca del mito artístico europeo para escapar al puritanismo estadounidense.

Entre los miembros de la comunidad estadounidense que vivía en París, la próspera industria de la *haute couture* francesa encontró consumidores con gran poder adquisitivo. Pero el antiguo privilegio de las clases adineradas, la moda, ya estaba democratizándose por influencia del gran desarrollo industrial textil, acompañándose, claro está, del impulso de la publicidad y la prensa. La capacidad de estos medios para difundir tendencias se hizo manifiesta en una sociedad que se caracterizaba por estar enunciando por primera vez las reglas de ingeniería social que van a tutelar las formas de consumo de masas. De este modo, si las reclamaciones vestimentarias constituyeron actos aislados en el xix, cuando George Sand o Jane Dieulafoy se vestían como hombres, no ocurrirá así en el xx. La apariencia de «Julio César» que se le ha atribuido en ocasiones a Ger-

___

cualificada, insignificante e imperceptible cuando la lleva a cabo una mujer. Esta «dominación masculina» o «denegación existencial» de las mujeres se establecería mediante un sistema de disposiciones inculcadas de manera difusa a hombres y mujeres a través de instituciones como la familia, la escuela y el estado, siendo así que por medio de juicios, exhortaciones, imágenes visuales, maneras de moverse, dieta, vestimenta —que muestra o disimula las formas del cuerpo—, etc., los cuerpos humanos incorporan y reproducen de modo inconsciente, y no voluntario, esquemas de masculinidad y feminidad. Cfr. P. Bourdieu, *La domination masculine*, París, Seuil, 1998, en especial págs. 48-73.

trude Stein no debe disociarse de estas tendencias hacia el pelo corto y el aspecto masculino en las mujeres de vida activa que durante la guerra van sustituyendo los tradicionales accesorios decorativos del vestido femenino por la «uniformidad» de los colores neutros y el confort práctico de unos pantalones que, junto al corte de pelo, el cigarrillo y el automóvil, identifican en conjunto a las mujeres nuevas, pero especialmente a las *garçonnes* francesas.

Ahora bien, si la apariencia de algunas escritoras y estudiantes que a finales del XIX se vestían de hombres era un modelo copiado por muy pocas mujeres, cuando Coco Chanel hizo algo parecido en 1920 «fue imitada en Francia y en el mundo»[107]. Y lo que creaba una verdadera alarma en las fuerzas contrarias al nuevo aspecto visual de la mujer europea de posguerra eran los signos de esterilidad que se habían instalado en los gestos y las actitudes, era la pérdida de la ancestral modestia femenina evidente en la práctica del deporte y la general actitud corporal relajada.

En un artículo de 1918 titulado «Feminismo en el 1958», el escritor Clément Vautel[108] predecía de modo irónico una desaparición de la apariencia de mujer que iba a resultar catastróficamente inseparable de una toma de posesión del tradicional poder masculino. Las visiones complementarias de la «feminocracia» y la «ginecocracia», que en 1918 se proyectaron en un futuro 1958, eran simplemente eso, meras visiones o imaginaciones, pero tienen el interés de registrar un miedo a una «feminización de la sociedad» y a un «control político de los hombres» por parte de las mujeres. Y esto no era una opinión aislada, sino una constatación muy generalizada. Por eso, la oposición al pelo corto hizo que algunos miembros de la clase médica asegurasen que les produciría calvicie a las

---

[107] M. Roberts, *Civilization...*, op. cit., pág. 67.
[108] Citado *ibíd.*, pág. 69.

mujeres, que el periódico radical-socialista *Le Quotidien* se preocupase, en 1924, por si, en pocos años, habría que pagar cara una «fantasía de la joven feminidad»[109]. Y lo que es aún peor, que algunos comentaristas de moda augurasen tanto el advenimiento del tercer sexo como la creación de un sexo único. Por su parte, recurriendo a una síntesis de teoría evolucionista y futurología biologicista, el poeta Jean Dars afirmaba que en la historia de los invertebrados no estaba escrito «que las jóvenes pudiesen tomar la apariencia de chicos tan pronto»[110], mientras que un portavoz católico aseguraba que el pelo era «un velo natural», expresión de la modestia femenina, y una portavoz católica se quejaba de que las mujeres cortaban su pelo ya corto y acortaban sus faldas ya cortas. El pelo corto funcionaba, en fin, como un parricidio que destruía la patriarcal seguridad doméstica, atentaba contra la virilidad por apropiación de signos de virilización por parte de las mujeres y, lo que era doblemente escandoloso, expresaba también un rechazo hacia la maternidad.

El pelo corto fue considerado un símbolo de independencia; incluso, subvirtiendo el discurso que asociaba a las mujeres con sus úteros, constituía una declaración de esterilidad voluntaria, y por lo tanto de ruptura con las asignaciones conceptuales de las mujeres al orden natural. En cualquier caso, siempre pueden establecerse paralelismos con lo que ocurre en nuestros actuales debates sobre el velo; pues como él, sea largo o sea corto, es susceptible de llevarse al modo de un manifiesto político.

En una *garçonne* vestida con ropas que tendían a lo masculino como los *pyjamas* de Chanel, el pelo corto se asoció con la adopción de algo muy preocupante: la esterilidad y el celibato; es decir, con un estilo de vida que, al igual que el de

---

[109] *Ibíd.*, pág. 70.
[110] *Ibíd.*

las nuevas mujeres aviadoras, automovilistas o ciclistas, no conllevaba las constricciones físicas derivadas del «cuidado» de los otros sino libertad de acción, aventura y riesgo. Rascacielos, aviones, movimiento y dinamismo, velocidad y novedad eran, es necesario recordarlo, los elementos fundamentales plasmados en las figuraciones de las vanguardias artísticas futuristas, y el imaginario futurista no quería clasicismo ni faldas ahuecadas. En definitiva, la *garçonne* es el testimonio de un cambio en la conciencia individual de las mujeres, pero un cambio que se expresa en una estética visual y en una ética de la existencia, una mutación en los ideales de belleza que trata de atenuar las curvas del cuerpo y liberar sus movimientos del mismo modo que se estaban liberando las formas de vida hacia una nueva civilización. Maria Vérone, editora de *Le Droit des femmes,* expresaba de modo muy claro estas tendencias cuando afirmaba: «llevamos el pelo corto, vestidos que no nos constriñen y queremos tener una profesión con vistas a ser independientes»[111].

Sin embargo, la visión optimista no predomina siempre. Hay quienes mantienen posiciones críticas hacia aquellas historias de la moda que perciben en esta época afirmaciones de libertad. Prefieren, por el contrario, ver en los diseños de Coco Chanel una «fantasía visual de liberación»[112] que no recogía nada real, que a lo sumo recurría al lenguaje estético como heraldo que anunciaba un mundo nuevo aún por llegar. La moda, al crear solamente la ilusión de ser libre, tampoco revestiría de necesidad la emancipación propuesta por las feministas, pues no tendría que ver con formas de feminismo organizado o sufragista sino que únicamente demostraría un potencial para abrir debates sobre la identidad femenina. Si esta crítica, que desvincula la frivolidad del vestido de la serie-

---

[111] Citada *ibíd.,* pág. 81.
[112] *Ibíd.,* pág. 84.

dad de un movimiento social, fuese atinada, entonces habría que explicar por qué ese lenguaje moderno de movimiento y cambio encuentra su declive final en los años treinta, cuando «la moda comienza una vez más a seguir los contornos del cuerpo de la mujer y delinear, incluso enfatizar, la diferencia sexual»[113]. Habría que explicar por qué en este período desaparece la «fantasía de liberación» y la libertad de las mujeres se encuentra en retroceso.

Creo que la liberación del vestido exteriorizaba la liberación que desapareció debido a las llamadas de vuelta a casa, llamadas desde el mismo lenguaje ideológico que, tras la segunda guerra, critica el retorno de las colecciones de Chanel, desacreditando a la diseñadora porque su moda parece casi indecente en una sociedad en la que las recientes normas culturales establecen como nueva obligación para las mujeres construir un hogar. La desaparición del corte *garçonne* o *bob cut,* la sustitución de la banda que aplanaba el pecho por sujetadores que lo aumentan y acentúan; el giro en definitiva hacia un estilo que, reajustando el talle y el pecho, presenta un cuerpo femenino más esculpido y femenino será considerado más respetable y más acorde con una feminidad que, si bien apuntaba a lo sexy, aspiraba a la versión monolítica, artificiosa y tradicional, del «nido del hogar».

Si bien puede no saberse con certeza cuándo las manifestaciones de libertad de las mujeres retroceden, hay cierta libertad que se expresa en las formas estéticas y en la desenvoltura de movimientos del cuerpo. Feministas como Henriette Sauret consideraban que estaban ganando «poder total cortándose el pelo»[114] y otras, como Maria Vérone, se fijaron en

---

[113] *Ibíd.*, pág. 86.
[114] Citada *ibíd.*, pág. 87.

la capacidad de la moda para crear analogías de liberación e inducir comportamientos acordes con la imagen visual de independencia, lo que la llevó a comprender que el nuevo estilo era un indicador de cambio[115]. Por su parte, un diario de una parisina de 1926 muestra que no llevaba pantalones por no contravenir la ley, pero que soñaba en secreto con ser de esas mujeres que «se reúnen para crear su propio equipo de rugby»[116], lo cual, en su situación de mujer recién casada y embarazada, resulta, incluso como deseo, bastante chocante.

La moda puede considerarse un gesto político o, debido a la frivolidad que se le atribuye, un fenómeno apolítico; y es también cierto que la debilidad de la moda como estrategia política feminista fue algo de lo que tomaron conciencia las propias feministas. La moda de la «época del desafío de las convenciones» representaba también una nueva forma de consumismo que llevaba aparejado el fenómeno de las «clínicas de belleza» y lanzaba, por ejemplo, perfumes, maquillajes, cremas y productos para el remodelado del cuerpo. Como les había ocurrido a las mujeres de enaguas y corsés, estos nuevos productos exigían a las mujeres caer en la contradicción de una gran inversión de tiempo en la preparación de su cuerpo para la forma bella. En esta época, en el año 1927, Helena Rubinstein abre su primera «clínica de belleza» en el *faubourg* de Saint-Honoré, mientras que su rival, Elizabeth Arden, hace crecer el volumen de sus negocios en los Estados Unidos y la alemana Nivea hace lo propio democratizando la belleza en forma de caja azul. De este modo, es la propia mujer nueva que tiene profesión y lleva adelante sus negocios la que establece un vínculo entre mujer y moda, mujer y formas bellas; es ella también la que lleva al espacio público una construcción

---

[115] Citada *ibíd.*, pág. 81.
[116] Citado por Claire Mabrut en http://madame.lefigaro.fr/style/24-heures-dans-vie-dune-femme-annees-folles-161107-24465.

social de la identidad de la mujer contemporánea. A partir de ahora, la distancia que separa lo imaginario —custodiado por las nuevas formas de publicidad— de lo real es la misma que media entre parecer emancipada y serlo realmente. Por otra parte, aquellos casos de artistas y escritoras que mostraron que, cuando se trata de liberación del cuerpo, la libertad que parecía más auténtica tenía que ver con la vestimenta confortable quizás tuvieron muy poco que ver con las nuevas modas. Y, finalmente, aunque el fenómeno de la moda no se interpreta habitualmente en términos políticos, el debate sobre la indumentaria fue, al menos en Francia, profundamente político —no en vano en Francia cualquier cosa parece susceptible de transformarse en debate político.

Capítulo 6

La *garçonne,* una respuesta a la misoginia

La novela que vamos a ver en este capítulo, *La Garçonne* de Victor Margueritte, transcurre en un tiempo en que

> los peluqueros publicitan un «corte à la *garçonne*» —un corte de melena—, los costureros presentan en sus colecciones [...] un traje *Garçonne,* masculino, con camisa de seda y lazo de pajarita. Zapatos de tacón bajo, boquillas largas, gemelos de los puños de la camisa se bautizan *garçonne*. No es un título, es un tipo e incluso un nombre común. Y muchas madres suspiran ante la emancipación de sus hijas: «¡Basta, van a tomarte por una *garçonne!*»[117].

A casi nadie que leyese hoy el texto costumbrista de Margueritte[118] le pasaría desapercibido el compromiso intelectual

---

[117] D. Desanti, *La femme au temps des années folles,* París, Éditions Stock, 1984, pág. 25.

[118] La editorial Gallo Nero ha reeditado la novela en octubre de 2015.

del autor con la *garçonne*, la figura paradigmática de un giro histórico en la construcción de la feminidad que, si bien tuvo su inicio hacia el final del siglo y se afirmó plenamente en el período de entreguerras, se puede situar alrededor de la Primera Guerra Mundial. Pero en el transcurso de la lectura, descubriría, además, que en estas generaciones se inventa la figura de la «mujer libre», la mujer independiente o emancipada.

Cada momento histórico encuentra palabras propias para diagnosticar y nombrar lo que le ocurre. Y entre los neologismos de comienzos de siglo encontramos con una frecuencia sorprendente términos como *mujer emancipada, mujer libre, mujer nueva, mujer moderna* y *garçonne*, junto con su equivalente inglés *flapper*, es decir, tropezamos una y otra vez con expresiones que trataban de comprender, expresar y designar una mutación inesperada en las formas de vida de las mujeres. No fue algo trivial, pues transformó a la sociedad por entero.

El contexto social era de ciudades que estaban creciendo tan deprisa que la demanda de nuevos alojamientos no paraba de aumentar. Y las oleadas de mujeres jóvenes que iban llegando poco a poco para instalarse en los ruidosos edificios con varias plantas de los nuevos barrios, o en las precarias construcciones de los suburbios pobres, no solo dejaban a sus espaldas los escenarios rurales, cosa que comparten con sus congéneres los hombres, sino también la imagen de la identidad femenina tradicional en la que se habían formado. En las ciudades, viviendo en una pensión, por ejemplo, quedaba en suspenso la ley del padre de familia que encontraba mil maneras para controlar a las hermanas y a las hijas. Ahora pueden transgredir esa ley y encontrar oportunidades para el individualismo y el anonimato, pero tienen también más recursos para exigir a los hombres negociar los términos de un eventual intercambio. Se podría decir que a fin de cuentas esto suponía transformar la feminidad en masculinidad, desprender la energía masculina de la feminidad. Y esto era, al fin y al cabo, lo que deseaba toda *garçonne*, toda chica que creía tener derecho a la misma libertad que un chico.

La Garçonne, de Victor Margueritte, publicada el 12 de julio de 1922.

¿La *garçonne* destruía las metáforas femeninas de la misoginia romántica masculina? ¿Expresaba el hartazgo ante la mujer débil y enferma del xix y constituye la evolución lógica de una mujer que había sido condenada al trabajo invisible o a la inanidad? ¿Ofrece una imagen especular y paródica de la masculinidad normativa? ¿Exterioriza el lado masculino de la feminidad que, de completarse con un lado simétrico, el lado femenino de la masculinidad, supondría la realización de la intersexualidad, confirmando de este modo el temor social a los «insexo», a la indefinición sexual y a la confusión de sexos? ¿Quién es en realidad ese ser «vestido de hombre»[119] cuando se trata de parejas de mujeres del mundo cultural como Gertrude Stein y Alice Toklas, Radclyffe Hall y Una Troubridge, Berenice Abbott y Elizabeth McCausland?

En un primer vistazo a las diferentes épocas del pasado casi siempre nos llaman la atención unas maneras de vestir distintas a las nuestras. Creo que en una época en que muchas mujeres diseñaban y confeccionaban su propia ropa rompiendo con el canon, en realidad se estaba expresando el compromiso con un estilo de vida nuevo que se prolonga a lo largo del siglo. La *garçonne* responde al modelo de una persona singular, libre y autónoma, que rompe con las figuraciones sociales de la esposa y el esposo, el matrimonio heterosexual y su organización familiar.

Hoy solo podemos tratar de examinar esta nueva figuración subjetiva desde las miradas retrospectivas de nuestras visiones teóricas, pues hemos perdido esos particulares modos de vida. No obstante, al recurrir a la *garçonne* como figuración o imagen de *mujer nueva* no he tratado de formular

---

[119] La escritora Dorothy Sayers replicaba a los críticos que si las mujeres llevaban pantalones lo hacían no por imitar a los hombres, sino por el mismo motivo que ellos: la comodidad. D. Sayers, *Are Women Human?*, Michigan, Eerdmans Publishing Co., 2005, págs. 28-29.

simples fantasías que pudiesen agruparse bajo la fuerza denominativa del término, ya que este estilo de vida se materializó en singularidades históricas. Las mujeres que alcanzaron la mayoría de edad con la Primera Guerra Mundial son la manifestación de un cambio que, eludiendo lo sentimental y doméstico, responde a la imagen emergente de la Mujer Moderna urbana. Y del mismo modo que la presencia de muchas mujeres reales que responden a ese apelativo, mujeres desplazándose por las calles, que bailaban al ritmo de cualquier jazzband o conducen sus vehículos por las carreteras de tierra polvorienta, provocaba en su entorno social reacciones emocionales contrapuestas, la figura andrógina de la *garçonne* parece lo bastante intensa como para comunicarnos que existen ciertas asunciones ingenuas en nuestro imaginario reciente. Quizás con demasiada frecuencia se considera que el momento actual occidental representa el estado de evolución hacia la igualdad más alto alcanzado en un proceso de liberación femenina y acercamiento entre los sexos. Las afirmaciones de este tipo suelen olvidarse de la historia, de las numerosas mujeres que en el pasado no solo definieron cambios que proyectaban hacia el nuevo mundo que llegaría, sino que ellas de algún modo ya vivían dentro de él, actuando con la misma libertad que tendrían si ese nuevo mundo ya existiese realmente. Suelen ser pocas las personas que abren los nuevos caminos que después transita todo el mundo. Pero al final de la Primera Guerra Mundial había muchas mujeres caminando por ellos, muchas más de las que nos imaginamos a partir de los relatos culturales, casi siempre sesgados, que se nos transmiten.

Quienes se comportaban como *garçonnes* tuvieron la superior ventaja de no haberse educado en el momento de una masculinidad hecha a sí misma, de un hombre común orgulloso de su autosuficiencia y de un retorno a los valores militares masculinos que presidió el período de regresión de los años cuarenta y cincuenta. A mediados de los años treinta, por ejemplo, en medio de una coyuntura de paro y baja natalidad, numerosas feministas aún podían denunciar las medidas discriminatorias que deberán callar después. En esos años aún tenían el objetivo de defender el derecho al trabajo de las mujeres, pero una vez acabada la Segunda Guerra Mundial no se podía poner en cuestión la consigna de que el trabajo de las mujeres había sido únicamente para la duración del período bélico, como sustitución de los hombres en el frente —porque las propias llamadas a la actividad laboral *only for duration*, durante la contienda, así lo advertían. Los despidos fueron masivos, como lo habían sido tras la primera guerra, la libertad de las mujeres se resintió una vez más, los mecanismos reaccionarios se pusieron en marcha y expresar el descontento no era muy conveniente. Mediados los cuarenta, muchas mujeres se autocensuraban, y las escasas *garçonnes* que aún pudieran quedar tuvieron que abandonar poco a poco su estilo desafiante. La época de poner en cuestión las imágenes y expresar la rabia de las mujeres había concluido —como veremos en algunos de los capítulos siguientes—, casi por orden gubernativa.

La palabra francesa *garçonne* y la inglesa *flapper* describen dos fenómenos simultáneos que se desarrollaron en muchos lugares distantes. Aluden a que ciertas mujeres de escenarios urbanos llevaron a cabo un trabajo psicosomático de «desfeminización». Algunas lo lograron, mientras que otras fracasaron; y entre las causas de los fracasos figura casi siempre el rol de domesticidad asignada en el estrecho mundo de la familia. La rígida segmentación capitalista entre el mundo productivo y el mundo reproductivo exige que el período de la vida en el que los hombres trabajan para lograr y consolidar su prestigio profesional pueda suponer para las mujeres una marcha atrás y una entrada en el declive laboral. Quienes huyeron del matrimonio y se encaminaron a una vida de solteras o a una relación a largo plazo con otra mujer tenían que sobrellevar como podían los comentarios reprobatorios, pero encontraban menos dificultades para alejarse de la disciplina de la domesticidad familiar, y para formarse una personalidad propia, la laboral incluida. Esto no quiere decir que, en ese caso, su libertad fuese exactamente igual a la de los hombres. En el espacio de la ciudad los hombres casi siempre disponen de las mujeres como auxiliares subordinadas que trabajan para materializar sus proyectos; por lo tanto, la situación de dependencia se traslada a veces a un jefe o a un director y se vuelve casi inevitable.

Por otro lado, libertad e independencia definen, en abstracto, la vida de las mujeres en la ciudad cuando se la compara con la del campo, una libertad que se extiende poco a poco al derecho a decidir sobre el propio cuerpo[120] y a la expresión del deseo sexual. De ahí que la palabra *garçonne* a veces connote las costumbres licenciosas, propias de un muchacho pero impropias para una mujer según el orden establecido de la segregación de sexos.

El término *garçonne* sirve, además, tanto para expresar uno de los lugares históricos en los que se desarrollan confrontaciones políticas y culturales feministas decisivas para las mujeres —y para los hombres, su término relacional— como para referirse a mujeres concretas, a personalidades como Virginia Woolf, Coco Chanel, Simone de Beauvoir, o la organizadora de las campañas del voto para las mujeres francesas Louise Weiss —y a tantas y tantas otras, cuyas acciones las convirtieron en actrices históricas. Que a comienzos del xx y a nivel internacional occidental aparezcan y se consoliden de modo aproximadamente simultáneo el término «feminismo» y las imágenes de la *garçonne* y la *flapper* es un claro síntoma de que hubo un período histórico en el que las mujeres como colectivo invirtieron una gran energía en cuestionar, a la par que el orden estableci-

---

[120] *Ton Corps est à toi* es el título de otra novela de Victor Margueritte publicada en 1927.

do, las generales prerrogativas del sexo masculino y las imágenes de la feminidad que les prefabricaba la sociedad. La *garçonne* quiere apropiarse de lo que se le niega, mostrando que los hombres no pueden guardar los privilegios solo para ellos; es más, quizás tengan que renunciar a algunos de ellos.

La estética de la *garçonne* se oscurece cuando otro tipo de apariencia, característica de la oleada antifeminista de los años cuarenta, la *pin-up*, neutraliza las mentalidades de los años veinte. Esta novia o futura esposa sexy, que sirvió de alimento erótico a los sueños domésticos del soldado en tierra extraña, apareció con el triunfo de un bloque patriótico y militarista que reconducía a las mujeres a una esfera sexual tradicional, muy alejada de aquella otra que muchas mujeres querían, cada una a su manera, dejar definitivamente atrás: la maternal-doméstica. De tal manera que si la *garçonne* de líneas filiformes es una confirmación evidente de que el paso del dispositivo de domesticidad a la ruptura con el corsé doméstico se estaba materializando en algo más que la mera apariencia corporal, las líneas curvas de una *pin-up* moldeada por la corsetería representarían la vuelta al estrecho reducto de las cuatro paredes del hogar —ahora rodeado por rectángulos de césped en los que la piscina unifamiliar expresa el *American way of life,* pues hubo un momento en que casi era posible llegar a los cuatro puntos cardinales de los Estados Unidos nadando de piscina en piscina, cada una con su *pin-up* al borde del agua.

El término *garçonne* se refiere a una interiorización por parte de las mujeres occidentales de comportamientos que se creían propios de la masculinidad pero que, lejos de ser una mera imitación de la conducta de los hombres, presentan rasgos propios. Se trata de producir una imagen de sí mismas y desde sí mismas que, sin renunciar a la masculinidad, es también una conciencia individual que se manifiesta en un estilo, en una expresión estética. Los hombres, situados al otro lado, ven que de repente su campo ha sido invadido por figuras que no esperaban; y la inquietud que se genera se canalizará en un epíteto muchas veces condenatorio, ya que, al feminizarse, la palabra *garçon* añade connotaciones de emancipación y confusión de sexos. Para entender lo que esta construcción de sí representa podría compararse con su contraimagen, la de la heterodesignada *pin-up*, elaboración ideológica de una masculinidad que, sintiéndose amenazada, reacciona desde las estructuras de poder que tiene entre sus manos con imágenes y representaciones que sitúan a las mujeres en el lado del imaginario que por tradición se cree que les corresponde: el de la atemporal esencia femenina. Como veremos más adelante, cuando en los años cuarenta se implante el retorno al orden natural de las cosas que había desordenado la *garçonne*, toda una «mística de la feminidad» expulsará a las mujeres de los lugares donde se hace la historia, exhortará a un prototipo biologicista de mujer moderna, a una mística que solo las acepta como seres sexuales encaminados a convertirse en reproductoras de la especie y hacedoras del orden doméstico. E incluso tan pronto como hacia 1928, y ante el aumento de los peligros que representaba la *garçonne*, se les recordó a las jóvenes francesas cierto número de principios de la feminidad ortodoxa en un catecismo de la mujer moderna que tenía todo el aspecto de un verdadero manual de antifeminismo: en la heroína de una larga serie de novelas rosa de Berthe Bernage encontramos, al igual que en la *pin-up*, el deseo de ser «una joven moderna y tradicional a la vez»[121]. Con esta imposible síntesis —pues la moderna rompía con la tradicional—, ya había quienes trataban de deshacer lo que se estaba logrando.

La feminidad es un conjunto de normas que recogen inclinaciones sociales y culturales, que se somete a la variabilidad que la historia imprime a todos los acontecimientos. Las mujeres se feminizan o se desfeminizan al incorporar una identidad que previamente se aprende cumpliendo normas e imitando

---

[121] C. Bard (ed.), *Un siglo...*, op. cit., pág. 204.

gestos; así, por ejemplo, interpretar la feminidad como delgadez es propio de ciertos momentos históricos pero no de otros, y ocurre esta misma situación coyuntural cuando se piensa que la única vía de realización es la maternidad y el cuidado de hijos. La norma de la maternidad y el cuidado no es una norma universal exigida a la feminidad *sub especie eternae,* pues existieron las épocas en que las mujeres dejaban morir a sus hijos sin recibir por ello amonestaciones o sanciones morales.

Creo que la *garçonne* es la manifestación más rupturista con la feminidad de cuantas asumió el siglo XX, tanto que es capaz de articular en imágenes y gestos la confusión de los géneros masculino y femenino. La historia del feminismo ha recogido la figura de la sufragista y la reformista social como propias del feminismo, pero no existe una memoria colectiva que trate de analizar esta tercera figura feminista que convive con ellas, y que es tanto o más radical que las anteriores. La figuración de la *garçonne* expresa en parte los avances sociales y laborales que estaban experimentando las mujeres, pero también permite establecer una continuidad, en tanto figura de transición, entre el feminismo de la primera ola y el de los años setenta, pues son los ideales de androginia —o «ginandria», por recoger una expresión de la época— los que expresan los códigos visuales de las mujeres de este período. Y aunque se trata de una construcción colectiva de la feminidad del primer tercio del siglo XX, ciertas definiciones de la palabra indican que ya existía anteriormente, a finales del XIX. Por ejemplo, para el escritor francés que mejor supo expresar el hastío por la vida moderna, Georges Huysmans, *garçonne* designa a una adolescente con «formas aún no femeninas»[122].

---

[122] Cfr. http://archive.wikiwix.com/cache/?url=http://www.cnrtl.fr/definition/gar%25C3%25A7onne&title=Etymologie%20de%20gar%C3%A7onne%20d'apr%C3%A8s%20le%20Centre%20National%20de%20Ressources%20Textuelles%20et%20Lexicales (consultado el 18-12-2012).

Es justamente este tipo de formas rectilíneas no femeninas lo que tratarán de reproducir en sus cuerpos las mujeres de apariencia masculinizada. La ruptura con el imaginario de la feminidad es clara.

¿Por qué el feminismo no se ha apropiado conceptualmente de esta figuración o a lo sumo se da por supuesto el fenómeno de la *garçonne*? La imagen visual de una mujer vestida de modo masculino reaparece de generación en generación, a lo largo del siglo XX, y como mucho se la asocia con la homosexualidad, pero en realidad creo que el problema es bastante más complejo. Se habla de estas mujeres «masculinas» como si fuesen mujeres-parodia, como si no fuesen «verdaderas mujeres» o «verdaderamente femeninas». Ahora bien, ¿por qué llamarlas «mujeres masculinas» si reproducían el lado oculto, borrado con insistencia por una feminidad artificiosa y sobreimpuesta desde lo social? Afirmar que una mujer es «masculina» da por supuesto una idea esencialista e intemporal de las mujeres que las expulsa de la historia para asociarlas exclusivamente con un lado femenino supuestamente inscrito en su naturaleza. Es una desposesión que percibió la artista surrealista Meret Oppenheim, quien entendía que tanto feminidad como masculinidad son elementos propios de las mujeres, pero enmascarados, sin embargo, por una concepción de la feminidad construida y asignada por los hombres. Declaró lo siguiente:

> Quiero decir al menos que el espíritu masculino en las mujeres se ve obligado a llevar un manto de invisibilidad por el momento. ¿Por qué? Creo que se debe al hecho de que, desde la construcción del patriarcado, es decir, desde la devaluación de lo femenino, los hombres ven lo femenino en sí mismo como inferior y han proyectado esto en las mujeres. Para las mujeres, esto significa que tienen que vivir con su propia feminidad y la feminidad proyectada sobre ellas por y desde los hombres. Por consiguiente, están aca-

rreando estas nociones sobreimpuestas de feminidad. Eso es simplemente demasiado difícil de soportar[123].

Como experiencia sobreimpuesta difícil de soportar, la feminidad exige cambios sociales, visuales, lingüísticos.

El término *garçonne* no supone una simple feminización de un término masculino como *garçon*. Cercana al «sexo humano» o al neutro «ello», abre nuevos espacios simbólicos. «Soy *garçonne*» libera un nuevo sentido de la palabra masculina *garçon* y así da al traste con una convención que la fija en un referente masculino. ¿Qué significa feminizar una palabra que solo se dice en masculino? ¿Qué, si además se trata de una que sirve para establecer la masculinidad en el tramo de vida que corresponde a la juventud, ese momento crucial en que se está definiendo la identidad de género —cuando *garçon* y *fille* comienzan realmente a separarse? *Garçonne* y no *fille*. *Garçonne* y no *garçon*. La lengua castellana opone muchacha a muchacho, chica a chico. La francesa, sin embargo, designa campos filológico-semánticos claramente separados. Desde el castellano no se puede impugnar la norma masculina de ese modo. Y sin embargo, un caso como el de la gallega Concepción Arenal, que acudía a la Facultad de Derecho vestida de hombre, muestra que, aun sin el recurso a la lengua, existía el recurso a la vestimenta. La reclamación no era propia de un solo territorio, pues en países geográficamente muy alejados las mujeres utilizaron el atuendo masculino como estrategia política para expresar la revuelta, la escapatoria a la feminidad y la transgresión de la norma. Al feminizarse, *garçonne* infringe la norma que estipula su uso en masculino, y al adoptar la vestimenta masculina, las mujeres se apropiaban directamente de

---

[123] Cfr. entrevista con la autora en https://sponsorship.credit-suisse.com/app/article/index.cfm?fuseaction=OpenArticle&aoid=382664&coid=373157&lang=EN (consultado el 18-12-2012).

un poder simbólico que les había sido negado. Las ropas no solo cubren la desnudez, sirven para proclamar el rango intelectual, moral, económico o profesional de quien las lleva. Y «*tener* y *poder expresar* los privilegios», al igual que lo hacían los hombres, era un derecho que las mujeres reclamaban.

Ahora bien, el término se emplea tanto de manera negativa, como amenaza, reproche o recurso verbal que canaliza la violencia simbólico-sexista que prohíbe a una mujer contravenir la normativa de que solo un hombre puede vestirse de hombre, como de manera positiva, es decir, simbolizando la huida ante un poder patriarcal sobreimpuesto, quebrantando la norma lingüística al llamarse a sí misma *garçonne,* incluso devolviéndole la palabra a quien la usa como insulto —pues el insulto es justamente una maniobra para descalificar a las que abandonan el espacio de la feminidad asignada. El poder social del hombre impone la marca de su presencia a través de ritos y símbolos de la masculinidad: desde los términos del lenguaje hasta los vestidos, gorros, togas, cintas e insignias, premios y ceremonias, cuyo objetivo es conseguir o reproducir la influencia social masculina. El poder de la *garçonne* radica en tratar de obligar al otro a negociar esos términos, promoviendo la impugnación de sus marcas rituales y simbólicas, entre ellas las más evidentes: el traje y la corbata.

Hay modelos de disonancia. No todas las mujeres llevan faldas ni todas las llevan con la misma longitud ni de la misma manera. Una nueva identidad necesita nuevas palabras y nuevos lenguajes, un nuevo territorio a conquistar, un exilio o destierro del espacio de signos dado. Discordante, necesita combinar faldas con cortes de pelo, con corbatas, con pantalones. Porque impugna la falta de relación entre los sexos, su diferir, el no poder devenir ni mujer ni hombre, la *garçonne* anuncia lo insexuado. Remedando las normas y expectativas de la masculinidad y la feminidad normativas, establece en un mismo gesto su proximidad y su distancia, su igualdad y su diferencia. La *garçonne* expresa un modo específico de acoger aquello que existe fuera del discurso patriarcal como innombrable: la sexuación del mundo, la relación que las mujeres como conjunto mantienen con los hombres como conjunto; algo a lo que todas las mujeres, de uno u otro modo, han de hacer frente. Reinventándose a sí mismas a través de las imágenes de la cultura dominante que las nombra y a la vez las desahucia, estas mujeres aparecen en la escena social bajo la condición existencial de figuras otras y ex-céntricas, excluidas de la norma humana del hombre medio.

Como figura moderna, la *garçonne* confirma la existencia de una edad dorada del movimiento de las mujeres, pero, al tiempo que trata de subvertir el orden masculino, plantea una pregunta por la diferencia de sexos. Por un lado, confirma la existencia de ese momento histórico de libertad e independencia que trataba de superar con dosis de androginia o ginandria las oposiciones sexuales que estructuran el pensamiento occidental; por otro, demuestra la ambivalencia sexual. Es como si dijese: «mujer» es un término abierto a muchos significados[124], no un hecho natural o biológico independiente de las estructuras políticas, pues los cambios económicos, políticos, etc., modifican el sentido del término. Quienes trataron de llegar a una definición cerrada o una identidad común y universal para todas las mujeres en realidad estaban construyendo un irreal eterno femenino, una esencia eterna que olvida las diferencias históricas, culturales e individuales. El deseo de libertad de las mujeres de comienzos del xx mostró, por el contrario, que la identidad era un proceso consistente en interiorizar imágenes y formas de comportamiento que no tenían que corresponderse con las costumbres establecidas, porque las mujeres podían hacer suya la que se consideraba la

---

[124] Sobre los muchos significados de este término, cfr. L. Nicholson, «Gender», en A. M. Jaggar e I. M. Young (eds.), *A Companion to Feminist Philosophy*, Oxford, Blackwell, 2000.

norma específica de la masculinidad. De igual modo, el paso de la *garçonne* a la *pin-up* mostrará que las expectativas para las mujeres se transforman bajo la influencia de las circunstancias políticas, imprimiendo otro giro inesperado en el contenido de la palabra «mujer». Si el lenguaje visual de la *garçonne* se inclinaba hacia el lado masculino, mostrando así un espíritu de resistencia, la *pin-up* asume la posición sexuada femenina de los viejos mitos de la feminidad, interioriza la presión psicológica de una masculinidad antifeminista que no admite confusiones ni líneas de fisura en la identidad de los dos sexos.

Las mujeres europeas tomaron conciencia de sus derechos y, en un ejercicio de acción política, llevaron la expresión de sí a la apariencia corporal. La masculinización del vestido de las mujeres no es un simple disfraz ni un simple cubrir la desnudez, sino la prueba de que algunas fronteras sexuales estaban cayendo. Es un síntoma de vitalidad de la insurrección política. Androginia y cabellos cortos son la expresión en el cuerpo de la libertad de las mujeres. Más allá del mero fenómeno estético, el movimiento de la *femme nouvelle,* al que la *garçonne* necesariamente pertenece, supone incluso una práctica social y política «amaternal», que denuncia el mercado matrimonial en tanto fuerza contraria al ideal de liberación de las mujeres. Hay algo que determina la elección de una apariencia masculina por parte de una mujer, y ese algo difícilmente podría entenderse de otro modo que no fuera una revuelta contra la construcción social de la feminidad. Signo de estatus social o laboral, de pertenencia a una cultura o a una categoría sexual, la vestimenta es un modo de expresión silencioso por parte de quienes no pueden ocupar ni las tribunas de oradores ni los cargos del Tribunal Supremo, pero no es nunca un acto inocente que no implique ningún tipo de elección. Cuando, por ejemplo, la reglamentación parlamentaria de 1821 prohibió de modo expreso que las mujeres españolas accediesen a las tribunas públicas de la Cámara, algunas mujeres protestaron activamente contra el reglamento acudiendo vestidas de hombres[125], ejerciendo así una acción silenciosa pero de contenido claramente político.

La *garçonne* presenta una imagen de mujer en la era del jazz y ha sido vista, bien como un fenómeno de moda pasajero, bien como un prototipo de mujer lesbiana. Pero la ambivalencia de las *garçonnes* desplaza también la dualidad abstracta de la homosexualidad y la heterosexualidad. No se trata de un yo atrapado en el orden del deseo erótico y que ha de medirse con lo hetero u homo, sino que representa un *tercer yo deconstructivo* que, superando los opuestos, los unifica y los trasciende. Es también expresión de la impostura de quien se sitúa más allá del código y le abre un proceso a las mascaradas masculina y femenina. Sin embargo, más allá de esto, es la manifestación ideológica de los cambios que experimentaba la situación de las mujeres urbanas, el signo de ruptura con la generación precedente.

Me interesan las figuraciones o formas de la feminidad que acaban popularizándose en la cultura de las multitudes cosmopolitas. Y creo que la *garçonne* y su homóloga anglosajona, la *flapper,* que indudablemente representan en el siglo xx las dos primeras de entre esas formas, son las dos figuraciones que inauguran el hecho sociológico de que determinadas formas de vestimenta y apariencia encuentren difusión por el todo social, expresando por primera vez, tras el rigor victoriano, que en la diferencia de sexos cabe cualquier ser diferente, también el andrógino y la ginandroide. La categoría de «diferencia», que había servido para disminuir la posición de la feminidad en los códigos políticos y religiosos —la diferencia se medía como diferencia respecto al hombre tomado como medida—, pone ahora en cuestión las formas tradicionales de lo femenino y lo masculino. La separación entre las normas de la feminidad y la masculinidad trata de salvarse en

---

[125] C. Fagoaga, *La voz y el voto...*, *op. cit.*, pág. 30.

tentativas de cofusión. Y quienes leyeron alarmados esta fusión como desastre y amenaza formaron parte del lado conservador de esa modernidad oscilante que avanzaba con dificultades entre las presiones inmovilistas de la vieja tradición y la improvisación rupturista de la vanguardia, pues no hay que olvidar que el conflicto ideológico entre el viejo y el nuevo mundo sacude en ese período a todas las conciencias europeas.

La *garçonne* podría ser sufragista, pues fueron muchas las que se afiliaron a los clubes o asociaciones que, en conjunto, dibujan el panorama de un movimiento de contestación y agitación feminista. Sin embargo, este tipo de mujer «sin-sexo» o más-allá-del-sexo establece cierta perturbación en el propio sufragismo, al menos cuando las reclamaciones colectivas se formulaban como deberes y derechos de las mujeres. El planteamiento de la *garçonne* es también estético, pero aparte del atuendo, enfatiza la relación activa con el propio cuerpo en tanto instrumento de expresión ideológica, y parece estar anticipando las propuestas individualistas de corte existencialista que ven en la apuesta por la acción y la libertad individual una salida al encierro moral de las costumbres burguesas uniformes y rígidas. Su reto político consiste en cuestionar una idea esencialista, conservadora y atemporal, que establece la feminidad como pasividad y dependencia. Y aunque sería posible contraponer las figuras de la sufragista y la *garçonne,* la perspectiva de la emancipación las convierte en parte integrante del movimiento de la mujer nueva: unas persiguiendo la igualdad social y otras defendiendo su libertad personal, unas desarrollando luchas colectivas en el espacio político y otras con sus posturas indómitas, que casi siempre perseguían el ideal estético de una vida más intensa. En realidad, tanto la figura de la *garçonne* como el movimiento sufragista son lo bastante complejos como para ser reducidos a un esquema sencillo, y solo un deseo puntual de simplificar las explicaciones debería llevarnos a trazar distinciones nítidas entre ambas figuraciones. Además, los ejemplos en los que los dos tipos de comportamiento, el de la *garçonne* y el de la sufragista, confluyeron en una misma persona fueron numerosos. Ocurrió, por ejemplo, en el caso de las célebres aviadoras A. Bolland, M. Bastié y H. Boucher, participantes en las campañas emprendidas por la feminista e impulsora del sufragio en Francia Louise Weiss. Combatientes o resistentes, reclamando derechos o apartándose de las normas, la gran diferencia entre sufragistas y *garçonnes* independientes radica en que las unas esperan más de la colectividad social mientras que las otras, más escépticas o desencantadas con la sociedad, parecen depositar su confianza únicamente en los procesos de crecimiento personal y liberación individual. Pero ambas figuras toman conciencia de que la política del amor y de las relaciones entre los sexos es inseparable de los temas de la justicia social y la dignidad humana. Unas y otras ponen en evidencia que las ideas de la masculinidad y la feminidad consiguen encarnarse en cuerpos de «hombre» o de «mujer» pero son referencias móviles; y, por lo mismo, pueden desplazarse, transformando a los seres que jueguen con ellas en seres que dejen atrás las asignadas distinciones del sexo.

Las metáforas de libertad e independencia que se exteriorizaban en el estilo corporal de la *garçonne* están muy alejadas de la escenografía patriótica tradicional. Tal vez el rechazo que expresaron muchas mujeres hacia el «peludo» patriótico —*poilu* se denominó al soldado francés de la Primera Guerra Mundial— constituya el reverso de la celebridad que alcanzó el modelo *garçonne* en una época de armisticio en la que el avión funcionó como la metáfora más evidente para nombrar la conquista de un espacio simbólico de libertad por parte de las mujeres.

Una exploradora del aire y el cielo, como la piloto francesa Hélène Boucher, denominada en su momento «las alas de Francia», personificó un modelo de *garçonne* con casco de cuero, pantalones ajustados y chaqueta forrada de piel, repre-

Hélène Boucher, aviadora francesa que batió varios records del mundo de velocidad en avión entre julio y noviembre de 1934.

La francesa Maryse Bastié en 1935. En 1952, su avioneta se estrella y muere con 54 años, después de haber conquistado la fama en todo el mundo por los numerosos récords que había batido.

La aviadora francesa Adrienne Bolland. Nacida en 1895, a los 25 años se convierte en la primera mujer piloto de pruebas. A los 26 realiza la hazaña de atravesar la cordillera de los Andes. Feminista y militante por el derecho al voto de las mujeres, integra la resistencia francesa al nazismo en el período de la Segunda Guerra Mundial.

sentando así a una mujer nueva que de algún modo reactualiza la independencia de otra figuración de mujer olvidada: la mujer-caballero medieval —de hecho a los escuadrones de la aviación se les denominó «caballería del aire». Al construir un yo en ruptura con las convenciones de la feminidad, estas mujeres aviadoras crean disrupciones psíquicas y lingüísticas.

De Hélène Boucher afirmó su madre: «Es más *garçon* que su hermano»[126]. Las célebres aviadoras, cuyas proezas se destacaban en los titulares de portada de los periódicos, difunden imágenes de un automodelamiento estético e ideológico de la personalidad que no encajaba en las expectativas de la feminidad. Lo que seduce en la *garçonne* es su poder de conquista y ruptura, lo que se despliega es su fuerza iconográfica para diferir y subvertir aquello que está más centrado y organizado en la economía del orden de los sexos. «Los que me rodeaban encontraban monstruosa mi preferencia por mi cinc, una bestia de metal, frente a todo amor, a todo hombre, a todo niño», afirmó Maryse Bastié, otra mujer piloto muerta en 1926[127].

Louise Weiss describe a sus amigas las aviadoras A. Bolland, Bastié y Boucher como *garçonnes* que únicamente hablaban de «mapas, compases, gasolina, motor, pista, meteorología»[128]. No eran sino «alas, ironía y victorias»[129]. El 8 de octubre del año 1934 tiene lugar un mitin, convocado por La Femme Nouvelle[130], al que acuden las cuatro en avioneta. Era un día en que las violentas ráfagas de lluvia arremetían en diagonal contra los tejados del hangar que albergaba la avioneta, por

---

[126] D. Desanti, *La femme...*, *op. cit.*, pág. 225.
[127] Citada *ibíd.*, pág. 222.
[128] L. Weiss, *Combats...*, *op. cit.*, pág. 42.
[129] *Ibíd.*, pág. 43.
[130] La Femme Nouvelle, situada en los Campos Elíseos de París, era la sede del grupo de sufragistas que emprendieron las acciones que lograron el voto de las mujeres francesas. Editaban una revista bajo ese mismo nombre.

Louise Weiss (en primer plano) en 1935 con otras sufragistas francesas en una acción reivindicativa en La Bastilla, en París. Francia fue de los primeros países que instauró el sufragio universal masculino pero necesitó casi un siglo para que este derecho les fuese reconocido a las mujeres. Weiss editó el periódico feminista *La Femme Nouvelle*. Fue pacifista y estuvo comprometida con los primeros proyectos para una Unión Europea, siendo miembro del Parlamento Europeo en el momento de su creación.

lo que Bastié pensó que el cielo no quería saber nada del sufragio. Aun así, decidieron aprovechar un claro para despegar, desoyendo a un oficial que les rogó que renunciasen al viaje y al que Bastié respondió: «Dígale a su ministro que yo quiero convertirme en piloto de línea, pero ¡en este país no creen en las mujeres!»[131]. Volaron entre los torbellinos de una bruma espesa y su intrépida acción tuvo unas consecuencias que Weiss resume del modo siguiente:

> El eco de nuestro mitin se reveló de tal amplitud que Georges Mandel, presidente en la Cámara de la Comisión del Sufragio Universal, hizo anunciar que a su vuelta al Parlamento haría entender a sus colegas la importancia de las manifestaciones de La Femme Nouvelle. A continuación, sentía alzarse contra mí una hostilidad sutilmente organizada. Para empezar, madame Gounouilhou, en amigable correspondencia con las vetustas feministas de su edad, declara que yo había defendido el sufragio con métodos de circo poco compatibles con la dignidad de la causa[132]. Además, los constructores de aviones hicieron sentir a mis heroínas del aire que, al defender sus derechos, se arriesgaban a perder valiosos apoyos. Maryse, Adrienne y Hélène dependían de estos constructores y me hicieron saber que no podrían continuar prestándome su ayuda[133].

En el escenario europeo, estos comportamientos poco convencionales de las mujeres, síntoma de cambios sociales en tiempos dominados por vanguardias literario-artísticas, no eran una excepción. Las referencias que encontramos en *Los años* de Virginia Woolf a las mujeres «interesantes», viajeras

---

[131] L. Weiss, *Combats...*, *op. cit.*, pág. 39.

[132] En lugar de la mera presión por negociación política, Weiss había puesto en práctica métodos de acción que estaban inspirados en las precedentes acciones espectaculares de las sufragistas inglesas.

[133] L. Weiss, *Combats...*, *op. cit.*, pág. 43.

independientes que crecieron en una época bella anterior a la guerra, y a las nuevas mujeres profesionales de una época más grave marcada por la guerra nos indican un cambio de situación que era de larga duración y comúnmente percibido. El capítulo «El tiempo presente», que cierra al tiempo la obra y la vida de tres generaciones de los años 1880-1930, ofrece dos miradas sobre la vida de mujeres independientes de dos épocas consecutivas: los personajes de Leonor y Peggy, tía y sobrina. Ambas recuerdan el paso del mundo de los sueños y esperanzas emancipatorios al mundo que sobrevive en el realismo de las desilusiones, y que poco a poco se mostrará más y más militarizado. La misma contraposición se recoge en las expresiones *belle époque* y «años locos», es decir, una distinción entre la etapa que finaliza con la Primera Guerra Mundial y la que concluye con la Gran Depresión. Pero en cada una de las dos épocas, las mujeres habían dejado de ser dulces y obedientes para dar un paso de gigante. La *garçonne* se anuncia en el primer período, pero pertenece plenamente al segundo, cuando son numerosas las mujeres que ya no se definen por su relación con un hombre particular, sino que sus vínculos emocionales parecen dilatarse para abarcar una personalidad completa y un círculo humano amplio.

El éxito de ventas de un significativo título como *La rebelde,* de Marcela Tynaire; la celebridad que alcanzó *La Garçonne*[134] y el escándalo que surge a raíz de su publicación, son expresión de que las nuevas propuestas de las primeras décadas del siglo XX son bien recibidas por numerosas mujeres europeas. Con buena formación cultural, libre, independiente de costumbres y con aspecto andrógino, el personaje principal,

---

[134] No solo alcanzó una gran tirada este título, sino la trilogía entera de *La femme en chemin,* de la que el volumen forma parte.

indecente e inquietante al mismo tiempo, de la obra de Victor Margueritte no es una excepción. Es más, es un tipo de mujer que se ha vuelto popular y que cualquiera puede reconocer por la calle.

El perturbador libro de Margueritte se puso a la venta el 12 de julio de 1922, justo el mismo día en que el Senado francés rechaza concederles el voto a las mujeres. Se convirtió en el éxito del verano, aquel que todo el mundo leía en la playa y del que todo el mundo hablaba no sin elevar voces polémicas. Traducido a doce lenguas, provoca un gran ruido en el ambiente inconformista europeo de la paz de posguerra y despierta el temido fantasma de una masculinización de las mujeres. Margueritte, al igual que su contemporáneo español Blasco Ibáñez, mantuvo estrechas relaciones con mujeres feministas —lo cual en el contexto francés, dominado por bandos enfrentados de feministas y antifeministas, influyó sin duda en su descrédito.

Con esta obra, Victor Margueritte quería combatir explícitamente por la igualdad de los sexos. Pero los juegos sexuales de su heroína a veces le daban a la emancipación un aspecto de bacanal peligrosa para «la causa», y, más que un ejemplo de ofensiva contra el patriarcado, su *garçonne* se convertía en la figura de mujer decadente más emblemática de los «años locos». Aunque una época con comités de censura acostumbra a producir cada dos por tres escritos escandalosos por inmorales, el caso de *La Garçonne* es paradigmático. Las críticas aceradas de las tendencias religiosas más conservadoras, por ejemplo, creen que en la narración se describen «costumbres licenciosas» en las mujeres y ven sobrados motivos para el escándalo. No obstante, el relato permite también una lectura moralizante de tipo laico, porque si bien se posiciona en contra de las certezas de un orden moral burgués corrupto que solo permite libertad sexual dentro del matrimonio, no defiende ningún discurso pro celibato y antimaternidad, sino que deja en pie a la propia institución; de hecho, la voz narradora no siempre parece respaldar las propuestas de amor libre de la protagonista. Pero aún hay más lecturas posibles. Alice Berthet, una crítica literaria de una publicación feminista de la época, se mostró preocupada por la impresión que el estilo de vida libre de la *garçonne* podía suscitar en las mujeres jóvenes, pues la obra expresaba lo que, en su opinión, era una independencia vacía e infeliz[135]. En defensa del autor, Anatole France señaló que *Claudine,* de Colette, revelaba al menos tanta libertad sexual. Claro que Colette localiza sus novelas en el ambiente bohemio y disipado del cabaré, los artistas y los intelectuales inconformistas, mientras que Margueritte podía resultar más inconveniente, ya que asociaba a su personaje y a esos ambientes con estratos de la burguesía parisina y el mundo de los negocios. Y en estos medios sociales ni la libertad del cabaré ni ninguna otra se les podía conceder oficialmente a las mujeres.

La escritora Dominique Desanti afirma que la Unión Nacional de Combatientes acusó al escritor de difamar a la joven mujer francesa a la vista del extranjero. Cree que, en realidad, el escándalo se explica por el hecho de que «la heroína reivindicaba la independencia, no solamente sexual, sino económica y social»[136]. Desanti sostiene también que en el revuelo que se levantó con la novela se expresa la «reacción característica de una época que rechaza la imagen en la que, sin embargo, se reconoce en secreto»[137]. Y recuerda que, incluso seis años después, en 1928, al referirse a un hombre que va sentado al lado de una mujer que conduce un coche, el actor y dramaturgo francés Sacha Guitry se pregunta si está enfermo y si aún le servirán a él primero en la mesa.

---

[135] Citada en M. Roberts, *Civilization...*, op. cit., págs. 49-50.
[136] D. Desanti, *La banquière...*, op. cit., pág. 28.
[137] *Ibíd.*

Cartel de la película *La Garçonne* (1936) protagonizada por Marie Bell y dirigida por Jean de Limur. Al igual que la novela del mismo nombre, la película fue un éxito gracias al escándalo que provocó la visión de una joven emancipada, una imagen rechazada por la sociedad y en la que al mismo tiempo se reconocía.

Para algunos, un mundo en el que la locura de las costumbres de las mujeres se unía a las revoluciones económicas y políticas poseía tintes dramáticos y amenazadores para la humanidad entera. Para otros, la libertad que las mujeres se autoconceden representa el temor atávico ante un eventual poder sobre el hombre, y entonces se lee como indecente. Así pues, cuando la división de sexos adquiere connotaciones de precepto moral, la *garçonne* mostraría un tipo de mujer que se niega a las convenciones y que es capaz de imponerse por su éxito profesional. Por eso se permite elegir compañía sexual a la vista de todo el mundo y por eso también constituye un ejemplo del nuevo sentido de apropiación de la sexualidad, convirtiéndose en su icono más representativo. Desanti se interesa a su vez por otra *garçonne*, la que se encarna en la biografía de una mujer paradigmática cuya vida traza un círculo desde la marginalidad hasta el ascenso a la celebridad y, finalmente, el descenso hasta la prisión: la banquera Martha Hanau. Una novela de Rebeca West titulada *Mujeres de negocios* describe también este prototipo de mujer capaz de amasar una fortuna gracias a su conocimiento de las inversiones y las cotizaciones en bolsa; su exmarido, mientras tanto, es incapaz de vivir en el riesgo económico. Estas mujeres que alcanzaron puestos relevantes en los negocios son una excepción, pero expresan la energía que invirtieron las mujeres de esta época en el «asalto de las profesiones», un acontecimiento simultáneo al «nacimiento de un feminismo nuevo, que complementa al de las sufragistas» (durante los años veinte se registraron en Francia 180 agrupaciones femeninas que aglutinaban a 160.000 miembros).

Y ciertamente algo nuevo llegó con las mujeres profesionales «desfeminizadas» como Monique, el personaje principal de *La Garçonne*, tan diferente de la señora Ambrat, otro de los personajes, copiado de una mujer de la generación anterior, que le sirve al autor para construir un tipo de mujer feminista sufragista muy característico, un tipo que apenas

J. H. Lartigue, *Les Garçonnes* (Bibi, Olga, Day y Michèle Verly), París, 1928.

aparece representado en la literatura[138]. Al mismo tiempo, el carácter de otro personaje, Régis, le permite a Margueritte realizar una incursión literaria en el tipo de hombre que opta por la norma de la mujer sumisa y el hombre dominante, y que responde a un modelo de masculinidad que emplea la violencia física para conseguir a una mujer que, de todos modos, se le escapa de entre las manos. Por un lado, Monique, el personaje principal, aparece en una escena al lado de Régis conduciendo de manera tan decidida y *garçonnière*[139] que él no puede sino admirarla a ella, una mujer de espíritu independiente en cuyo pasado se cuentan varios amantes y que posee una fortuna conseguida con su trabajo que supera con mucho la precariedad económica de un escritor sin mucho éxito como él; Régis percibe en Monique la realización de un nuevo tipo femenino, singular, del que nacían «miles de ejemplares»[140] y con el que «era necesario contar como con un igual»[141]. Por otro lado, esta constatación —aclara el narrador—, «lejos de satisfacerle, lo anclaba en su repugnancia hacia todo lo que englobaba esa palabra para él malsonante: "feminismo"»[142].

Con la señora Ambrat, el escritor elabora un retrato de la feminista veterana que combina su actividad de enseñanza con ideales filantrópicos de reforma social. Lo hace recurriendo a ideas de la época que ponían en relación las reclamaciones feministas con ideales de maternidad social. El personaje de la señora Ambrat se describe en los términos siguientes:

---

[138] De entre la literatura que se transmite como clásica, *Las bostonianas* de Henry James constituye una excepción a la hora de abordar el prototipo de sufragista pionera.
[139] V. Margueritte, *La Garçonne,* París, Flammarion, 1922, pág. 253.
[140] *Ibíd.*
[141] *Ibíd.*
[142] *Ibíd.*

Una feminista, militante. La señora Ambrat, profesora en el liceo de Versalles, encontraba tiempo para dirigir, después de haberla fundado, la obra de los Niños Recogidos. Esto no le impedía ser, para su marido ingeniero, una compañera admirable. Monique los imaginaba a los tres, esperando la medianoche, charlando bajo la lámpara, para regar con un vaso de Vouvray la oca rellena y el budín. Les envidiaba su vida de trabajo inteligente, sus alegrías sencillas[143].

Monique, la joven *garçonne* amiga de la señora Ambrat, está harta de la vida de sociedad, cansada de «esas reuniones "bien parisinas" cuyo brillo de superficie no le escondía [...] la compra de conciencias»[144]. La evolución que en la novela experimenta este personaje da un giro desde la defensa del amor libre, que tiene su reverso en una denuncia del matrimonio de intereses, hasta el deseo —no alcanzado en el tiempo de la novela— de encontrar a una sola persona con quien compartir su vida.

Al comenzar la narración, el matrimonio es para ella el síntoma más claro de la hipocresía de un mundo en el que los hombres satisfacen sus pasiones sexuales y su ansia de dinero pero exigen a las mujeres devaluarse cambiando la etiqueta de señorita por la de señora. Monique afirma que nunca admitirá la mentira entre seres que se aman, y cree que tiene derecho a la reciprocidad de un prometido del que esperaba amor pero que la traiciona —y del que se venga acostándose con el primer desconocido con el que cruza sus pasos en una avenida. Más adelante, en medio de una existencia de vanidades satisfechas, la protagonista percibe en el amor generoso, que ya en la época se contemplaba como un ideal frente a la guerra y su corrupto mundo de negocios, el refugio más seguro para su tristeza.

---

[143] *Ibíd.*, pág. 73.
[144] *Ibíd.*, pág. 72.

Sin embargo su madre, la señora Lerbier, representando la hipocresía y la artificiosidad de la vida parisina, la acusa de falta de pragmatismo. Incluso se refiere a la profesora feminista en términos que expresan una consideración bien diferente a la estima que muestra hacia ella Monique. En un diálogo en el que su hija critica el matrimonio, la señora Lerbier responde: «¡El derecho! ¡El derecho de las mujeres!, canción conocida... ¡Tía Silvestre, la señora Ambrat!... Pero, mi niña, hay casos en los que la mentira misma puede ser un deber»[145].

Silvestre, la tía de Monique, y su amiga, la señora Ambrat, responden al tipo de la feminista humanista que cuestionaba la doble moral sexual de un derecho paternal patriarcal que no exige a los hombres el cumplimiento de las responsabilidades que se deducen de su comportamiento sexual-reproductivo. La señora Lerbier es, por su parte, un ejemplo de mujer a quien no le molesta el código no escrito de la masculinidad dominante.

Victor Margueritte privilegia la voz de una conciencia moral crítica con la sociedad creada por la guerra, una sociedad que ha dejado de ser condescendiente con las relaciones burguesas de género. Pero también se impone ciertos límites. Monique, el personaje protagonista de su novela, atravesaría una primera etapa de *garçonne,* anterior al matrimonio, pero en una segunda, el retorno al ideal de la buena chica puede leerse como reafirmación de su feminidad en un sentido bastante tradicional. Podría ser un *happy end* para una *bad girl* que acabó corrigiendo su comportamiento. Y, sin embargo, un diálogo del final del libro hace difícil la lectura de un simple poder redentor de la diferencia sexual o de un retorno a la feminidad tradicional. La narración destaca la complejidad cultural del momento, y no duda de que existe una conciencia social acerca de un momento crucial para la emancipación de las mujeres:

---

[145] *Ibíd.,* pág. 99.

[...] las costumbres actuales son un terrible caldo de cultura. He aquí nuestra *garçonne*. Ha salido de su doble educación —¡y de la guerra!— con la sed de emancipación de tantas mujeres, sus hermanas...

—¿Tantas? Observa la señora Ambrat. ¿Cree usted? ¡La mayoría se han resignado a su cadena! Muchas, es triste decirlo, incluso se sienten muy ligadas a ella.

—¡Qué importa! La élite conducirá a la masa. Todas ellas llevan en sí una fuerza bienhechora, en potencia [...]. ¿Podemos criticar a Monique por haber ido adelante, a su manera?... ¡Un paso en falso, sí, pero, incluso así, un paso![146]

Es difícil interpretar el significado de este «paso en falso». No está claro si es una crítica a la libertad sexual extralimitada de una protagonista con la que en todo momento parece identificarse o es una manera de protegerse ante las previsibles críticas, que, como efectivamente ocurrió, fueron amargas y numerosas.

En cualquier caso, un arquetipo femenino que no pasaba desapercibido en los años veinte encuentra su vía de expresión en *La Garçonne*, y esto explica de manera suficiente tanto su éxito editorial como su escándalo. La protagonista lleva el pelo corto, se viste como un *garçon*, fuma cigarrillos, siente atracción por los círculos de la bohemia y tiene amantes. El tramo de modernidad al que este personaje pertenece exhibe el potencial sexual de bailarinas y actrices, y de todos aquellos lugares a los que están asociados, como casinos, tés danzantes, discotecas, *music-halls* y teatros de vodevil, salones e incluso los restaurantes y salas de baile en los que la multitud de las ciudades en crecimiento persigue, en medio de un torbellino de luz y sonido, el ritmo incesante de la voluptuosidad sensual: «bajo el claro de luna violáceo y el incendio naranja en el que las luces cambiantes envolvían su rítmico balanceo,

---

[146] *Ibíd.*, pág. 310.

el tango traía lentamente ante él, con la cadena de parejas, el anillo de los cuerpos enlazados»[147].

La promiscuidad sexual es una de las caras de la naturaleza sexualmente perversa de las mujeres que se representa en el arte de la época —casi en la misma línea, se había responsabilizado al movimiento feminista del cambio de siglo de haber desatado una libertad de costumbres que traería la esterilidad de las mujeres. Pero también era perverso negarse a la maternidad. Por ejemplo, la presidenta de la Unión Francesa para el sufragio de las mujeres, Marguerite de Witt-Schlumberger, menciona la «esterilidad voluntaria» y relanza la natalidad como cuestión de importancia primordial para el país[148]. De este modo, la identidad de las mujeres en relación con la maternidad o el celibato se volvía controvertible para el feminismo.

La cuestión de la esterilidad la recoge también Victor Margueritte en su retrato literario de una *garçonne* bisexual. Su novela es, en este sentido, una muestra de la distancia que media entre, por una parte, las viejas concepciones del amor heterosexual reproductivo, un amor en el que las mujeres del cambio de siglo descubren los alienantes intereses materiales del matrimonio, y, por otra, la insatisfacción que producen a veces las nuevas ideas, que lo reducen todo a una gimnasia del placer físico pasajero. Monique, un ser libre «educado en el rechazo de los usos y leyes que la habían hecho sufrir cruelmente»[149], quiere tener un hijo sin un compañero pero piensa que es estéril. No parece conformarse con un mundo en el que la búsqueda del amor solo trae uniones libres y fugaces entre mujeres o entre mujeres y hombres:

---

[147] *Ibíd.*, pág. 142.
[148] C. Bard, *Les femmes dans la société française au XXeme siècle*, París, Armand Collin, pág. 14.
[149] V. Margueritte, *La Garçonne, op. cit.*, pág. 169.

De este entrecruzamiento pasajero, quedaba la camaradería y, cuando se volvían a ver, la sorpresa de haber podido ser más que amigas. A falta de otro alimento que no fuese el placer físico, la violencia de sus pasadas sensaciones se había consumido toda entera con rapidez. Permanecía una tibieza, aún dulce bajo las cenizas... Y cuando encontraba a su antigua amante escoltada por una nueva compañía, Monique, en la profundidad de su indiferencia, experimentaba que el recuerdo se había enfriado casi totalmente[150].

La novela recoge también codificaciones de la época cuando Monique vuelve a lo que se considera «leyes naturales» y busca un colaborador, un bello bailarín argentino, para la gran obra de la que quiere ser artífice: tener un hijo. El narrador tematiza el deseo maternal de la protagonista en los términos siguientes: «¿Un riesgo tal no era, de entre todas las servidumbres femeninas, la más mortificante, la peor? La maternidad no tenía grandeza ni razón de ser sino consentida. Mejor: querida»[151]. Sin embargo, el bailarín Peer Rys, viendo que Monique lo reducía al papel que él mismo tenía por costumbre asignar a las mujeres, declara rápidamente su descontento. La reacción negativa de un Rys limitado a su papel de macho reproductor se narra del siguiente modo:

> La sangre sarracena —que, unida a la de todas las razas europeas, predomina, a pesar de la amalgama, en las venas del pueblo argentino— inclinaba demasiado su fatuidad nativa, henchida a rebelarse contra una amante que se enorgullecía de serlo. Bajo su seudónimo escandinavo y su herencia latina, Peer Rys, hijo de italiano, no era en el fondo sino un moro de España. Al cabo de un mes Peer, traducción de Pietro, ya tenía bastante. Danzarín desnudo, solo concebía a una compañera sedentaria y velada. Sin sus

---
[150] *Ibíd.*, pág. 142.
[151] *Ibíd.*, págs. 160-161.

pretensiones, Monique le hubiera parecido la más deliciosa de las camaradas. Autoritaria, y, visto el deseo que tenía de que él le hiciese un hijo, confinándolo a una tarea de semental, le resultaba insoportable. ¿Un hijo?... Sin tantas maneras, ¡se lo había hecho a otras![152].

Aunar razas y nacionalidades era lo propio de un período en que los estados nacionales preservaban militar y racialmente sus fronteras, y en que la fecundidad de las mujeres era un bien muy estimable para la patria-raza. El fragmento anterior recoge la diferencia sexual como diferencia fisiológica entre papeles reproductores. Al mismo tiempo; la inversión de papeles que supone la mujer dominante y un hombre reducido a semental serán la causa del fracaso de la relación.

La Garçonne, al igual que la ya citada *Monsieur Venus*, son dos ejemplos literarios de largo alcance sociopolítico en su exploración de la igualdad hombre-mujer, la reinversión de roles y la doble moral que orienta los códigos tradicionales de la feminidad y la masculinidad —en la última obra encontramos incluso el ideal de trascender las delimitaciones de sexo: «se unían más y más en un pensamiento común: la destrucción de su sexo»[153]. Al atribuir comportamientos masculinos a las mujeres protagonistas y femeninos a los protagonistas hombres, esas dos obras obligan a reflexionar sobre el sistema de distribución de roles sociosexuados, cuestionando así unos discursos de época impregnados de proclamas de tipo biologicista y naturalista que hacían depender los roles sexistas y racistas de los datos fisiológicos.

---

[152] *Ibíd.*, pág. 161. La cita muestra la influencia que ejercen en un escritor humanista y cosmopolita los discursos que mezclaban lo étnico y lo semítico. El período histórico alimentaba de manera simultánea discursos ginecidas y genocidas.
[153] Disponible en: http://www.gutenberg.org/catalog/world/readfile?fk_files=2145678&pageno=6 (consultada el 29-7-2011).

Ciertos evolucionistas de ese período, ya fuesen de tipo sociológico o biológico, defendían tanto la superioridad evolutiva de los varones sobre las mujeres como la de la raza blanca sobre todas las demás. Y así ideales de superioridad evolutivo-tecnológica se mezclaban con los de superioridad evolutiva humana. Porque si bien esta época vislumbra en el automóvil, la radio y el avión la posibilidad de nivelación e interconexión humana global, también proclama en voz alta la idea de la competencia, la ambición y el triunfo social para los superhombres vencedores, idea que terminará por encarnarse en un poder militar fascista que va a organizar la eliminación sistemática de aquellas diversidades humanas consideradas menos competitivas y evolucionadas.

Las polémicas sobre el divorcio, las uniones libremente decididas, la libertad e igualdad para las mujeres, el pacifismo, el desarme y la crítica social constituyen los temas centrales a los que recurre Margueritte cuando trata de elaborar una reflexión literaria sobre la mentalidad dominante en el comienzo de un siglo convulso. Por su parte, los planteamientos de corte humanitarista e internacionalista en que se inspiran esas dos obras reflejan, y al tiempo ponen contra la pared, la hipocresía de los discursos dominantes, echando mano de los tradicionales vínculos que la masculinidad patriarcal establece con las carreras militares. De este modo, se pone bajo sospecha a una sociedad urbana con ideales cosmopolitas que, sin embargo, producía el excedente de grandes masas hacinadas en insalubres suburbios y que solo en apariencia se podría calificar como desarrollada. Lejos de posiciones que defendían una maldad consustancial a la naturaleza humana, estos planteamientos antimilitaristas e internacionalistas sostenían que la verdadera evolución tendría que depender de una reforma social, una transformación de las mentalidades y una general mutación en el estado de las costumbres.

Así lo cree Gilles, uno de los jóvenes protagonistas de *Nos Égales*, otra de las novelas costumbristas de Margueritte. En el mismo momento en que su vacío existencial le lleva a refugiarse en el opio, tiene que cumplir con el servicio militar. Su crítica hacia el tipo de hombres que representan el mundo militar se resume en un expeditivo «comedores de carne fresca». La carta de un soldado muerto en la guerra del Rif que aparece publicada en una revista que está leyendo representa para Gilles un buen resumen de la situación general:

> ¿Ustedes, los de este lado, solo tienen fuerzas armadas para defenderse? ¿Y ustedes, los de ese lado, para defenderse igualmente. Contra quién, entonces? O ustedes mienten o sus armadas son inútiles. Pero no van a renunciar ni a su mentira ni a sus armadas. Antes bien, llegarán a ofrecer este espectáculo de un mundo que se arma porque tiene miedo y que tiene miedo porque se arma. Entonces —concluye Gilles—, ¡basta de armadas! Solo algunos policías para la circulación, hasta que las gentes cojan el hábito de caminar derecho[154].

Era frecuente que los hombres como Victor Margueritte, que fueron feministas y pacifistas en el París de la *belle époque* y los «años locos», fuesen generalmente maridos, hijos, compañeros o amigos de mujeres activistas —como el primer ministro René Viviani (1862-1925), quien bajo la influencia de su madre adquiriría formación en la lucha por los derechos de las mujeres[155]. Ni la profesión —Margueritte era un militar

---

[154] V. Margueritte, *Nos Égales. Roman sur la femme d'aujourd'hui*, París, Flammarion, 1933, págs. 275-276.

[155] F. Rochefort, «The French Feminist Mouvement and Republicanism, 1868-1914», en S. Paletschek y B. Pietrow-Ennker (eds.), *Women's Emancipation...*, *op. cit.*, pág. 97.

de alta graduación— ni una afiliación política determinada fueron, contra lo que pudiera parecer, un factor decisivo para optar por el feminismo. Pero sí lo era poseer cierta vocación inconformista dentro del medio social o profesional, condición que activaba el deseo de una relación igualitaria y armoniosa entre mujeres y hombres.

En la generación a la que pertenece Victor Margueritte, la de los «hombres-mujeres» y de las «mujeres-hombres», en palabras de uno de sus personajes, los hombres llegaban al feminismo a partir de experiencias privadas. Él mismo se refiere a que los seis volúmenes de sus dos trilogías, *La mujer en camino* y *Hacia la felicidad*, tenían la pretensión de servir a la «emancipación de nuestra compañera»[156].

Antes de emprender *Nacimiento de un mundo*, al que considera parte de un nuevo ciclo social, publicará ese nuevo «testimonio de costumbres», *Nos Égales*. En el momento en que escribe esta obra, diez años después de «haber anunciado un tipo convertido en internacional»[157], la *garçonne*, asegura que se van atenuando las críticas hacia el tipo de mujer que representaba Monique, la protagonista. Habiendo participado en el «bautismo» del tipo, *Nos Égales* pretende seguirlo en su crecimiento. Y emprende la construcción literaria de los personajes de Mikie y Gilliane. La elección del título *Nos Égales* expresa tanta «ironía como fe». Y no solo son las que llama «*garçonnes* de ayer», sino también las «*garçonnes* de hoy», quienes le hacen pensar que a una libertad repentina le siguió, en primer lugar, «la licencia» y la imitación de las costumbres «de los antiguos maestros», los hombres, pues «toda transformación que sobreviene a siglos de tutela es lenta»[158]. Sin embargo, paulatinamente la mujer va «disponiendo de derechos

---

[156] V. Margueritte, *Nos Égales, op. cit.*, pág. v.
[157] *Ibíd.*
[158] *Ibíd.*, pág. vi.

individuales, toma consciencia del deber colectivo y se muestra digna de la equivalencia conquistada»[159].

La voz narradora describe a uno de los personajes secundarios de *Nos Égales* como una *garçonne* que nunca se aburre en su apartamento de París. Su vida cotidiana transcurre entre su trabajo, sesiones de cine y conferencias, y cenar una o dos veces por semana con su padre separado de su madre, y son muchas las ocasiones en que no encuentra tiempo para releer los libros que le gustan. Gilliane, la amiga de esta *garçonne* nada sofisticada, es hija de un hombre que responde al modelo del viejo padre de familia propietario de bienes, mujeres e hijos. No admite que la guerra ha traído consigo una época en la que ya no se alzan ante la nueva generación las prohibiciones del pasado, y se sorprende mucho al saber que su hija se empeña en realizar estudios de ingeniera electromecánica[160] porque quiere ser aviadora. Pero lo que considera el colmo es que en la nueva situación las hijas hagan la maleta mientras que los hijos no se despeguen del medio familiar.

En un diálogo de la novela, el autor, medio en broma medio en serio, pone en boca de este personaje la afirmación de que no solo en Francia sino por todas partes los hombres «bajan los ojos»[161]. Su hija le responde que entre los pensamientos inconfesados de los «hombres de ayer» se encuentra la creencia de que el ser femenino es aún esclavo de la hembra. Al igual que otras obras de Victor Margueritte, *Nos Égales* es un buen documento sobre las *garçonnes*, las nuevas mujeres de la nueva civilización, las mujeres que protagonizaron un antagonismo entre «mujeres nuevas» y «hombres de ayer», un

---

[159] *Ibíd.*

[160] En el extremo opuesto a la nueva posibilidad de entrar en la aviación militar existen casos como el de la compañía Air France, que no admitió mujeres pilotos hasta el año 1973, unos cuarenta años después de la obra de Margueritte. Cfr. L. Weiss, *Combats...*, *op. cit.*, págs. 39-43.

[161] V. Margueritte, *Nos Égales, op. cit.*, pág. 274.

August Sander, *La mujer elegante*, 1927.

conflicto aún hoy muy poco conocido pero que era parte integrante de un grave problema político que enfrentó modernidad y tradición. La alternativa incluía un componente generacional, pero sin duda alguna hay que situarla también en un marco más general, el que contrapone dos modelos de civilización: la una tratando de destruir la segregación sexual, la otra llegando a declarar, cuando fue necesario, una variante de «guerra entre los sexos» que reposicionó la masculinidad en el centro de la historia y expulsó a la feminidad del escalón al que se había subido.

SEGUNDA PARTE

CAPÍTULO 7

Rojo para radical, rosa para progresista y amarillo para pacifista

«Ser rojo en el verano de 1919 era peor que ser alemán o pacifista en el verano de 1917», se asegura en una novela del escritor John Dos Passos[162].

Y en efecto, rojos y pacifistas se convirtieron en el enemigo que durante mucho tiempo le dio sentido a las fuerzas patrióticas estadounidenses. Pero ser feminista no le andaba muy lejos. Como ya hemos visto en otros capítulos, el cambio de siglo protagonizó en Europa un conflicto entre lo que se consideraba la «verdadera feminidad», acorde con los valores decimonónicos de autosacrificio, dependencia y sumisión, y los valores modernos de autoexpresión e independencia que trata de hacer suyos la «mujer nueva» de comienzos del siglo XX. Pues bien, creo que una versión muy polarizada de este mismo conflicto tuvo que ver con la atmósfera de

---

[162] J. Dos Passos, *1919, op. cit.*, pág. 551.

superpatriotismo que se desató en los Estados Unidos con la llegada de la Primera Guerra Mundial. Fue un clima militarista enrarecido que trataba de afirmar una identidad nacional en peligro constante por la llegada de emigrantes con identidades nacionales de lo más variado. Lo que se buscaba era construir una identidad norteamericana bien estable. Este elemento patriótico autoafirmativo estadounidense podría haberse atenuado con el inicio de la posguerra pero, muy lejos de ello, se prolongó todo lo que pudo, incluso más allá del período interbélico, hasta alcanzar esa etapa llamada «guerra fría», cuando, al no dispararse las armas en una contienda real, hubo que inventar un enemigo y una guerra de papel y propaganda que alimentase el imaginario identitario patriótico.

En 1919 la lucha emprendida por oficiales del gobierno contra «los rojos» era la causa de que los mítines se interrumpiesen bruscamente, de que la policía ejerciese violencias injustificadas y de que el arresto de participantes en actividades y reuniones que a la mínima se consideraban sospechosas fuese algo cotidiano. En esta época se forja todo un mito de larga duración: la «amenaza roja» se va a esgrimir cada vez que la izquierda gane poder social. Con la creación de este dispositivo de control, cuya metodología recuerda los métodos de vigilancia de la Stasi alemana, los archivos policiales estadounidenses llegarán a confeccionar una lista de sesenta mil «rojos». Y aquellos arrestados que se negaron al chivatazo o no fueron capaces de demostrar la ciudadanía estadounidense se expusieron a una rápida deportación.

La escritora rusa y activista anarquista Emma Goldman constituye el ejemplo más sobresaliente de entre las doscientas cuarenta y nueve personas acusadas de actividades antiamericanas que fueron deportadas[163] en un viejo barco de la

---

[163] Cfr. A. Wexler, *Emma Goldman. An Intimate Life*, Londres, Virago, 1984, pág. 269.

armada que anteriormente había servido para transportar a Cuba y Filipinas a grupos de soldados de la guerra hispanoestadounidense. Según el *New York Times*, los agentes federales tenían como objetivo capturar a líderes e intelectuales agitadores, es decir, a los que consideraban los cerebros de un movimiento radical contrario a los intereses patrióticos estadounidenses[164]. En el polo opuesto, la perspectiva de la propia Goldman era que las autoridades deportaban a huelguistas que solo trataban de mejorar sus miserables condiciones de trabajo, altamente deterioradas en una situación económica dominada por los magnates y los monopolios. En su opinión, no se trataba, como pretendían los patriotas, de personas que realizaban ofensas a las instituciones, sino de una «lucha de los trabajadores por la vida, la libertad y la felicidad»[165]. Además, Goldman aseguraba que eran los mismos desórdenes violentos los que habían sido en gran medida impulsados por superpatriotas y hombres de negocios que, alarmados por la revolución rusa, interpretaban la nueva militancia como el presagio de una revolución socialista norteamericana. De este modo, posicionándose en contra de movilizaciones sociales que perjudicaban sus negocios, consiguieron crear un clima de amenaza que tuvo como consecuencia el torrente de «histeria antirradical»[166] que inundaría los Estados Unidos durante muchos años.

Como vimos en otros apartados, este mismo ambiente ideológico se expresaba en visiones contrarias que oponían la defensa reaccionaria de los viejos valores a los sueños de un futuro libre. Se trataba, pues, del mismo clima que levantaba graves desconfianzas hacia la «mujer nueva». La guerra declarada por las fuerzas patriotas contra la izquierda suponía,

---

[164] *Ibíd.*, pág. 247.
[165] Citada *ibíd.*, pág. 268.
[166] *Ibíd.*, pág. 262.

Cartel de propaganda de los años 50, cuando en plena «guerra fría» los Estados Unidos emprenden su célebre «caza de brujas» para atrapar y eliminar a los comunistas. La primera línea del anticomunismo de los años 20 y 30 estuvo representada por el fascismo, por un lado, y los conservadores liberales de Estados Unidos por otro. El comunismo fue un fenómeno mayoritariamente europeo, pero el anticomunismo no solo se concentró en Europa.

Cartel que trata de conjurar los demonios del comunismo: «Si Rusia y los comunistas ganasen la próxima guerra mundial, muchos hombres estadounidenses serían esterilizados. En caso de que los comunistas venciesen, nuestras mujeres estarían indefensas bajo las botas de los rusos asiáticos».

Dibujo satírico del pintor alemán George Grosz (1923). El nazismo está en ascenso y la obra de Grosz, considerado como «bolchevique cultural», pasa a ser considerada arte degenerado. La opinión de Hitler sobre los judíos se parece bastante a muchos escritos americanos sobre los comunistas: eran malvados y querían dominar el mundo por medio de una conspiración en la que colaboraba mucha gente falta de patriotismo nacional.

en palabras de una defensora del amor libre y la libre expresión como Goldman, una «conspiración del imperialismo capitalista contra la vida y la libertad de la gente americana»[167].

Era evidente que los patriotas ni podían ver con simpatía ni, por lo tanto, excluyeron de sus objetivos a quienes defendían ideales cosmopolitas como el amor universal, a quienes consideraban que las instituciones tradicionales del matrimonio y la maternidad formaban parte de una misma estructura que aprisionaba a las mujeres y frenaba su independencia. Estas dos instituciones fueron objeto de severas y profundas revisiones en el movimiento social de las mujeres, pues era manifiesto que, en tanto fuerzas en las que se constituye la vida pública, tendrían que ser transformadas. Pero estas críticas al amor como institución que racionaliza la explotación social de las mujeres desataban miedos entre las fuerzas conservadoras, y por ello fue a esta imaginación conservadora a lo que tuvieron que enfrentarse las nuevas mujeres que creían posible la llegada de una nueva civilización.

En realidad, este período de americanización patriótica se inaugura con la movilización forzosa de los estadounidenses durante la Primera Guerra Mundial. Fueron años de una persecución directa contra liberales, radicales, personas que habían sido relacionadas con luchas por la propiedad municipal, con movimientos laboristas o simplemente con artículos liberales que estaban bajo prohibición. Así, el gobierno se amparó en el Acta de Espionaje de 1920 para perseguir a socialistas, a la internacional de trabajadores y a los objetores de conciencia[168]. Y por supuesto, las manifestaciones sufragistas fueron también víctimas de esta situación de abrogación de las libertades civiles, pues las condenas por participar

---

[167] Citada *ibíd.*, pág. 269.
[168] Cfr. J. Schwarz, *Radical Feminists of Heterodoxy. Greenwich Village 1912-1940*, New Hampshire, New Victoria Publishers, 1982, pág. 36.

en marchas y desfiles sufragistas oscilaban entre los pocos días y los seis meses de cárcel (el clima de persecución fue tal que incluso la simple discusión del tema del sufragio dio lugar a reacciones gubernamentales). Elizabeth Gurley Flynn, una de las integrantes de un grupo de debate feminista llamado Heterodoxy Club, describe esos años del modo siguiente:

> Después de declarada la guerra, una creciente ola de histeria y violencia colectiva arrasó el país. No fue compartida por la mayoría de los estadounidenses, que llegaron a sentirse cada vez más intimidados. Carteles impresos en lugares públicos firmados por el fiscal general Gregory[169] exigían: ¡Obedece la ley y mantén la boca cerrada! Las víctimas fueron variadas[170].

La propia Gurley Flynn fue detenida con cargos en extremo imprecisos como «conspirar para obstaculizar la ejecución de ciertas leyes de los Estados Unidos»[171]. En esta época, en que hasta los simples sentimientos pacifistas eran considerados antiamericanos, el propio nombre del club podía ser, como bien expresaba la doctora Sara Josephine Baker[172], algo que llegaba a levantar sospechas:

---

[169] Como fiscal general durante la presidencia de Woodrow Wilson, Gregory provocó una enorme controversia tanto debido a su colaboración en la campaña para aplastar la disidencia interna como por su contribución al «Acta de Espionaje y Sedición», que puso en peligro las garantías constitucionales de libertad de expresión y de prensa. Fue él también quien dirigió los procesos federales de más de 2.000 opositores a la guerra. En 1918 la Procuraduría General pudo declarar que nunca en su historia había estado el país tan completamente vigilado.
[170] J. Schwarz, *Radical...*, *op. cit.*, pág. 33.
[171] *Ibíd.*
[172] Sara Josephine Baker (1873-1945) era otra de las integrantes del Heterodoxy Club. Fue la primera mujer estadounidense doctorada en salud pública. Tuvo a su cargo la sección de higiene infantil de Nueva York, y bajo su dirección la tasa de mortalidad infantil cayó a mínimos. Fue también la primera profesional que representó a Estados Unidos en el Comité de Sa-

eventos extraños ocurrieron en esos raros y movidos años. Tuve el privilegio, compartido con otras muchas grandes mujeres, de ser sospechosa de simpatizar moderadamente con radicales que durante la guerra fueron, por supuesto, sinónimo de dar ayuda y consuelo al enemigo. Yo lo que se dice pacifista no era. Pero pertenecía a un club de mujeres activas en diversos movimientos sociales y económicos, y esto aparentemente fue suficiente. El nombre del club era... Heterodoxia. Tal vez era el nombre lo que alarmaba a los cazadores de espías. Tal vez era cierto, como decía la leyenda, que un miembro de Heterodoxia había escrito preocupado una carta pidiendo al servicio secreto de hombres que pusiesen su mira en las reuniones semanales del club, ya que sus filas albergaban muchos pacifistas y radicales. El fantástico resultado fue que realmente teníamos que cambiar nuestro lugar de encuentro cada semana para guardarnos de ser observadas. Era justo como una novela de E. Phillips Oppenheim[173].

Fola La Follete, hija del senador contrario a la guerra Robert La Follete al que muchos periódicos acusaban de deslealtad, también participaba en las reuniones del Heterodoxy y consideraba que los encuentros mantenidos en este club neoyorquino eran uno de los pocos lugares salvaguardados del nerviosismo de las autoridades. Allí «nadie... prestaba atención a las histerias de guerra»[174]. Por su parte, la mecenas Mabel Dodge pensaba que el club era el mejor refugio para miembros como Fola La Follete, quien tenía que soportar arbitrariedades públicas debido a que su padre pertenecía al

---

lud de la Liga de Naciones. Presidenta de la American Women's Association, escribió numerosos artículos tanto profesionales como para la prensa divulgativa, cuatro libros y su autobiografía. Compartió gran parte de su vida con la novelista Ida Alexia Ross Willie.

[173] J. Schwarz, *Radical...*, *op. cit.*, pág. 32.
[174] *Ibíd.*, pág. 34.

grupo de los seis únicos miembros del Congreso que habían votado en contra de la guerra:

> La gente la desairaba, la cortaba y se comportaban como bárbaros idiotas. Dejó bastante de salir pero generalmente venía a los almuerzos de heterodoxia. Era un refugio seguro. Todo el mundo se alegraba de verla[175].

No obstante, la actividad antirradical y antipacifista, así como su persecución, no se limitaba a los Estados Unidos. Operaba a nivel internacional. El polémico Víctor Margueritte, autor de cincuenta libros «consagrados a la emancipación femenina y la liberación humana»[176], consideró fundamental el combate por la paz y el trabajo por el desarme realizado por agrupaciones de mujeres y hombres. Pero eran tiempos ideológicamente difíciles, y una prohibición gubernativa de última hora incluso anuló su intervención titulada *Les femmes et le désarmement*. Más tarde sería editada como folleto, pero cuando fue organizada por la Ligue Internationale des Femmes pour la Paix et la Liberté como conferencia a impartir en Ginebra se suspendió y nunca pudo tener lugar.

Así que, en esta época de reflexión tras el trauma de la Gran Guerra, las posturas contrarias de pacifistas y armamentistas estaban presentes no solo en la agenda política estadounidense sino en la de todo el mundo occidental. Sin embargo, el imaginario estadounidense se caracterizó por una oposición extremadamente tenaz entre el patriotismo y un pacifismo que, bajo la óptica de las mentalidades patrióticas, aparecía inevitablemente vinculado con movimientos internacionalistas dirigidos desde Rusia. Y con este contexto sociológico tuvo que habérselas el ambiente feminista estadouniden-

---

[175] *Ibíd.*
[176] V. Margueritte, *Les femmes et le désarmement*, Ginebra, La Tribune de Genève, 1932, pág. 8.

se de los años veinte. De hecho, la década había llegado a su mitad cuando se desató la reacción más intensa a la actividad pacifista y desarmamentista de los movimientos de mujeres, en aquel momento ya posicionadamente feministas.

Toda una campaña de propaganda patriótico-militarista dirigida por oficiales de la armada se fue consolidando en los Estados Unidos, oponiéndose a organizaciones pacifistas como la Women's International League for Peace and Freedom. El general estadounidense del departamento de armas químicas Amos Alfred Fries lanzaba la voz de alerta acerca de una subversión doméstica y de la no cooperación en tiempo de guerra de ciertas organizaciones pacifistas entre las que citaba a la mencionada WILPF. Este general proarmamentista fue segundo jefe de la armada Chemical Warfare Service, es decir, de una rama de defensa relacionada con armas químicas fundada durante la Primera Guerra Mundial pero que se convertirá en 1946, un año después de la Segunda Guerra Mundial, en el Chemical Corps. Durante la Primera Guerra Mundial, Fries realizó un arduo trabajo de propaganda con vistas a encontrar respaldo entre la población civil a sus posiciones proarmamentistas. Y lo conseguía. Casos como el de un periodista que de modo muy expresivo lanzaba la advertencia siguiente: «el Tío Sam se despierta una mañana y descubre que hombres de pelo largo y mujeres de pelo corto han ocupado el lugar en el que una vez prevaleció la inteligencia patriótica»[177] expresarían de modo gráfico este ambiente ideológico crispado en el que el elemento patriótico se consideraba por encima de las tendencias pacifistas, es decir, de las inclinaciones habituales de aquellos de los que, ante la evidencia de sus desafortunados cortes de pelo, no había nada más que decir.

Por su parte, el pacifismo también era activo y lograba algún que otro resultado. En 1922, es decir, en el mismo año

---

[177] *Ibíd.*, pág. 248.

de publicación de *La Garçonne,* Fries trataba como podía de hacer frente a las movilizaciones que reclamaban el desarme químico. Una de sus estrategias fue lanzar ideas engañosas como la de que ciertas organizaciones como el National Council for Prevention of War querían «establecer el comunismo en América»[178]. En este caso, sus acusaciones apuntaban hacia Florence Watkins, la secretaria ejecutiva de la organización y miembro también del National Congress of Parents and Teachers, que, al igual que la WILPF, lo único que hacía era recurrir a la publicidad y a la formación educativa para difundir principios antimilitaristas entre la población.

No obstante, en la pugna no había exclusivamente intereses ideológicos. Un comentario privado de un oficial del servicio de inteligencia nos da una pista. Aseguraba que «todo el trabajo de preparación industrial y física para la defensa se perdería si la joven generación llegase a ser pacifista e internacionalista»[179]. Los intereses económicos de la industria química y armamentística dependían de esta joven generación, a la que no le gustaban las máscaras antigás ni los gases venenosos, por lo que los personajes adinerados pusieron su gran poder financiero al servicio de una reconducción del curso de los acontecimientos históricos. Había que frenar el pacifismo, fuese como fuese.

El general Fries tenía bajo sus órdenes a toda una rama de la armada de los Estados Unidos relacionada con armas químicas, biológicas, radiológicas y nucleares. Y a pesar de la presión pública pro desarme, la intimidación creada por el fantasma del «complot comunista», junto con las voces de algunos congresistas y la presión de ciertas empresas químicas, detuvo en seco, en 1925, la ratificación del Protocolo de Ginebra por parte de los Estados Unidos (el protocolo trata

---

[178] *Ibíd.*
[179] *Ibíd.*

de prohibir en la guerra gases asfixiantes, tóxicos, medios bacteriológicos, etc.). El sentimiento contrario al Chemical Corps de Estados Unidos se irá acallando y no volverá hasta los setenta, cuando especialmente los movimientos pacifistas apunten en dirección a la falta de respeto del Protocolo de Ginebra.

El mundo de la empresa defendía sus intereses en el negocio de las armas. Y estos intereses eran los mismos que los de la ideología conservadora, razón por la cual ambos lucharon unidos codo con codo en un mismo frente. Y por eso la generación «roja» interbélica tuvo que hacer frente a un elemento nuevo: al poder del dinero que financiaba la guerra de las campañas ideológicas mediáticas, a las fortunas de esos acaudalados personajes que trataban de hacer triunfar, con campañas publicitarias, su particular mundo de valores. Puede decirse que es una constante histórica del siglo XX que los viejos hombres de negocios inviertan sus dólares en campañas para frenar las nuevas conductas de las jóvenes generaciones. Y además de constantes preocupaciones por la longitud del corte de pelo, a veces lo que les intranquiliza son cosas bastante cómicas, como las referidas por un opulento personaje de Dos Passos entrado en años:

> El café, señor, es un veneno mortífero, como el alcohol y el té y el tabaco. Si las mujeres de pelo corto y los hombres de pelo largo y los excéntricos de ojos extraviados de las facultades de medicina, que están tratando de restringir al pueblo de buscar su salud y bienestar, se limitaran a tratar de eliminar esos peligrosos venenos que socavan la virilidad de nuestros jóvenes y la fertilidad de nuestras adorables mujeres americanas, yo no tendría nada que reprocharles. Algún día pondré toda mi fortuna a disposición de una campaña de ese tipo[180].

---

[180] J. Dos Passos, *El gran dinero*, Barcelona, Mondadori, 2008, pág. 706.

En la percepción de las mentes patrióticas de muchos hombres de negocios y de incontables militares se formó una amalgama muy compacta de lo que en realidad era un abanico de diferentes posiciones de izquierda. Le dieron la denominación común de «frente comunista». Y el simple hecho de que el movimiento de mujeres, con sus diferentes redes de asociaciones, no se desligase del pacifismo lo convertía automáticamente en partidario del comunismo; o, lo que es lo mismo, en consagrado a esa «amenaza roja» que parecía traer consigo no solo Emma Goldman sino todo emigrante recién llegado de Europa en busca de un Eldorado estadounidense.

Los grupos de mujeres, que a lo largo de todo el país habrían tomado resoluciones a favor de la reducción de armamento, formaban parte de la misma atmósfera desarmamentista que en los años 1920 y 1922 había logrado que el Congreso recortase el presupuesto de la armada, y que por estas mismas fechas redujo el personal de defensa recomendado de 120.000 a 67.000 hombres. No es difícil extraer la conclusión de que, con el paso del tiempo, estos grupos contestatarios acabaron por tener menos influencia sobre los políticos que los hombres de los negocios de armamento. Los negocios de armas son, de hecho, la clave a la que apunta Florence Watkins. Ella nunca abandonaría sus posiciones antiarmamentistas, mientras que otra de las secretarias del National Congress of Parents and Teachers, Elizabeth Milton, habría rechazado las acusaciones de «comunismo» como carentes de sentido, declarando que «un grupo de hombres ambiciosos está tratando de encarrilar el Movimiento por la Paz fuera del camino»[181].

Y si bajo la fórmula de la «amenaza roja» esos mismos hombres de la industria militar estaban organizando una campaña para controlar las ideas de la población, era tam-

---

[181] N. F. Cott, *The Grounding...*, op. cit., pág. 249.

bién debido a su reacción ideológica de repliegue ante el avance de los derechos de las mujeres. Fue una reacción que actuó como contrapeso, como una fuerza desarticuladora y sutil que establecía recompensas para las mujeres que seguían las reglas y, por el contrario, ordenaba sanciones para las que no lo hacían. Esta campaña antifeminista no ocurrió en balde. Introdujo la gran primera línea de fisura en un movimiento de mujeres estadounidenses que, en términos generales, había permanecido cohesionado hasta ese momento. Elizabeth Milton percibió una estrategia organizada de «divide y vencerás»[182]: «Están intentando captar a ciertos grupos sentimentales de mujeres que se sienten halagadas por sus aproximaciones y conseguir abrir las organizaciones de mujeres para su utilización»[183]. Milton sospechó de las tendencias militaristas de la General Federation of Women's Clubs porque una de las mujeres nombradas en un comité representativo, vinculada a un partido reaccionario, había manifestado que la federación se dedicaría solo a valores espirituales de las mujeres. Milton declaró: «Siento que ha sido captada por grupos militares que no quieren que las mujeres sean activas en la campaña política que viene»[184].

Como prueba que confirma estas mismas sospechas, del mencionado general Fries habría salido un «mapa-telaraña» *(Spider Web Chart)*, elaborado para ser utilizado por los grupos patrióticos, que describía de modo muy gráfico cincuenta organizaciones de mujeres y veintinueve líderes mujeres relacionadas con el National Congress of Parents and Teachers. El mapa habría sido concebido con la finalidad de perseguir al pacifismo. Pero los vínculos que establecía con el Women's Joint Congressional Committee implicaban también al *lobby*

---

[182] Cfr. *ibíd.*
[183] *Ibíd.*
[184] *Ibíd.*

pro legislación social y de bienestar, en el que las organizaciones de mujeres realizaban un trabajo voluntario orientado hacia medidas protectoras de mujeres y niños. En los Estados Unidos de los años veinte, este trabajo era más visible que el éxito político electoral, pues en él radicaba «el principal modo político de las mujeres»[185].

La existencia de múltiples organizaciones de mujeres sugirió la sospecha de que había un «bloque de mujeres»[186]. Y este servía para que las mujeres que pertenecían a asociaciones fuesen objeto de condenas por parte de políticos de sexo masculino e ideologías de derechas, que las acusaban de fomentar un antagonismo de sexos destructivo. Un editorial de 1918 del *New York Times* consideraba, por ejemplo, a las mujeres seres humanos que compartían intereses con los hombres, pero al tiempo censuraba la conferencia de paz de las mujeres de la WILPF por suponer que las mujeres constituían una clase con intereses como tal. Sin embargo, imaginar que en 1920 un «bloque de mujeres» podría haber constituido un bloque de votantes similar a la coalición sufragista de la etapa anterior quizás suponía ignorar tanto las divisiones entre las mujeres como la naturaleza del sistema político mismo. El «bloque de mujeres» era a lo sumo una «ficción interpretativa»[187], una simple visión que algunas líderes mujeres imaginaban como deseable en una realidad fragmentada en la que existía gran diversidad —incluso la de aquellas que no tendrían reparos en abandonar la crítica a las constricciones de sexo si estas pusieran límites a sus ambiciones o frenos a sus éxitos políticos personales.

A juzgar por el caso Fries, lo que parece evidente, sin embargo, es que en el período interbélico existirían tendencias que no deseaban la influencia feminista reformadora. Por ello

---

[185] *Ibíd.*, pág. 114.
[186] *Ibíd.*, pág. 113.
[187] *Ibíd.*, pág. 114.

se enarbolaba el «espectro de un bloque de mujeres una y otra vez»[188]. Y por ello en pleno 1920 la depreciación política de las mujeres como individuos votantes se hacía en forma de antipatías y hostilidades hacia ese bloque de mujeres. Las mujeres se encontraron así frente a un «doble vínculo»: condenadas si trataban de imaginar que la creación de un bloque de mujeres podía servir a sus intereses, condenadas a la indiferencia si no formaban uno. Y de aquí que muchas veces reorientasen su principal acción política hacia un trabajo de voluntarismo político en múltiples asociaciones, en las que, incluso bajo esta unidad de método, había objetivos en conflicto[189].

Aunque provocado desde el exterior, uno de estos conflictos fue el surgido en relación con los «profesionales patrióticos»[190]. Y tuvo que ser asumido por el feminismo de la época, atravesando al conjunto de asociaciones de mujeres y creando problemas internos. Los patriotas habían lanzado la ofensiva para acabar con las tendencias antimilitaristas y lo estaban consiguiendo. Entre 1923 y 1924 el *Spider Web Chart* del Chemical Warfare Department de Fries comenzaría a circular entre los miembros de la American Defense Society y llegaría hasta Edgar Hoover[191], del FBI, mientras que Henry Ford lo publicaría

---

[188] *Ibíd.*
[189] *Ibíd.*, págs. 113-114.
[190] *Ibíd.*, pág. 250.
[191] Presidente del FBI desde 1924, y durante cuarenta y ocho años, bajo su mandato se desarrolló la conocida «caza de brujas» antipacifista, antisemita y anticomunista que trataba de detener la terrible «amenaza roja». Su abuso de poder y autoridad le llevó a considerarse por encima del mismo presidente de los Estados Unidos. En 1971 el ciudadano estadounidense Keith Forsyth robó un documento en el que la descodificación de la palabra Cointelpro (Counterintelligence Program) le reveló que desde 1956 este programa del FBI entablaba guerras psicológicas (especialmente contra el pacifismo) para tratar de destruir vidas y arruinar reputaciones.

en su periódico reaccionario. Cuando las mujeres del Women's Joint Congressional Committee conocieron la existencia de ese mapa, se sintieron ofendidas y descendieron en sus acusaciones hasta el secretario de Guerra, John Weeks, cargando contra el Chemical Warfare Service por su «ataque a las organizaciones de mujeres del país»[192]. Al verse en medio de las fricciones, dividido entre la rama de la guerra química de la armada y las organizaciones de mujeres pacifistas, el Departamento de Guerra de Weeks buscó su estrategia en el cinismo. La política del «divide y vencerás» se materializó en que, por un lado, se promovieron giras de militares por los Estados Unidos que impartieron charlas a organizaciones de mujeres patrióticas que estaban poco activas y eran fáciles de manejar. Por otro lado, trataron de exculpar al Departamento de Guerra y ordenaron la destrucción

Hoover mantuvo una gran amistad con el presidente Harry S. Truman. En 1952, bajo su mandato, se creó en secreto, y sin informar al Congreso, la NSA, la Agencia de Seguridad Nacional encargada de la seguridad en la información. Esta agencia está en el origen de la «crisis de los misiles», ya que los aviones espía U-2 de la CIA sobrevolaron en misión «ojo en el cielo» el espacio aéreo soviético, saltándose de este modo los acuerdos internacionales. Ocurrió en los años cincuenta y siguió ocurriendo en el año 1960, tras la visita a Estados Unidos de Kruschev. Tras el viaje, consideró a Eisenhower un amigo y no entendió que Estados Unidos siguiese espiando a la Unión Soviética. En el famoso discurso de 1960 ante la ONU, en el que Kruschev sacó su zapato para protestar, rechazó el plan de desarme «cielo abierto» del presidente estadounidense Eisenhower por el que este pretendía que el cielo estuviese abierto para que lo sobrevolase quien quisiese. Kruschev pronunció las palabras: «Rusia no quiere que nadie entre en sus dormitorios». Y la pregunta de si permitiría que entrasen en sus jardines, respondió: «Tampoco los queremos allí». De este modo Kruschev se opuso a un sistema abierto de vigilancia mundial que favorecería a los «círculos imperialistas y militaristas, cuya fortaleza es el Pentágono». Pero fue a su vez acusado de doble moral, pues al mismo tiempo que denunciaba el colonialismo imperial estadounidense, dominaba la Europa del Este.

[192] N. F. Cott, *The Grounding...*, op. cit., pág. 250.

del mapa. Sin embargo, el mal estaba hecho, pues «un mapa dio lugar a otro (quizás a muchos otros)»[193]. Y en una versión tardía, elaborada por un hombre de negocios de Cambridge, se incluyeron listados de nombres de hombres, de mujeres y de organizaciones que llevaban códigos de color: *rojo para radical, rosa para progresista y amarillo para pacifista*.

Los grupos hiperpatrióticos estadounidenses fueron un producto de la Primera Guerra Mundial —el propio Fries había sido un comandante distinguido durante la Gran Guerra. Hacia 1920 estaban activos al menos veinticinco. Trataban de polarizar la opinión política, eran antisufragistas, asociaban la totalidad del feminismo con el socialismo y creían firmemente en el poder de un «bloque de mujeres». Por su parte, en este clima favorable los grupos de mujeres «superpatrióticas» despertaron su activismo dormido y encontraron eco en amplios sectores de la opinión pública estadounidense que eran hostiles a todo lo que sonase a bolchevismo, feminismo, internacionalismo y regulaciones federales de las libertades del empleador.

En 1920 el clima de tensión llegó a tal nivel que la líder sufragista Carrie Chapman Catt trató de protegerse como pudo y llegó a declarar que no era pacifista, sino que solo deseaba la paz internacional. Pero al mismo tiempo, y en ese mismo año, asumió el liderazgo del National Council of Women, una organización que consiguió llevar sus campañas a Washington con el lema «Haced la guerra ilegal. Abolid la armada y las fuerzas navales». En 1926 esta organización consiguió plantear, por medio del senador Lynn Frazier, una enmienda constitucional para impedir al Congreso que declarase la guerra y abolir las fuerzas armadas de los Estados Unidos.

Por estos mismos años, en 1924, tuvo lugar un congreso de la WILPF en el que se discutieron propuestas para una nue-

---

[193] *Ibíd.*

va organización internacional, sin sanciones militares por parte de la Liga de Naciones a unos «Estados Unidos de Europa»[194]. A este congreso llegaron mujeres de veintidós países que llamaron tanto a hombres como a mujeres a un equilibrio en un orden internacional, instando a un control democrático de la política exterior estadounidense, además de a una condena de la guerra química. Esto desató las iras hiperpatrióticas contra lo que consideraban un pacifismo subversivo, por lo que acusaron a delegadas de la WILPF de ser agentes rusas y germanas. Una coordinadora de la WILPF declaró que existían presiones a la prensa por parte del Departamento de Guerra, así como una clara determinación de hacer todo lo posible por ocultar su trabajo de paz[195].

En realidad, el ala conservadora y patriótica de las organizaciones de mujeres también desempeñó un papel importante en las campañas de descrédito, al prestar su colaboración a los grupos de hombres militares reaccionarios. El referido Fries había ido consiguiendo ganarse la cooperación de sociedades patrióticas de mujeres como Daughters of the War of 1812, American War Mothers, etc., ahora unidas en un Patriotic Council que se declaraba opuesto al pacifismo y a la subversión. Antes de la Gran Guerra, Daughters of the War of 1812, por ejemplo, no se habría distinguido de otros peque-

---

[194] El término «Estados Unidos de Europa» fue empleado por Victor Hugo y por Trotski. Figuró asimismo como título de un libro de Eduard Herriot, el primer ministro de Francia en 1924 y 1925. En Victor Hugo se trata de un discurso pronunciado en el Congreso Internacional de la Paz que tuvo lugar en París en 1849. En él pueden leerse las frases: «¡Un día vendrá en el que las armas se os caigan de los brazos, a vosotros también! Un día vendrá en el que la guerra parecerá también absurda y será también imposible entre París y Londres, entre San Petersburgo y Berlín, Viena y Turín... [...]. Se llamará Europa en el siglo xx y, en los siglos siguientes, más transfigurada entonces, se llamará Humanidad». Cfr. http://www.taurillon.org/Victor-Hugo-au-Congres-de-la-Paix-de-1849-son-discours,02448.

[195] Cfr. N. F. Cott, *The Grounding...*, *op. cit.*, pág. 255.

ños clubes de mujeres, pero tras ella dio un giro hacia la creencia en la necesidad de una defensa patriótica frente a enemigos tanto internos como externos, identificando al bolchevismo como el mayor de ellos. Además, en 1925 creó un comité de defensa nacional para combatir el plan trazado por una denominada «Red Internacional», que supuestamente trataría de provocar una revolución en Estados Unidos —creían que, so pretexto de paz, el pacifismo escondía el plan de una revolución roja.

Hasta 1924 Daughters of the War of 1812 era una organización que no desarrollaba apenas actividad, salvo la de representar a Estados Unidos en el International Council of Women. Pero cuando en ese mismo año el National Council of Women estadounidense alojó en Washington el encuentro quinquenal del International Council of Women, Daughters impuso la condición de que ni «radicales» ni «pacifistas» tomaran allí posiciones. Era algo paradójico, porque las doscientas delegaciones de nada menos que de treinta y seis países traían justamente como objetivo la paz internacional. Sin embargo, es una buena muestra de las fuertes suspicacias ideológicas que se desarrollaban en los Estados Unidos de la época. Hubo periódicos que al hacer la crónica de ese encuentro quinquenal percibieron muchos problemas en relación con valores y dejaron constancia de que tanto Daughters of the War of 1812 como American War Mothers veían la amenaza pacifista por todas partes. Finalmente, la sesión plenaria del International Council of Women se vio obligada a contemporizar, rechazando los extremos de derecha e izquierda y aprobando la idea de un gradual y controlado desarme, así como medidas para conducir a todas las naciones a la Liga de Naciones y la Corte Internacional. Sin embargo, estas dos últimas cuestiones eran resoluciones de alcance internacional con las que el problemático sector norteamericano no quiso comprometerse, por lo que se abstuvo en la votación. Además, una vez concluida la reunión de este International Council of Women, el National Patriotic Council, que estaba integrado por grupos de mujeres de derechas, organizó un encuentro en el Departamento de Interior de los Estados Unidos en el que el general Fries tuvo una intervención honorífica. Por su parte, la American War Mothers denunció al International Council of Women por inmiscuirse en asuntos estadounidenses, instando a quienes formaban parte de la propia American War Mothers a hacer resonar sus voces patrióticas por todo el país[196].

La totalidad de este episodio podría llevarnos a la conclusión de que en el campo de batalla de las opiniones rivales siempre sobrevuela algún concepto. La historia de la primera bomba atómica o la de la carrera armamentística nuclear durante el período de la «guerra fría» constituyen capítulos del militarismo que exceden lo que puede ser relatado aquí. Pero todo el «episodio Fries» nos indica que las fuerzas organizadas que deseaban estados militarizados sobreviven y se articulan a su manera en cada nueva generación.

Por otro lado, ni la moderación ni la capitulación libraron al movimiento pacifista de mujeres estadounidenses de los ataques de las madres y las hijas de la derecha patriótica. En 1927 Daughters of the War of 1812 se enfrentaría al National Council of Woman, a trabajadores sociales, a periodistas y a legisladores, y hasta haría circular por sus clubes una lista de dudosos conferenciantes. En etiquetas como «comunista», «internacionalista», «prosoviética», «feminista» y «feministas revolucionarias» se podía escuchar el eco de la *Spider Web Chart*. Carrie Chapman Catt, la líder de la WILPF, trató, en «Lies at Large», de refutar esas acusaciones[197]. Al mismo tiempo, Woman's Patriot instaba a Catt a admitir que a ella se oponían otras mujeres y que su actitud al considerar que la paz

---

[196] *Ibíd.*, pág. 257.
[197] *Ibíd.*, pág. 2.

internacional y los derechos de las mujeres eran ideas compartidas por todas las mujeres agrietaba incluso al «bloque de mujeres». No todas las mujeres eran iguales, ni reaccionaban de la misma manera, especialmente cuando eran solicitadas por hombres poderosos. La líder feminista y pacifista le escribirá a un amigo lo siguiente: «No creo que las mujeres puedan juntarse con cualquier propósito porque la diferencia entre reaccionario y progresista es demasiado grande para ser atravesada»[198].

Todo el análisis anterior nos lleva a la conclusión de que la presión política de la derecha fracturó seriamente la cohesión de las organizaciones de mujeres. Aunque los ataques no solo llegaron de la derecha —acusándolas de comunistas— sino también de la izquierda —por considerarlas enemigas de la clase trabajadora—. No solo una posición de partida débil frente a los grupos de hombres acaudalados e influyentes, sino el hecho de que, entre mujeres, se creen tantas divisiones como entre hombres, habría frustrado el sueño de las mujeres de comienzos de siglo de crear un «Sexo Humano» en una Nueva Civilización. A finales de los veinte nadie pareció confiar ya en que las mujeres tuvieran una misión especial que cumplir. Un periodista consideraba que la experiencia demostraba que era una falacia creer que las mujeres mostraban más interés en mujeres, niños o cualquier otro grupo desfavorecido, y que las que mejor habían hecho su trabajo político «eliminaron el asunto del sexo tan lejos como fue posible»[199]. Otro comentario, de un popular escritor especialista en política, consideraba que «las mujeres no eran todas iguales, no votaban juntas y podrían seguir tanto a un hombre como a una mujer cada vez»[200].

Y sin embargo... podríamos pensar que los acontecimientos históricos no se entierran tan fácilmente. Los ecos antimi-

---

[198] *Ibíd.*, pág. 259.
[199] *Ibíd.*, pág. 266.
[200] *Ibíd.*

litaristas que llegaban del pasado, y que eran contemporáneos de un concepto como el de «amor libre», fundamental para las feministas de los años veinte que se oponían al matrimonio indisoluble, regresarán en los años sesenta. En las paredes de las facultades, en las pancartas de las manifestaciones, en los muros a pie de calle y en los viejos árboles de los campos que rodean los edificios de las universidades se escribirá una y otra vez el lema «Haz el amor y no la guerra».

Capítulo 8

Norteamericanos en París.
Una generación inquieta

Lejos de apaciguarse, el espíritu de la mujer libre que apareció rondando el último tercio del XIX se volvió más intranquilo al convertirse en el espíritu de la mujer nueva de comienzos del XX —es incluso un espíritu que se irá contagiando por las ideologías cada vez más radicales de los primeros años del siglo. Ahora bien, el lugar en el que este espíritu se encuentra a sus anchas es sin duda París. La ciudad tenía un pasado revolucionario bien consolidado que atrajo a la bohemia internacional. Y la gente de la bohemia era un tipo de personas despreocupadas por el mañana, que a pesar del paso del tiempo parecían ser fieles para siempre a su juventud, viviendo en el presente y sin mucho pasado que descifrar. Mientras que Norteamérica era una tierra de oportunidades económicas que estaba en el punto de mira de muchos campesinos pobres de Europa, París era la tierra prometida para cualquier persona tanto de América como de Europa y de otras partes del mundo que quisiese desarrollar sus inquietudes artísticas.

Aunque no fuese más que por una pinta extravagante que a menudo indicaba la ruptura con lo convencional y respetable, muchas de esas personas bohemias tenían desencuentros frecuentes con los gendarmes. Pero al mismo tiempo la ciudad de París era permisiva hasta con los *clochards,* y a menudo las excentricidades pasaban bastante más desapercibidas que en otros lugares. En París las generaciones inquietas de las vanguardias artísticas podían incluso disfrutar de un barrio propio: vivían en la Rive Gauche, en la orilla izquierda del Sena, a la sombra protectora de la literatura y el arte. En conjunto, eran lo que algunos calificaban como «la juventud perdida». Unos viajaban a los decadentes paraísos artificiales, otros se intoxicaban con bebidas alcohólicas y la mayoría pasaba una parte importante del día en los cafés, con un libro en la mano que a intervalos descansaba negligentemente sobre un mesa manchada de tinto —los libros eran sus amigos, la carta de identidad que la bohemia exhibía de manera evidente. Eran textos de culto y en sus portadas podían leerse títulos como *Les Chants de Maldoror* o *Les Barricades Mystérieuses*. En el rigor del invierno, algunas de estas gentes se refugiaban en alguna de las innumerables librerías de la ciudad o se encerraban en el *bistrot* todo el día para así protegerse del frío.

Cuando la bohemia de París ocupaba el centro cultural del universo occidental, Berlín tenía también su propio contingente de artistas visuales. Y una metrópoli bohemia más se estaba constituyendo en Occidente, en el caldo radical de Greenwich Village, en el barrio del este neoyorquino que albergó al mayor número de personas inconformistas recién llegadas de toda Europa. Allí encontraron acogida libertarias como la mencionada Emma Goldman pero también feministas radicales como las reunidas en el salón de Mabel Dodge o en el Club Heterodoxy[201]. Allí las revistas y periódicos de crítica social recogían las movili-

---

[201] Cfr J. Schwarz, *Radical...*, *op. cit.*

zaciones antifascistas de Europa y lanzaban tiradas que en el mejor de los casos eran requisadas por la policía, y en el peor recibían una orden directa de cierre. Las primeras difusiones del *Birth Control* de Margaret Sanger o las críticas más aceradas al matrimonio y la vida convencional que se realizaron en los Estados Unidos partieron de ese pequeño barrio que acogió con los brazos abiertos al espíritu moderno de la insubordinación y la agitación social. Existía una gran diferencia con el resto de Estados Unidos, y es que no todos los lugares eran tan vanguardistas ni todos habían recibido la mezcla heterogénea de identidades llegadas de Europa que se revolvía en el Greenwich Village. Ahora bien, como vimos en el capítulo anterior, el puritanismo y el patriotismo militarista eran también frecuentes, si bien fuera de los límites de este barrio. Y, como veremos ahora, el inconformismo de muchos norteamericanos con la situación política se extendía por todos los rincones de Estados Unidos, lo que hará de la Rive Gauche de París el epicentro de un ambiente bohemio que a veces recuerda al de Greenwich Village. Es una corriente a medio camino entre el exilio ideológico y la emigración que llega a Europa desde diferentes ciudades de los Estados Unidos.

¿Por qué París se había convertido en la estrella más brillante del imaginario del siglo XX? La respuesta hay que buscarla en lo ocurrido unos años antes. Benjamin descubrió la «capital del siglo XIX» en la ciudad de París porque esta metrópoli había alcanzado a finales de este mismo siglo la cumbre de su poder. Era la sede de la elegancia, la sofisticación, el lujo y la moda. El dinamismo del comercio textil impulsó los *magasins de nouveautés* cuando en Nueva York las calles estaban sucias, superpobladas, encharcadas, malolientes y aún sin pavimentar. En París, por el contrario, las calles estaban empedradas y se construían pasajes en galería cubiertos de hierro y vidrio que sugerían la ligereza y exhibían la primera iluminación de gas, reflejada en los escaparates de las tiendas más elegantes. Los pasajes son el primer símbolo del lujo industrial en una metrópolis en la que el decadente poeta cantor de la modernidad, Charles Baudelaire, sufre de melancolía al enfrentarse a la ciudad «con la mirada del exiliado»[202]. Imposible retener una mirada en la corriente ininterrumpida de rostros de mujeres, hombres y niños, que pasan de largo hasta perderse entre la multitud como puntos en la línea de fuga de una calle.

Así, París representaba desde mediados del XIX la gran metrópoli capaz de englobar elementos dispares como el capitalismo industrial, la desmedida expansión urbanística y el culto a la mercancía en sus exposiciones universales. Además, el sueño de los ideales igualitarios de organización social del socialismo utópico aportaba el elemento contestatario para desacralizar el orden antiguo. El componente insurreccional estaba encendido desde la revolución y se había transmitido como un reguero de pólvora a una población obrera descontenta: un radicalismo político muy extendido en la capital exigía una república democrática frente a una posible restauración de la monarquía de los Borbones. Las fábricas abandonadas por sus dueños pasaban a la autogestión y se creaban guarderías para los hijos de las obreras. Se defendía la laicidad del estado, la obligación de las iglesias de acoger las asambleas de vecinos y de sumarse a las labores sociales, la remisión de los alquileres impagados y la abolición de los intereses de las deudas. Era la Comuna de París.

Ahora bien, en 1864 el senador Haussmann «formula todo su odio, en un discurso en la Cámara, contra la población sin raíces de la gran ciudad»[203] y presenta un ambicioso plan para rediseñar la ciudad con largas calles y avenidas de

---

[202] W. Benjamin, *Sobre el programa de la filosofía futura,* Barcelona, Planeta, pág. 134.
[203] *Ibíd.*, pág. 136.

La defensora de los derechos reproductivos Margaret Sanger en la época en que fue acusada por la Corte Federal de difundir *La mujer rebelde* (1916), una revista que abogaba por los anticonceptivos y el control de la natalidad.

perspectivas en fuga que permitan ampliar la visibilidad en una panorámica dilatada, imposibilitando para siempre las barricadas revolucionarias que combatían por reformas sociales. El plan será aprobado y las numerosas expropiaciones desatan una fraudulenta especulación urbanística que a su vez origina un aumento de los alquileres y abre el proceso de arrojar al proletariado parisino hacia los suburbios.

Aunque forjado con sangre revolucionaria en el XVIII y el XIX, el mito inconformista parisino prolonga su vida en el XX. Y unos cincuenta años después de la remodelación de Haussmann, París era la fiesta de la bohemia que recorría sus bulevares. La verbena norteamericana se contagia por la atmósfera vibrante de las pequeñas calles que habían conseguido sobrevivir a los planes de Haussmann. Se organiza en las anchas avenidas y los puentes monumentales: «Había americanos de día y americanos de noche»[204]. El magnetismo del París de los veinte, con su pasado revolucionario incluido, atraía las miradas de Europa y de América. El personaje Coco Chanel recreado a partir de recuerdos sobre la diseñadora por su amigo el escritor Paul Morand[205], nos habla de la ciudad como sigue:

> Tras mis jornadas de trabajo en la calle Cambon, [...] no tenía ganas de salir. Sin embargo, París vivía en este momento sus años más brillantes, más curiosos. Londres, Nueva York (no hablo de Berlín, que se retorcía en las angustias de la devaluación, del hambre y del expresionismo) tenían los ojos fijos en nosotros[206].

Pocas veces un lugar y una época han estimulado tan intensamente el interés de las imaginaciones cosmopolitas como

---

[204] Z. Fitzgerald, *Accordez-moi cette vals,* París, Robert Laffont, 2008, pág. 203.

[205] Como se ha dicho anteriormente, el escritor Paul Morand hace de su famosa amiga modista un personaje literario en *L'allure de Chanel.*

[206] P. Morand, *L'allure...*, *op. cit.*, pág. 150.

el París de esos años, tanto que parece formar un espacio irreal ajeno al resto de Europa, y ajeno también al resto del siglo. La historia cultural europea ya no se pudo pensar sin la onda expansiva de aquellos años. El germen vanguardista que pretendía arrancar la raíz carcomida de un viejo orden de valores brotaba justo ahí.

Y en el amanecer de un siglo en el que los espíritus feministas de Occidente protagonizan un momento «primera ola», en la vida parisina también se está desarrollando el comienzo de un mundo nuevo para muchas mujeres. La investigadora Florence Rochefort sostiene que: «Por muy sorprendente que pueda resultar hoy, la actualidad feminista se convirtió en una moda, al menos en París»[207]. Se trataba de un feminismo multifocal, compuesto por pequeñas organizaciones dirigidas por una líder que llevaron a la feminista Madeleine Pelletier a recurrir a la descripción de «generales sin armadas». El movimiento de mujeres de París, contrariamente al de otros lugares, aparecía a comienzos de siglo bastante fragmentado[208]. Cada una de las dirigentes aglutinaba a su alrededor a pequeños grupos de mujeres y cada cual tenía ideas diferentes sobre la libertad en un lugar en el que la libertad siempre toma el aspecto de una consigna de estado. Por esta razón, el movimiento tampoco ofrecía un único modelo de «mujer nueva». Había periodistas de *La Fronde,* el único periódico feminista del que existe constancia histórica que fue redactado íntegramente por mujeres para, según su directora, que nunca se pu-

---

[207] F. Rochefort, «The French Feminist Mouvement...», *op. cit.*, pág. 92.
[208] *Ibíd.*, págs. 95-102. Siguiendo la tendencia que trataba de ridiculizar la agitación feminista, Guy de Maupassant describe en «Sesión Pública», uno de los capítulos de *Los domingos de un burgués en París,* la intervención de una de estas líderes en un mitin feminista. Calificándola en términos de oradora «intrigante que quiere que se hable de ella», su auditorio estaría formado por «antiguas ciudadanas privadas de marido, desecadas por la soltería» (citado en C. Bard [ed.], *Un siglo...*, *op. cit.*, pág. 68).

diese atribuir el mérito de los artículos interesantes a los hombres, que defendían incluso el derecho a ser «feministas de puntillas»; en el extremo opuesto se situaba el vestido estrictamente masculino de Pelletier, en realidad un traje de hombre que quería significar el derecho a la usurpación de los privilegios masculinos. No obstante, en medio de tal diversidad aún era posible distinguir un ala radical y otra moderada, aunque ambas con el denominador común de que la República Francesa no satisfacía las demandas de sus hijas, y el feminismo contenía el elemento utópico necesario para compensar esta situación.

Así pues, el ambiente europeo de agitación cultural, feminismo incluido, y la relajación de los códigos encontraron en París el espacio más propicio para desarrollarse. Pero también el resto de capitales de Europa que orbitaban a su alrededor trataban de romper los moldes del viejo orden. Para el pacifista austríaco Zweig, que fue declarado no apto para el combate y nunca estuvo en el frente, las etapas de guerra y posguerra supusieron una libertad caótica[209] en la que la nueva generación, por el simple gusto de rebelarse, se rebelaba

> contra toda norma vigente, incluso contra los designios de la naturaleza, como la eterna polaridad de los sexos. Las muchachas se hacían cortar el pelo hasta el punto de que, con sus peinados a lo *garçon,* no se distinguían de los chicos; y los chicos, a su vez, se afeitaban la barba para parecer más femeninos; la homosexualidad y el lesbianismo se convirtieron en una gran moda no por instinto natural, sino como protesta contra las formas tradicionales de amor, legales y normales[210].

A esta visión ortodoxa, Zweig le añade que lo que habían visto en Austria fue solo el preludio de lo ocurrido en Berlín,

---

[209] S. Zweig, *El mundo de ayer, op. cit.,* págs. 379-396.
[210] *Ibíd.,* pág. 380.

pues los alemanes habrían orientado toda su capacidad de sistematización hacia la perversión. Menciona a muchachas que se jactaban con orgullo de ser perversas y cuenta que en cualquier escuela de Berlín se habría considerado un oprobio conservar la virginidad a los dieciséis años. Sin embargo, capta la «tremenda falsedad» de un «patético erotismo», pues el culto orgiástico alemán que llegó al mismo tiempo que la inflación no era sino «una imitación simiesca; se veía en aquellas muchachas de buenas familias burguesas que habrían preferido peinarse con una simple raya en medio antes que llevar el pelo alisado al estilo de los hombres y comer tarta de manzana con nata antes que beber aguardiente»[211].

Zweig parece dar por supuesto que, desviándose de una feminidad de «tarta de manzana con nata», las mujeres jóvenes de Berlín no estaban eligiendo una manera de vivir que incluso incorporaba preferencias por el aguardiente, sino que reproducían de manera mimética una moda del momento. Fiel él mismo a una dicotomía que distingue entre sexualidad normal y sexualidad perversa, no percibe en estas nuevas tendencias los nuevos estilos de vida emancipada, alejados del aire enrarecido de la moral puritana. No aprecia lo que se estaban alejando algunas mentalidades de una reglamentación tradicional especialmente rígida y hostil para con las mujeres. En su opinión, los nuevos experimentos eran demasiado osados y delirantes. En cierto modo, coincide con una opinión bastante mayoritaria en una nación entera que señalaba con el dedo a la República de Weimar porque aflojaba demasiado las riendas, con las mujeres especialmente.

Si los comienzos de este nuevo orden le parecían a Zweig brutales y exagerados, los años de moderación y vuelta al orden retornarían para la tranquilidad de todos en el período comprendido entre 1924 y 1933, «desde el fin de la inflación

---

[211] *Ibid.*, pág. 379.

hasta la llegada de Hitler al poder»[212]. Ahora bien, esta situación descrita por Zweig ¿entraría en la lógica de la inquietud ante la libertad de las mujeres? Porque lo cierto es que no distingue qué parte del caos correspondía al problema económico de una inflación disparatada y cuál a la libertad de las costumbres. No tiene en cuenta que, pese a defender principios antifascistas, su deslizamiento parece peligroso en la medida en que acaba identificando el período de orden con el ascenso de Hitler al poder, como si la cercanía de la guerra trajese consigo una regeneración moral —y las formas de regeneración moral atañen en primer lugar a la vigilancia sobre el comportamiento de las mujeres. En su opinión, la situación de caos anticiparía el horror que llegaría tras esa década en la que toda una generación ni quiso olvidar ni perdonó a la República Alemana aquellos años. Y por ese motivo acabaría llamando otra vez a sus carniceros.

El panorama de una generación moderna que se emancipó «de golpe, brutalmente, de todo cuanto había estado en vigor hasta entonces y volvió la espalda a cualquier tradición»[213], un paisaje desconcertante en el que por «doquier la vejez corría azorada en pos de la última moda»[214], donde los escritores que habían utilizado un alemán claro y cuidado ahora «troceaban obedientemente las frases y se excedían en el "activismo"»[215] porque consideraban que la literatura sin teoría política no era literatura, donde las bailarinas clásicas de la corte «interpretaban, casi completamente desnudas y con "fingidas" contorsiones, la *Apassionatta* de Beethoven»[216], todo ello dibuja, para Zweig, el paisaje afilado de una época anárquica. Pero como la nueva generación de posguerra fue distinta a la

---

[212] *Ibíd.*, pág. 399.
[213] *Ibíd.*, pág. 379.
[214] *Ibíd.*, pág. 381.
[215] *Ibíd.*
[216] *Ibíd.*

de preguerra y reprochaba a sus padres haber permitido que les arrebatasen la paz, Zweig ve también un lado positivo porque «sus osados experimentos dejaron iniciativas muy valiosas»[217].

Si, en términos generales, la época interbélica anunciaba la involución que afectó al mundo occidental, con anterioridad a 1914 las fronteras aún estaban abiertas y, por ejemplo, este escritor había viajado a la India y a América sin pasaporte. En ese «mundo de antes», en el que cualquiera iba a donde quería y permanecía en el lugar el tiempo que deseaba, no eran necesarios los permisos ni las autorizaciones. A la hora de actuar no se necesitaban muchas concesiones, a la de viajar no se necesitaban salvoconductos ni visados porque las fronteras, que más tarde aduaneros, policías y gendarmes, debido a la desconfianza de todos hacia todos, habían convertido en una alambrada, anteriormente no habían sido más que «simples líneas simbólicas»[218]. Y prescindiendo de si los juicios personales de Zweig son síntoma o no de una visión estrecha o puritana, su visión de unos años locos y libres es un testimonio valioso de lo ocurrido con la libertad de las formas de vida europeas.

Austria, Berlín y otros lugares vivían sus tiempos modernos y agitados. Ahora bien, París fue el lugar que concentró el núcleo más enérgico de las propuestas radicales de la generación moderna y vanguardista que trató de hacer tabla rasa de la moral conservadora y la cultura más clásica y academicista, la cual fue considerada expresión de un orden que había manifestado su caducidad en su imposibilidad para frenar la guerra y en su dificultad para elevar la libertad del arte a símbolo de referencia para cualquier estilo de vida. Por esto París no solo logró convertirse en el centro magnético de Europa,

---

[217] *Ibíd.*, pág. 382.
[218] *Ibíd.*, pág. 514.

sino que su capacidad de seducción se hizo sentir incluso al otro lado del Atlántico. Y lo hizo teniendo que superar serios inconvenientes, como la paradójica y oblicua mirada que unos Estados Unidos en los que desembarcaban transatlánticos repletos de europeos hambrientos dirigía a Europa. Fue toda una generación de mujeres y hombres de Norteamérica la que respondió masivamente a la llamada de una ciudad de la luz con tan buenos precios para el estadounidense medio que a menudo los recién llegados podían disfrutar de la suavidad de una *dolce vita*.

Quizás por su joven espíritu rebelde, o bien porque su capacidad para digerir las estrecheces mentales estadounidenses había llegado al límite, los norteamericanos y las norteamericanas que arribaron a Europa traían una disposición de ánimo muy diferente a la expresada por el austríaco Zweig. No tenía tintes morales. Era más bien una sensación de vacío existencial como la que asediaba a Baudelaire; un sentimiento al que no escapa, como veremos más adelante, el estadounidense Ernest Hemingway. Y algo muy parecido invade el espíritu del estudiante de Princeton de nombre Amory, el personaje literario que representa al álter ego de Scott Fitzgerald en *A este lado del paraíso*[219].

Veamos primero algún rasgo del estilo de vida que tenía este estudiante en Estados Unidos. Muy en consonancia con las descripciones de una época nueva que estaba marcando el pulso de las metrópolis europeas, Amory es un estadounidense que se declara en contra de todos los viejos sistemas y se cree plenamente instalado «en una generación inquieta»[220]. Critica a quienes no tienen la más mínima confianza en los idealistas, a quienes no

---

[219] S. Fitzgerald, *A este lado del paraíso*, Madrid, Alianza, págs. 256-257.
[220] J. Flanner, *Paris Was Yesterday, 1925-1939*, Nueva York, Viking Press, 1972 (introducción, viii).

tienen ideas claras sobre nada, excepto una tenaz y estúpida oposición a todo cambio. No creen que se deba pagar bien a la gente sin educación y no comprenden que si no se les paga bien, tampoco sus hijos tendrán educación, y será siempre el mismo círculo vicioso. ¿Esta es la gran clase media?[221].

Amory está harto: «Odio el ejército. Y odio los negocios»[222], afirma en una síntesis esclarecedora de las fuerzas norteamericanas que se estaban haciendo cargo de la situación económica y política de Occidente. Como si quisiera poner en evidencia el instinto puramente mercantil de Estados Unidos, añade:

> Estoy inquieto. Toda mi generación está inquieta. Estoy harto de un sistema en el que el hombre más rico pueda conseguir, si la desea, la mujer más guapa, donde el artista que no tiene una perra ha de vender su talento a un fabricante de botones. Aun cuando yo no tuviera talento, no me gustaría trabajar diez años seguidos, condenado al celibato y a ciertos placeres furtivos, para que el hijo de un cualquiera tenga un automóvil[223].

En esa misma novela, en un epígrafe que lleva el significativo título de «El demonio», Fitzgerald describe la incursión que realiza Amory en un café de Broadway, en un barrio cuyos teatros constituían la pura antítesis de la bohemia que alternaba por los locales multirraciales de Greenwich Village. Amory entra en el café acompañado de un amigo y de dos coristas, dos chicas del mundo del espectáculo *music-hall*. Muchos de los que llenan el local son estudiantes, hombres la mayoría, según el narrador; gente inofensiva que a las cinco

---

[221] S. Fitzgerald, *A este lado...*, *op. cit.*, pág. 256.
[222] *Ibíd.*, pág. 257.
[223] *Ibíd.*

de la mañana cogía el tren para volver a sus colegios de Yale y Princeton mientras una cuarta parte «continuaba hasta horas inciertas para llenarse de polvo extraño en extraños lugares»[224]. Los estudiantes y las coristas eran una parte de la realidad; la otra son las descripciones del novelista que afirman que el genio de Tanaduke «se teñía con el color de su tiempo por lo que se entregó a la vida bohemia». Por esto, en lugar de «"lunas de turbulentos mediodías" hablaba ahora de Greenwich Village, y en lugar de las "niñas de sueño" a lo Shelley [...] frecuentaba a ciertas musas de invierno no demasiado académicas, encerradas entre la calle cuarenta y dos y Broadway»[225].

Además de con esas musas no académicas, la disipada vida bohemia de Nueva York tiene que ver con una *flapper*[226] que se había criado en Francia con una madre inquieta, y que cuando vuelve a Estados Unidos se enemista con sus parientes, escandalizados por lo que consideraban costumbres demasiado libres llegadas de la «Ville Lumière». Y es que por Greenwich Village había surgido una gente frenética que bebía cócteles en coches abiertos y que lo más que podía desarrollar respecto a la generación anterior era una actitud condescendiente y a la vez insolente.

La *flapper* que menciona Fitzgerald, llamada Eleanor, parece el ejemplo más acabado de la libertad de los nuevos tiempos. Poseía un *«esprit* que recordaba el bulevar, conducía a muchos inocentes, que todavía atufaban a St. Timothy y Farmington, por los caminos del vacío bohemio»[227]. Pero Eleanor es también un personaje que se pregunta:

---

[224] *Ibíd.*, pág. 108.
[225] *Ibíd.*, pág. 105. Como ya se dijo, Greenwich Village constituía el espacio territorial de la bohemia cosmopolita neoyorquina.
[226] Cfr. imágenes de *flappers* en http://www.youtube.com/watch?v=3svvCj4yhYc.
[227] S. Fitzgerald, *A este lado...*, *op. cit.*, pág. 215.

¿Por qué seré mujer? ¿Por qué no seré un estúpido? [...] yo, con una cabeza suficiente para hacer cualquier cosa, amarrada al barco de un matrimonio futuro que ha de naufragar. Si naciera dentro de cien años, bueno fuera; pero ahora ¿qué me está reservado? Me tengo que casar, se da por sabido. ¿Con quién? Soy demasiado inteligente para la mayoría de los hombres, y, sin embargo, tengo que descender a su nivel y dejarles cuidar mi intelecto para atraer su atención[228].

Rosalind, otro personaje femenino de la misma narración al que, de modo para nosotros significativo, se acusa de «vampiro»[229], y que encarna por lo tanto a la fatal del mal femenino, solo puede sentirse a gusto con dos trajes: la falda-pantalón y el traje de baño. En cierta escena, reflexiona sobre las dos clases de besos de antes: cuando se besaba a las chicas y se las abandonaba y cuando el beso significaba que quedaban comprometidos. Pero añade una tercera, propia del momento: cuando el hombre es besado y abandonado, porque si «Mr. Jones de 1900 presumía de haber besado a una mujer, todo el mundo sabía que la había conquistado. Si ese Mr. Jones de 1919 presume de lo mismo, todo el mundo sabe que es porque no la puede besar otra vez»[230]. La bella Rosalind, la que, «en un bonito salto del ángel, surcaba el aire en dirección al agua»[231], es la misma de la que dicen que es «algo... sin sexo, ya sabes, nadar y jugar al golf»[232], la misma que afirma de sí misma: «Yo no soy realmente femenina, quiero decir... de ideas»[233].

---

[228] *Ibíd.*, pág. 220.
[229] *Ibíd.*, pág. 169.
[230] *Ibíd.*
[231] *Ibíd.*, pág. 177.
[232] *Ibíd.*, pág. 163.
[233] *Ibíd.*

En tanto ser sin sexo, Rosalind piensa que puede jugar y nadar; aunque no de seis a dos, no en sus horas de trabajo en la sociedad Rosalind Ilimitada[234] en la que, bajo el patronazgo de unos padres que buscan al marido con mejor fortuna, ha tenido que convertirse a sí misma. Rosalind cumple con su deber femenino e invierte largas jornadas en el cuidado de su apariencia, pero nada más. Y un hombre, que le confiesa a otro que Rosalind es un tanto excéntrica, se pregunta: «¿qué puede hacer un hombre con una mujer así? Todo es inútil...»[235]. Cecelia, la hermana de Rosalind, al menos sabe balancear el cigarrillo en la mano. Por eso la madre de ambas lanza recriminaciones a una Rosalind que les sale muy cara. Le reprocha el dinero que invierten en ella, y le recuerda que Cecelia no podrá tener las mismas ventajas porque su padre ya no tiene lo de antes. El padre consigue, por su parte, reclutar a algunos de sus amigos, ocho millonarios solteros, para presentarles a Rosalind. Se trata, según la madre, de hombres jóvenes, pero calificados como «cuarentones» por una Rosalind de dieciocho. Uno de ellos, Mr. Ryder, se siente molesto por todo el vértigo que supone ver a una mujer ayer, a otra hoy, a otra mañana. Al tomar la decisión de casarse con Ryder, Rosalind hace lo único que está acorde con su forma de ser, pues le gusta «el sol y las cosas bonitas y la alegría... y odio toda clase de responsabilidad. No quiero ocuparme de cacharros, cocinas y escobas»[236]. Rechaza así terminantemente al joven de ideales bohemios del que está enamorada. No quiere «estar encerrada en un piso pequeño, sin ver árboles ni flores, esperándote a ti»[237], le asegura a un Amory enamorado que la necesita y no entiende que se asuste ante previsibles estrecheces.

---

[234] *Ibíd.*
[235] *Ibíd.*, pág. 177.
[236] *Ibíd.*, pág. 183.
[237] *Ibíd.*, pág. 182.

El estudiante y la *flapper*, los álter ego de Zelda y Scott Fitzgerald, llegarán a París en 1921 y acabarán convertidos en símbolos de una época en la que pareció que todo era posible, una era que respiraba paraísos artificiales, alcohol y *fox-trot*, un periodo en el que *flappers* y *garçonnes*, el tipo de mujeres de los años veinte que Zelda encarnó, y hermosos y malditos fueron los máximos símbolos de un tiempo que quería vivir sin preocupaciones.

La ficción de Fitzgerald y sus referencias al cambio experimentado entre 1900 y 1919 sugieren que está quedando atrás la época en la que el discurso de las mujeres reclamaba que, en tanto madres, necesitaban derechos políticos. Ahora cada vez son menos las que, para reclamar sus derechos, argumentan que es de ellas de quien depende la formación de sus hijos, los futuros ciudadanos. La nueva generación es diferente porque pueden desarrollarse tipos de mujer estadounidense como Rosalind que, en pleno período feminista, piensan que los derechos no son algo relacional. No implican cumplir con obligaciones hacia los hombres sino que son algo individual, una demanda de las mujeres basada en su personalidad individual.

Como representante del «mal camino» de rebeldía por el que estaban adentrándose muchas de estas mujeres de las dos primeras décadas del siglo, una *flapper* como Rosalind responde, al igual que su homóloga francesa la *garçonne*, a nuevos códigos de conducta sociosexual, casi todos en clara oposición a los ideales de domesticidad de la anterior generación, y en buena medida acordes con una libertad cuyo paradigma más elaborado se encontraba hasta hacía poco en la vida bohemia, pero que se estaba difundiendo por círculos sociales más amplios, como lo demuestra el hecho de que las mujeres parisinas adoptasen los cómodos e informales vestidos suéter.

En lo que algunos consideraron la ciudad más curiosa e intelectual del mundo, la diseñadora Coco Chanel elaboró, como vimos, propuestas estéticas que recogían los rasgos vestimentales de las mujeres trabajadoras, es decir, de aquellas que desafiaban la normativa femenina más habitual entre la burguesía de las calles de París[238]. Cuando Fitzgerald y Hemingway desembarcan en Europa, la ciudad de la luz ya no se extrañaba del jersey de punto, el pelo corto y el pantalón femenino que al parecer Chanel había introducido. Y no era poco, porque esta prenda polémica había sido objeto de prohibición legal explícita —en realidad, lo será hasta 1975.

Fue en el París de 1800, cuando la expresión de lo que se consideraba «travestismo» en las mujeres se había impedido mediante una ordenanza que un siglo después el prefecto de la policía, Lépine, hizo cumplir estrictamente. Aún así, las amazonas, junto con otras mujeres que compartían el mismo tipo de inclinaciones críticas hacia la feminidad, conseguían escapar a la norma en el interior privado de los salones o atravesando las calles oscuras bajo la protección de largas capas que ocultaban su indumentaria. Pero incompatibles con la feminidad se habían considerado también los bombachos de Amelia Bloomer o los anchos calzones de las ciclistas de finales del siglo XIX, ridiculizados en ocasiones por quienes trataban de preservar el atractivo sexual de las mujeres. Las mujeres querían andar en bicicleta, de modo que las ciclistas recurrieron a cubrir los bombachos con sus faldas antes de entrar en los pueblos, recogiéndolas en la cintura para dejar libres los calzones mientras conducían sus bicicletas por las carreteras de tierra. Para el fantasma antifeminista que temía la inversión de roles y el final de la diferencia de sexos, los pantalones femeninos constituían un objeto tan peligroso para los sentidos que su legitimidad tendrá que esperar a que la moda libre de los años veinte acepte cierto grado de confusión de sexos, normalizando mal que bien la masculinización en la figura andrógina de

---

[238] Benstock cuenta que, antes de la guerra, el porcentaje de obreras francesas era muy superior al de otros países europeos y que el conflicto hizo que también buscasen empleo las burguesas. Cfr. S. Benstock, *Mujeres de la Rive Gauche. París 1900-1914*, Barcelona, Lumen, 1992, pág. 107.

Zelda Fitzgerald (izquierda) fue considerada como la encarnación de la *flapper* norteamericana de los veinte. Su marido Scott (derecha) se inspiró en ella para escribir sus novelas.

la *garçonne*. Para la generación anterior, vigilante de la decencia femenina en cada gesto, en cada palabra, en cada movimiento realizado, la prenda se excluía no solo como delito sino hasta en el vocabulario de unas damas que, según Zweig, buscaban eufemismos en «la inocente "calzones", o en la denominación evasiva, expresamente inventada para la ocasión, de "los inefables"»[239]. De ahí que, lejos de ser inocentes, las prendas de las propuestas estéticas de Chanel tuvieran el mismo significado que un manifiesto político: liberar el cuerpo y acabar con el encorsetamiento de los movimientos y la conducta de las mujeres.

Comprender el lugar que ocupa este tipo de mujeres nuevas en la creación de un desorden de las costumbres victorianas no es fácil. Tratar de adivinar desde hoy el tipo de mentalidad hostil con la que tenían que enfrentarse lo es aún menos. Pero algo se expresa en *París era una fiesta*[240], la célebre obra del amigo de Fitzgerald, Ernest Hemingway, los dos estadounidenses más citados de entre los que se instalaron en la orilla izquierda del Sena. La célebre obra de Hemingway trata de recrear con franqueza el ambiente cultural del París de los veinte, aunque parece que su mirada se vuelve hostil cuando se trata de mujeres.

De buenas a primeras, la libertad de espíritu de Hemingway no pareció ser la de un militar cultivado amigo de las feministas que quería hacer crónicas de costumbres como Victor Margueritte. El mismo tamaño de su estatura recuerda en ocasiones otro tipo de libertad: la del *cowboy* del lejano oeste guiado por su espíritu de conquista. Vivió, y quizás consolidó, su masculinidad norteamericana en la aventura guerrera de la contienda europea. La escritora y periodista Janet Flanner, otra exiliada en París, era amiga suya y dijo

---

[239] S. Zweig, *El mundo de ayer, op. cit.*, pág. 106. (La investigadora feminista francesa Christine Bard ha publicado una historia política del pantalón como prenda transgresora; existe reseña de esta obra en http://clio.revues.org/10881).

[240] E. Hemingway, *París era una fiesta,* Barcelona, Seix Baral, 2003.

que fue, al igual que sus personajes, «de una masculinidad descomunal, incluso en las cosas más pequeñas»[241]. Y efectivamente, en *París era una fiesta* destaca la visión patriarcal tradicional que ofrece de las mujeres. El amante de las corridas de toros y de la caza que fue Hemingway le confesó en una carta a Flanner que «le gustaba cazar porque le gustaba matar»[242], ella cree que cuando se mató a sí mismo con su pistola realizó el último melodrama de su existencia. Recuerda también una conversación en la mesa del café Les Deux Magots de París en la que barajaban que la libertad «podía ser tan importante en el acto de morir como en los actos de vida»[243]. Flanner no estaba de acuerdo con esta lógica de pistolero, pero años después ella misma desarrolló una perspectiva agnóstica, más racionalista, «sobre el suicidio como acto de libertad»[244].

Aunque ideológicamente progresista, Mr. Hemingway presenta una visión intensamente androcéntrica de la feminidad que quizás fue frecuente entre los soldados estadounidenses de la Primera Guerra Mundial que fueron sus compañeros. Da la impresión de que, frente a las *Memorias de un europeo* de un Zweig partidario de una libertad controlada, Hemingway se relacionaba con las mujeres de acuerdo con el esquema de «feminidad mixtificada» que en su país se convertirá en norma allá por los años cuarenta. La feminidad mixtificada es un discurso que afirma la identidad masculina como virilidad heroica y combatiente. Se trata de una masculinidad recia, de acero. No importa si es en la guerra o en los negocios, pero las armas, las contiendas y las carreras por brillar más que el otro son muy importantes, pues todos los negocios se organi-

---

[241] J. Flanner, *Paris Was...*, op. cit. (introducción, vii).
[242] *Ibíd.* (introducción, viii).
[243] *Ibíd.*
[244] *Ibíd.* (introducción, vii, viii).

zan a su alrededor. Es una lógica de «winners and losers». En este escenario, las mujeres solo desempeñan un papel: son una casta aparte, una clase sexual desconocida, a veces casi enemiga y extraña, pero necesaria para reproducirse.

A excepción de una relación muy ambigua con Gertrude Stein, en la que parece combinar cierta admiración intelectual con recelos hacia una mujer masculina y homosexual que dice «disparates», las descripciones que nos ofrece *París era una fiesta* de las relaciones hombres-mujeres es reduccionista, pues lo que concierne a la amistad y a los aspectos de tipo intelectual-fraternal ocurre en un círculo exclusivamente masculino. Por otra parte, la figura de mujer enaltecida en esa obra es la esposa del escritor-narrador, que de vez en cuando hace su aparición como si fuera la sombra familiar de un ángel de la casa de la que apenas se sabe nada, ni siquiera su nombre. La personalidad de las demás mujeres que aparecen en el relato queda igualmente eclipsada bajo la sombra del correspondiente hombre-amigo.

Refiriéndose al sexo femenino, Virginia Woolf afirma que «de no ser por las novelas del siglo XIX seríamos tan ignorantes como nuestros ancestros en lo tocante a esta porción del género humano» porque en ellas «los pensamientos, las esperanzas se despliegan de un modo más íntimo y más pleno que en ningún otro documento»[245]. Lo mismo podría aplicarse a las narraciones de la ficción de comienzos del XX. Pero en ambos casos, el clima predominante sugiere la profunda desconfianza y el desconocimiento entre los sexos. En *Fécondité*, Émile Zola condena a las mujeres «mundanas» que descuidan su casa y a sus hijos para dedicarse a otras actividades, transformándose en «neuróticas, desequilibra-

---

[245] V. Woolf, *Horas...*, *op. cit.*, pág. 49.

das como las duquesas»[246]. El deseo de vivir para sí misma es incompatible con una vida femenina que parece exigirles a las mujeres una entrega total al otro. Zola es un ejemplo del «Fantasma del Juicio Masculino» al que se refiere Virginia Woolf. *Fécondité* fue publicada en 1899, pero treinta y dos años después esta última escritora aún habla de la necesidad que tienen las mujeres profesionales de matar al Fantasma del Ángel de la Casa y de enfrentarse al Fantasma del Juicio Masculino[247].

---

[246] Citado en C. Bard (ed.), *Un siglo...*, *op. cit.*, pág. 74.

[247] En «Professions for Women» (texto disponible en: http://iws.collin.edu/grooms/wl2woolfpw.pdf), título de una intervención del año 1931 en la National Society for Women's Service, Virginia Woolf menciona la existencia de un fantasma que se interpone en el trabajo intelectual de las mujeres, interrumpiéndolas y atormentándolas cuando revisan los libros que les permiten escribir sus artículos. Porque en la época de la reina Victoria cada casa tenía su ángel, Woolf le pone a este fantasma el nombre de la heroína de un famoso poema escrito por un hombre. Cuando las alas de este ángel femenino le susurran: «Querida mía, eres una mujer joven. Estás escribiendo sobre un libro que ha sido escrito por un hombre. Sé simpática, sé tierna, adula, engaña, usa todas las artes y mañas de tu sexo. Nunca dejes que nadie adivine que tienes una mente propia», entonces, en un acto de autodefensa, la escritora mata al frágil, encantador y altruista ángel de la casa consagrado por entero al bienestar de la población masculina. Si no lo hubiese matado, sería este ángel quien hubiese acabado con ella. Sin embargo, un segundo fantasma, mucho más poderoso, interrumpe la imaginación de la escritora cuando retoma su trabajo. Y le asegura que contar la verdad de su experiencia en un cuerpo de mujer le acarreará muchas dificultades, atraerá la severidad con que los hombres juzgan tal libertad en una mujer. Es la misma severidad de juicio que planea en un mundo profesional de mujeres comprometidas con una lucha por la igualdad social y económica. Margaret Pargiter (Peggy), una de las heroínas de su novela *Los años*, la médica sobrina de Eleanor, es una de estas profesionales de la etapa posterior a la Primera Guerra Mundial que avanza enfrentándose a los fantasmas y obstáculos que acechan en su camino. Por primera vez en la historia, las mujeres se ven obligadas a enfrentarse a un difícil obstáculo: tienen que definir su posición y decidir cómo quieren administrar su libertad, tienen que deshacer el estado de sumisión y dependencia para el que han sido educadas.

El Juicio Masculino de Hemingway es, en sus novelas, de lo más implacable con los personajes femeninos. Si ya en alguna ocasión había responsabilizado a Zelda Fitzgerald de tratar de destruir la carrera literaria de su esposo, en *París era una fiesta* Zelda es descrita como la borracha depresiva que pretende llevar al hombre al fracaso, un lastre para el trabajo del escritor, cuyo genio, por ese efecto de contraste que consiste en negar a la una para engrandecer al otro, aparece encomiásticamente realzado.

Curiosamente, no es una visión de vampirización de la tarea creativa de Fitzgerald la que ofrece la propia Zelda en ese excepcional documento sobre su matrimonio y sobre las causas de su fracaso vital que es *Concédeme este vals*. Dos de sus personajes mantienen el siguiente intercambio: «"¿Pero su marido no está descontento de que usted no esté en casa casi nunca?". "Sí, él está tan descontento que debo estar cada vez menos para evitar disputas sobre el tema"»[248].

El estudiante y la *flapper*, símbolos de una época que parecía vivir sin preocupaciones, formaron un matrimonio que, en opinión de Flanner, estaba compuesto por dos personas que habían hecho de sí mismos y de sus placeres «una categoría social especial»[249]. Sin embargo, estuvo atravesado por las mismas rivalidades creativas que asediaron a otras parejas de artistas. Además, la tormentosa relación que mantuvieron Scott y Zelda jugó a favor del destino trágico que encontró esta última. Ella nunca aceptó representar el papel de esposa doméstica de un hombre célebre y buscó inútilmente su propio éxito como pintora, bailarina y escritora. Pero solo consigue desarrollar una parte de su creatividad y escribir su primera novela cuando, lejos de su marido, ingresa en una clínica psiquiátrica. La frecuencia de esposas de hombres famosos que aspiraron al reconocimiento sin lograrlo constituye un ca-

---

[248] Z. Fitzgerald, *Accordez-moi...*, *op. cit.*, págs. 281-282.
[249] J. Flanner, *Paris Was...*, *op. cit.* (introducción, xviii).

pítulo no muy divulgado en la historia de la cultura, pero nos indica que no parece ser un buen negocio para una mujer de personalidad creativa vincularse emocionalmente con un hombre. La doble normativa de la feminidad dependiente y la masculinidad independiente conduce a un tipo de intercambio que casi siempre conlleva un desastre asegurado para ella. *Concédeme este vals,* escrita en el plazo de un mes y medio, incluso provocará la indignación de Scott. La acusa de utilizar el tema de una novela que él mismo lleva preparando desde hace años y que será publicada bajo el título *Suave es la noche.* Fitzgerald consideraba que el tema de *su* matrimonio era *su* tema. Ella trató de competir con Fitzgerald, pero, como tantas otras esposas, salió perdiendo. Y más allá de las responsabilidades individuales, influyó sin duda el que fuese una mujer. Quienes se posicionaron en su contra quizás lo que sostenían de modo implícito es que una mujer nunca debería entrar en competencia con un hombre, máxime cuando se trata de su marido. Es muy posible que para que Mr. Fitzgerald fuese superior el mundo tuviese que desairar a Mrs. Fitzgerald. Es muy posible que, como cuenta Woolf cuando analiza el tema de las mujeres y la novela, alguien dijese: «¿Escribir? ¿Para qué quieres tú escribir?»[250]

Otras lecturas de esta tormentosa relación sostienen que Fitzgerald rescataba para sus novelas párrafos enteros de los diarios que Zelda escribía[251]. Por otro lado, en otra de las referencias que aparecen en la citada obra de Hemingway, muestra una clara predilección por su amigo, se nos ofrece una descripción realmente cómica cuando el protagonista narrador trata de remontar, después de que fuese rebajada de

---

[250] V. Woolf, *Una habitación propia, op. cit.,* pág. 74.
[251] García Rayego menciona una «apropiación del material por parte de Scott». Cfr. http://www.instifem.org/Portals/0/PropertyAgent/399/Files/31/Zelda%20Fitzgerald.pdf (consultado el 29-1-2013).

manera humillante por los despropósitos de su chiflada esposa, la autoestima sexual de su amigo escritor, centrada en el tamaño de su órgano genital.

Zelda es un personaje que no sale nada bien parado en *París era una fiesta*. Otro de los personajes femeninos huidizos y sin nombre que cobran vida en la misma obra es hija de unas personas muy ricas, una joven que es descrita de acuerdo con el prototipo de la tentadora experta en artimañas capaz de iniciar maniobras para casarse con el marido, es decir, con un narrador que podría ser el propio Hemingway en la medida en que esta obra se considere autobiográfica. La joven es presentada como la responsable de la ruptura de una relación conyugal que el escritor consideraba idílica: la que mantenía con su primera esposa, una réplica del ideal de la mujer doméstica sacrificada de finales del XIX, el modelo opuesto al de la mujer libre que busca su independencia y que se encarna en el espíritu inquieto de una *flapper* como Zelda Fitzgerald.

Algunas mujeres se negaban a representar lo que los hombres mismos no querían ser y dejaban en manos de las mujeres. Otras fingen el rol que la sociedad ha escrito para ellas, representan lo que los hombres desean en ellas y consiguen encarnar el papel de forma creíble. Pero, finalmente, casi ninguna es lo que ella misma quiere ser. En el capítulo titulado «Con Pascin en el Dôme»[252], Hemingway nos habla de dos bellas hermanas que posan como modelos para un pintor. No tienen nombre: las llama «rubia» y «morena». La rubia es «aniñada y tonta» y la morena es del tipo «pobrecilla muñeca pervertida». En palabras del novelista, parece desear «tirarse» tanto al «serio joven escritor» como al «sabio y cordial viejo pintor»[253]. Esta

---

[252] Cfr. E. Hemingway, *op. cit.*, págs. 95-100.
[253] En general, los norteamericanos veían a los parisinos como chicos fáciles y ligeros.

mujer morena[254] de *París era una fiesta* se corresponde, sin embargo, con la estética de la *garçonne*, pues lleva un jersey negro y «el pelo corto, liso y negro, como el de un oriental»[255]. Pero como las mujeres artistas no existen en la obra de Hemingway, su personalidad parece tan oscura como su cabello, pues el narrador solo se interesa por la siguiente afirmación de su amigo el pintor: «Quieres que te pinte y que te pague y que te joda para aclararme la cabeza, y que además me enamore de ti —dijo Pascin—. Pobre muñeca tonta»[256]. El comentario es una muestra de las convenciones del sexo social y de lo que supuso para algunas mujeres tratar de llevar una vida fuera de las normas de la domesticidad, pero también de lo que conllevaba realizar un trabajo de «musa» en el que se corría el riesgo de ser reducida a la «muñeca tonta» del pintor.

Aún no hemos escrito la historia de las musas y las modelos que habrían querido ser pintoras. El pintor estadounidense Edward Hoppe, por ejemplo, tuvo problemas de rivalidad con su esposa hasta que logró convertirla en su modelo. Hopper estuvo casado con Nivison y empezaron juntos en el mundo de la pintura. En una exposición colectiva, ella tuvo más éxito que él, pero con el paso del tiempo las cosas fueron cambiando y ella se convirtió en su modelo y en su ayudante —al parecer, no la estimulaba en su trabajo creativo porque mostraba desdén hacia «las mujeres pintoras de flores». En 1956 ella se compró un sujetador como regalo de cumpleaños a instancias de Hopper. Anotó en su diario que era el tipo de cosa más cara que había comprado nunca pero que para ella significaba lo

---

[254] Una tipología simbólica que muchas veces se utilizó con fines racistas establece una peligrosidad creciente asociada con el color del pelo y la tez: rubia, morena y pelirroja; piel clara, cobriza, oscura. Pelo rojo y piel oscura representarían en el imaginario más habitual una combinación de un grado altamente amenazante.
[255] E. Hemingway, *París era...*, *op. cit.*, pág. 99.
[256] *Ibíd.*

mismo que cualquier otra capa de piel. En este mismo diario deja constancia de los esfuerzos que tuvo que hacer para promocionar y preservar sus trabajos, así como para que su identidad como artista no se perdiera. Temía que a su muerte la parte de su obra que guardaban los museos fuese destruida. Y así fue.

De acuerdo con el Fantasma del Juicio Masculino, o simplemente con la historia del olvido recurrente, en las obras de algunos autores masculinos proliferan los personajes femeninos secundarios que, como en el caso de *la rubia* y *la morena*, carecen de nombre propio. Otras veces se cita a las mujeres de un modo relativo al hombre, como «su esposa», «su novia», «una amiga», «su madre». Citar el nombre propio de alguien sirve para darle humanidad y reconocimiento; la distancia se marca, por el contrario, recurriendo a un atributo que sirve para identificar a un conjunto o grupo. Una técnica narrativa equivalente emplaza a los personajes femeninos en un segundo plano espacial cuando se trata del relato visual cinematográfico: en muchas ocasiones la mirada de la cámara pasa rápidamente por delante de ellos sin apenas enfocarlos o detenerse en sus rasgos individuales.

Un personaje de una novela de Thomas Hardy parece querer darle una explicación al silencio o las omisiones cuando declara que tiene los sentimientos de una mujer pero solo el lenguaje de los hombres[257]. Los hombres pueden experimentar lo que las mujeres sienten pero sus palabras de hombres no sirven para hablar del silencio que rodea a las mujeres. El discurso de los hombres es autorreferencial, de hombres que hablan acerca de sí mismos. Virginia Woolf afirma que solo podrá saberse lo que es una mujer cuando las mujeres se expresen en todas las artes y profesiones abiertas a las capaci-

---

[257] Citado en V. Woolf, *Horas...*, *op. cit.*, pág. 52.

dades humanas[258]. En el mundo de la cultura, existe además una cuestión cuantitativa, es decir, de cantidad de personajes femeninos y de cantidad de tiempo que ocupan en el espacio-tiempo narrativo. De este modo, la «cuestión de las mujeres» es un hecho cuantitativo, algo que cualquiera puede contar en términos de unidades de tiempo/espacio ocupado en el plano de la representación. Esta diferente relación que mantienen mujeres y hombres con el discurso y el tiempo y con el espacio narrativo genera las dos cronotopografías de la masculinidad y la feminidad normativas. Por su parte, los relatos históricos presentan el tiempo histórico de las mujeres de forma parecida al cinematográfico y el literario: ofrecen representaciones congeladas y atemporales de una feminidad que casi nunca aparece, y que si lo hace es incapaz de expresarse en los variados matices que ofrecen las personalidades individuales.

Finalmente, si tomáramos en consideración las descripciones del contexto social que, en términos de artistas geniales y mujeres que ofrecen la impresión de ser fracasadas sombras de hombres triunfadores, nos ofrece Hemingway, entonces habría que considerar a las mujeres escritoras doblemente emblemáticas. Aparte de las energías invertidas en tratar de conseguir una independencia económica, construyeron representaciones duraderas y de amplia difusión de lo que eran o querían ser —cuestión distinta es que la historia siga arrojándoles a la cara el velo del anonimato. Como ocurre en una larga tradición masculina de hombres que se citan a sí mismos, la escritura, una pieza clave de nuestra historia cultural, permite re-presentar, volver a presentar en el imaginario, y sacar del olvido. Y las re-presentaciones, o la falta de ellas, tendrán efectos políticos.

---

[258] *Ibíd.*

CAPÍTULO 9

Norteamericanas. Habitar el mundo bohemio de la Rive Gauche

En los comienzos del siglo XX, muchos artistas e intelectuales abandonaron Estados Unidos atraídos por el mito cultural de París. Entre los que no cogieron el transatlántico porque querían quedarse en la orilla en la que estaban, un nutrido grupo fijó su residencia en Greenwich Village durante el invierno, y en Cape Code, Provincetown, en verano. Todos ellos componían un círculo de personas bohemias de clase media y de un rango tanto religioso como cultural muy amplio, pero, en tanto políticamente radicales, eran anticapitalistas que defendían la paz, la libertad y la innovación artística.

Hacia 1910, la época en que el cine empezaba a reemplazar al teatro como espectáculo, el lugar habitual que ocupaban las mujeres en los teatros de Nueva York era el patio de butacas —al parecer componían el setenta u ochenta por ciento del público pero no participaban en los procesos de creación. Sin embargo, en Greenwich Village las cosas ya empezaban a cambiar. Con el advenimiento del *Little Theatre*

Movement, numerosos grupos experimentales y diversas compañías amateur de diversas ciudades de los Estados Unidos llevaron a cabo una reforma de la escena que dio protagonismo a las mujeres. El *Little Theatre Movement* fue una reacción vanguardista contra la corriente principal del teatro comercial. Desarrollaba alternativas con nuevos guiones e introducía nuevas formas de narrar, de actuar, de diálogos y de puesta en escena. Y muchas mujeres estaban participando en esta transformación que alteraba la manera que tenía hasta entonces la sociedad burguesa de concebir la sociedad y el arte. De hecho, se considera que una mujer, la directora Laura Dainty Pelham, fue la verdadera fundadora del movimiento. La mayoría de los *Little Theatres* representaban dramas de nuevos escritores europeos, es decir, estaban influidos por movimientos teatrales de Europa que rompían con el naturalismo. Pero justo antes de que Estados Unidos entrase en la Primera Guerra Mundial, el más importante de los *Little Theatres,* el Provincetown Players, empieza a promocionar a los escritores norteamericanos, entre ellos numerosas mujeres. En la lista del grupo que componía el Provincetown Players de Macdougal Street, en Cape Cod, Massachusetts, había trece mujeres en el año 1916, cuando solo eran veintinueve los componentes que formaban este grupo inicial. Además, de las alrededor de ciento veinte personas que tuvieron relación con el mismo durante sus siete años de vida, la mayoría eran feministas comprometidas con la experimentación artística y los cambios sociales, pues, de hecho, no concebían que estas dos cosas pudieran existir separadamente. La nueva civilización tenía que darle prioridad a las formas artísticas.

Sin embargo, esta revolución teatral es solo una parte de un despertar cultural más amplio en el que la participación de las mujeres es también muy importante: el salón de Mabel Lodge, el activismo político-artístico inseparable de figuras como la anarquista Emma Goldman, la innovadora bailarina Isadora Duncan, la promotora del control de nacimientos

La escritora norteamericana Djuna Barnes en el París de los años veinte.

La escritora norteamericana Gertrude Stein, referencia para la «generación perdida».

Margaret Sanger, la escritora Gertrude Stein, etc. Pero también pintoras como Margueritte Zorach participaron en este momento de despertar cultural; y escritoras y periodistas como Mary Heaton Vorse, Susan Glaspell, Neith Boyce, Louise Bryant, Edna St. Vicent Millay, Rita Wellman, Edna Freber, Alice Rostetter, Evelyn Scott (uno de cuyos escritos fue, al parecer, calificado por Faulkner como «bastante bueno, para una mujer»), Mary Carolyn Davis, Florence Kiper Frank, Grace Poter, Mary Foster Barber, Bosworth Crocker, Rita Creighton Smith, Alice Woods, Djuna Barnes y Edna Kenton, esta última una de las fundadoras del ya citado Heterodoxy Club, que definió el feminismo como «una actitud espiritual hacia una misma y hacia la vida, una tentativa autoconsciente para realizar la Personalidad»[259].

Todas estas mujeres tenían la esperanza de que la revolución artística les permitiese desarrollar una Personalidad propia. Y eso a veces supuso promover comunidades alternativas de vida o unidades de convivencia civil. Pero no era fácil cuando lo que imperaba era una socialización de género que encaminaba a las personas al contrato de matrimonio. Muchas artistas intuían que la combinación de una familia con una floreciente carrera no era posible y formaron parejas de mujeres, ya fuesen de amistad, lesbianas o bisexuales. De este modo abrieron caminos diferentes al de las obligaciones de la norma heterosexual.

Las escritoras redactaron comedias y dramas intimistas acerca de mujeres, que luego eran dirigidos mayoritariamente por mujeres, en los que analizaron lo que significaba para una mujer la vida en matrimonios opresivos. Hablaron del doble rasero moral para hombres y mujeres, sacaron a la luz el debate acerca de la monogamia y la situación de las solteras en

---

[259] Citada en la introducción a *Women Writers of the Provincetown Players*, de Judith E. Barlow. Cfr. http://www.sunypress.edu/pdf/61842.pdf (consultado el 16-1-2013).

Solita Solano y Djuna Barnes en un café de París en 1922.

una sociedad que valoraba a las mujeres exclusivamente por su belleza y juventud. En definitiva, el «problema de la mujer en el mundo moderno» encontró su espacio, por ejemplo, en el *Little Theatre* de Macdougal Street, alejándose así de los grandes melodramas románticos característicos del siglo XIX.

Las mujeres profesionales de esta época solían reconocer principios feministas, y el feminismo en general le dio la bienvenida al comportamiento radical e irreverente de la movilización política y artística. El caso del *Little Theatre Movement* es una buena muestra de que las mujeres no realizaron exclusivamente tareas auxiliares dirigidas por hombres. El progresivo incremento de todo tipo de publicaciones permitió a algunas de ellas vivir profesionalmente de modo independiente, obtener ingresos de sus escritos e integrarse en círculos literarios. Aparte de autoras literarias, hubo numerosas cronistas de viajes, periodistas, corresponsales, escenógrafas, traductoras, editoras de revistas, correctoras de pruebas, guionistas, etc.

Sin embargo, no todas las artistas inquietas dotadas de energía creativa se quedaron en Nueva York u otras grandes ciudades de los Estados Unidos. Djuna Barnes, por ejemplo, había llegado en 1910 a Greenwich Village, donde escribió sátiras feministas sobre las funciones convencionales de las mujeres, poesía, relatos cortos y obras de teatro que llevaba a escena el Provincetown Players. Pero en 1919 decide trasladarse a París. Acertadamente o no, muchas estadounidenses vieron en París, al igual que muchas rusas como la pintora Natalia Goncharova, o muchas alemanas como la fotógrafa Marianne Breslauer, no la feminidad misteriosa, no a la joven *cocotte* o a la musa idealizada que los escritores imaginaban, sino la promesa de una mayor libertad artística. Abrigaron la ilusión por un lugar poco convencional que les permitiría una relación con el arte libre del juicio patriarcal. Allí parecía más creíble la esperanza de la nueva civilización, la civilización artística que podría superar la inutilidad de la guerra, la ridiculez de la masculinidad arrogante y la prolongada opresión de las mujeres. París ofrecía libertad para trabajar: «París siempre me ha parecido [...] la única ciudad en la que uno puede vivir y expresarse a su gusto», afirmó Natalie Barney[260]. «Tengo dentro de mí el anhelo de estar en París», dijo Djuna Barnes, una de las figuras literarias más fascinantes del París de los años veinte.

Y así, la orilla izquierda del Sena acogió la labor creativa de las norteamericanas. Con el cambio de siglo, y al igual que los hombres norteamericanos, las que reunieron el dinero necesario para un viaje transatlántico consiguieron instalarse en la capital francesa. Y algunas de ellas retomaron la tradición cultural francesa del intercambio conversacional de los salones. La primera que se instaló, aún en plena *belle époque,* fue la neoyorquina Edith Wharton. Pero la audacia de las formas de vida y las experiencias culturales de la ciudad se reflejan mejor en otra escritora implicada directamente en la definición del modernismo: Gertrude Stein, quien llega a París en 1902 y emprenderá una tarea de invención formal para trasladar el cubismo al campo de la literatura, «pintando» con palabras y separando estas de sus significados. Su conocido domicilio de la rue de Fleurus se convertirá en lugar de cita y centro de reunión y promoción de los movimientos de vanguardia emergentes. A Stein le siguieron muchas otras. En realidad, quienes poseían algo de fortuna propia hacían perdurar la tradición de responsabilidad y protección hacia las artes y las letras. Es el caso de Stein, pero también el del salón de Natalie Barney, la compañera de la pintora Romaine Brooks, cuyo *bel esprit* es mencionado por el escritor Ernest Hemingway[261], si bien para este conductor de ambulancias de guerra familiari-

---

[260] A. Weiss, *París era mujer. Retratos de la orilla izquierda del Sena,* Barcelona, Égales, 2014, pág. 125.
[261] E. Hemingway, *París era una fiesta, op. cit.,* pág. 105.

zado con el desastre y la desolación, los salones de las escritoras eran lugares «excelentes para que yo me guardara de poner en ellos los pies»[262].

Las escritoras formaron una comunidad artística de mujeres. Es muy diferente hablar de las mujeres individualmente, como parte de una comunidad masculina, y decir, por ejemplo, que Gertrude Stein descubrió a Picasso, que hablar de una comunidad de mujeres y entender cómo funcionó. Podría descubrirse que esta comunidad transformó el paisaje de lo que entendemos por el París de entreguerras, creando las estructuras, los salones, las librerías, los espacios, en fin, donde los artistas se conocían, se relacionaban e intercambiaban ideas, estableciendo además vínculos de apoyo mutuo, tanto económico como emocional.

En *Mujeres de la Rive Gauche,* Shari Benstock relata los viajes iniciáticos a París de estas artistas, así como la formación del grupo, por lo que su obra marca un hito en la historia de la literatura crítica feminista. Habla de una Rive Droite de hombres de negocios que llegan a un París muy necesitado de dólares. Son ejecutivos y empleados de empresas estadounidenses que ven oportunidades de negocio e instalan delegaciones y filiales de empresas para defender sus intereses financieros en Europa. No llegan solos, pues traen consigo a otro grupo que trabaja para estos ricos expatriados en bancos, colegios, tiendas, oficinas, etc., que muchas veces prefieren vivir en la orilla izquierda del Sena.

Los capitalistas estadounidenses tienen su propio periódico, el *Paris Herald,* y en él se ganan la vida como periodistas algunos miembros de esa comunidad de la Rive Gauche que, en conjunto, eran calificados como «jóvenes intelectuales»[263]. Se trataba de los escritores y artistas estadounidenses que,

---

[262] *Ibíd.*
[263] S. Benstock, *Mujeres de la...*, *op. cit.*, pág. 63.

aun careciendo de intereses económicos en París, habían acudido a la llamada, atraídos por los intereses artísticos y culturales de una ciudad cuyo nivel de vida les resultaba, medido en dólares, muy asequible. El conservador *Herald* publicaba crónicas de París para satisfacer la curiosidad y dar a conocer la ciudad y la vida europea a todos los estadounidenses, tanto a los expatriados como a los residentes en la patria. Sus hojas impresas contaban, por ejemplo, que la comunidad estadounidense de la orilla izquierda estaba desarrollando una «revolución literaria» en Montparnasse y St. Germain. Pero los episodios de esta revolución apenas quedaban reflejados en sus páginas, pues la comunidad Rive Gauche tenía otro periódico, el *Paris Tribune,* firmemente comprometido con el movimiento literario. Lo que estaba en juego en esta revolución artística y literaria puede adivinarse por los títulos de los artículos que Benstock menciona: «La vie de la Bohème», «Deambulando por el París literario», «Notas del Barrio Latino», «En qué están los escritores»[264].

No era una manera de escribir, era una manera de vivir lo que descubren los estadounidenses de la *gauche* de París. Exploran los barrios y los cafés, disfrutan de los paseos, las conversaciones e incluso del *bistrot* y la comida francesa como si fuesen experiencias corporales nuevas.

En la colonia de expatriadas, fue Janet Flanner quien tuvo la mejor información, suministrada a menudo por la anfitriona Natalie Barney, de lo que se cocinaba de nuevo en la vida parisina, especialmente en la orilla izquierda. Y tomó buena nota de esta vida cotidiana con el envío a *The New Yorker,* entre 1925 y 1939, de su *Letter from Paris.* Por ello, esta periodista y escritora contribuirá de manera decisiva a establecer la imagen que los estadounidenses se formaron de la capital francesa, e incluso cuando estalle la Segunda Guerra

---

[264] *Ibíd.,* pág. 64.

Mundial, Flanner será de las últimas en regresar a Norteamérica. En *París era ayer,* nos cuenta que el espíritu galo siempre andaba rondando por dos direcciones opuestas: la destrucción de la sociedad presente y una utopía con la cual nadie podía estar de acuerdo. En consonancia con este espíritu contradictorio, la revolución surrealista introdujo muchas novedades: se interesó por los sueños y por Freud, planteó que el arte no debía ser bello sino chocante para el espectador, introdujo los argumentos desconectados carentes de lógica, asumió un anticatolicismo que llevaba a sus defensores a insultar a los curas y escupir a las monjas de las calles de Saint-Germain. Y en un intento por sistematizar estas prácticas desde un punto de observación ventajoso, algunos de sus integrantes tenían su propia mesa en un club frente a Les Deux Magots, desde donde podían convenientemente insultar a cualquier recién llegado por haber mencionado o dejado de mencionar en un periódico un nombre surrealista[265].

Así que si la extravagante situación artística de la etapa posterior a la Primera Guerra Mundial resultó emblemática en las capitales europeas, en la escena parisina resultó verdaderamente original, excéntrica y asombrosa. En el norte de la ciudad, un humorista llegó a proclamar, frente a la invasión en las artes del modernismo sin límite, un barrio como Montmartre república independiente de orientación reaccionaria. Los grupos liberados tras la guerra se apropiaban de la ciudad con sus caóticas ganas de vivir, pero la situación llegó a su paroxismo cuando esos miles de estadounidenses desembarcaron en Europa con su música de jazz y sus dólares, atraídos por las ideas artísticas modernas y por un lugar menos racista en el que las gentes de color se sentían más iguales, como le ocurrió a Josephine Baker. Este momento histórico transforma la vida de muchos hombres y mujeres, pues la identidad

---

[265] J. Flanner, *Paris Was...*, *op. cit.*, pág. xiii.

La periodista norteamericana Janet Flanner escribió bajo el seudónimo de Genêt artículos sobre París para *The New Yorker*.

Hilda Doolittle.

Romaine Brooks con Natalie Clifford Barney.

sexual definida hasta entonces, en especial la de las mujeres, resultaba inservible. Las parejas de mujeres, lesbianas o no, llevan al límite la inadaptación a la ideología oficial heterosexual —si bien aquí ni consideramos la orientación sexual como la esencia uniformizadora de un grupo ni identificamos al lesbianismo con una ética de la promiscuidad que en el París del momento iba, como vimos con el ejemplo de *La Garçonne*, más allá de lo que hoy entendemos por las meras opciones hetero u homosexual. Existía, es cierto, un sentimiento de apego a otras mujeres, pero las relaciones íntimas no seguían las reglas que hoy establecemos. Su libertad sexual consistía a veces en no mostrar disposición sexual hacia los hombres para poder hacer las cosas que siempre habían querido hacer, amando según su voluntad pero pasando por alto las pautas heterosexuales establecidas.

Muchos de quienes llegaban del nuevo mundo buscaban libertad artística en el viejo continente. Pero la diferencia sexual importaba, y la de las norteamericanas no fue tan sólida como la de sus homólogos masculinos. Para empezar, tenían que hacer frente a las conocidas inestabilidades psicológicas, fragilidades y vulnerabilidades relacionadas con el sexo femenino, por no hablar de aquellas que tienen que ver directamente con la sexualidad. Ahora bien, Shari Benstock advierte de los peligros de ocultación de una vida o una obra cuando se lleva a primer término no el trabajo creativo de las mujeres, sino su sexualidad o sus opciones sexuales. Y es crítica, por ejemplo, con aquellas biografías que convierten a una estadounidense en París como Natalie Barney en líder de una comunidad lésbica, relegando a un plano marginal la protección de la actividad artística desarrollada en su salón literario[266]. Su privilegiada situación económica permitió a Barney manifestar lo que quizás representa la mayor independencia

---

[266] S. Benstock, *Mujeres de la...*, op. cit., págs. 35-37.

intelectual y social de las modernistas. Su salón constituyó un espacio de encuentro internacional, abierto por igual a hombres y mujeres, que reunió durante más de sesenta años a intelectuales y artistas que vivían en Francia y acogió a escritoras, músicos, vedettes, bailarinas y creadoras de todas las clases sociales, opciones políticas, religiosas y sexuales.

Según Benstock, Natalie Barney fue una de tantas muchas mujeres que huyeron hacia Europa para dejar atrás el «encorsetamiento moral y psicológico de Estados Unidos —evidenciado por las numerosas prohibiciones legales y por el inmovilista protestantismo de la clase media»[267]. Ser mujer establece un marco sociopolítico, más allá de la clase social a la que se pertenece, que puede no influir en la capacidad creativa pero sí en el proceso creativo. Por eso Barney buscaba una libertad cultural y sexual que permitiese desarrollar convenientemente los aspectos creativos de su personalidad. Barney pertenecía a una familia con una gran fortuna que hereda a la muerte de su madre, contrariamente a Gertrude Stein, que pertenecía a la clase media acomodada, o a Jean Rhys y Djuna Barnes, que tenían que hacer cuentas para llegar a fin de mes, e incluso a Janet Flanner, que vivía de su sueldo de periodista. Aun así, es cierto que las mujeres que llegaron a París disponían de bastante libertad económica, porque, si bien eran pocas las expatriadas que pertenecían a prestigiosas familias de la clase alta, la mayoría procedía de una clase media bastante acomodada. Ahora bien, su caso era distinto del de los hombres, puesto que ellos casi siempre podían mantenerse a sí mismos con trabajos que podían combinar con el de la literatura.

Otra ventaja de los compatriotas varones de las norteamericanas de esta generación modernista es que se han transmitido sus escritos a la posteridad, con legados administrados y catalogados, pero una nueva generación indaga aún en los

---

[267] *Ibíd.*, pág. 38.

materiales producidos por las escritoras de la Rive Gauche, en esta comunidad de escritoras que permanecieron activas durante varias décadas y de las cuales las corrientes principales saben muy poco. Hasta 1976 solo se les habían dedicado biografías a Gertrude Stein y a Edith Wharton. A partir de 1976 tendrán las suyas Djuna Barnes, Natalie Barney, Sylvia Beach, Colette, Nancy Cunard, Hilda Doolittle y Alice Toklas. En los ochenta aparecen ya análisis extensos de Djuna Barnes, Hilda Doolittle, Mina Loy, Anaïs Nin, Adrienne Monnier, Catherine Anne Porter y Jean Rhys, reeditándose las obras agotadas de estas autoras[268].

Bajo el término «modernismo» se agrupan habitualmente un conjunto de movimientos críticos que participan en las vanguardias de los primeros años del siglo, pero esa designación, en apariencia neutral, esconde, según Benstock, la inexactitud de silenciar la literatura de mujeres de la década de posguerra. Como no tuvieron una participación directa en el conflicto, solo en cuerpos auxiliares, no abordarían esa temática, y por tanto no cumplirían el prerrequisito de hablar del amor y de la guerra, y al final no se consideran literatura de posguerra. En tanto que movimiento literario, el modernismo exigiría una revisión que incluyese a esta comunidad de mujeres instaladas en la Rive Gauche y, a la luz de una exclusión de las mujeres de los mundos que describen los escritores, revisar la totalidad del contexto «"moderno" de los "modernistas"»[269]. Para Benstock, la diferencia entre un modernismo reaccionario en su centro y una marginalidad políticamente liberal «se perfila en líneas generales en torno a la diferencia de sexos»[270]. Debido a su cuestionamiento de la cultura patriarcal heterosexual, la literatura femenina no se

---

[268] *Ibíd.*, págs. 30-32.
[269] *Ibíd.*, pág. 58.
[270] *Ibíd.*, pág. 59.

ceñiría a las normas del modernismo hechas por y para hombres, y obligaría a una mujer a tener que tomar siempre una decisión gravosa: escribir para los hombres y ceñirse a sus normas, como hizo Gertrude Stein, o correr el riesgo de que sus lectores fuesen únicamente lectoras. La diferencia de sexos marcaba el comportamiento porque, en realidad, hasta su modo de divertirse era a veces diferente: ellas hacían más vida de salón y en general no probaban una gota de nada más fuerte que el té y el aperitivo, mientras que ellos, emparejando bebida y hazañas sexuales, frecuentaban mucho más los bares, especialmente los americanos, donde corría el whisky, pero también los cafés y los cabarés, emborrachándose y tomando cócteles hasta que ya no sabían de qué hablaban o qué era lo que hacían.

El caso de Hilda Doolittle, una de las estadounidenses que prefirió Londres, aunque hacía viajes frecuentes a París, puede servir para diferenciar la situación literaria de las escritoras cuando se la compara con la de sus compañeros masculinos. Doolittle habría reelaborado los principios del «imaginismo», un movimiento a medio camino entre el romanticismo del XIX y el modernismo del XX, anticipando de este modo a Ezra Pound —quien se sintió especialmente atraído por su obra, y bajo cuya influencia creó lo que luego él mismo denominaría «vorticismo».

Si el imaginismo trata la imagen poética de manera objetiva, impersonal y pasiva, razón por la cual Pound llegó a considerarlo negativamente una estética «femenina», el vorticismo literario introduce energía, fuerza y conflicto, del mismo modo que lo hizo en las artes plásticas. Así, en el caso del poema «Hermes», Hilda Doolittle abandona la representación de las imágenes tomadas de la naturaleza para resaltar las temáticas subjetivas y las tensiones implícitas en el acto de escribir, su carga psicológica; ahora bien, la doctrina de la imagen propuesta por el imaginismo aparecería en este poema de un modo distinto al de otros poemas imaginistas. La subjetividad, por ejemplo, estaría muy presente como antagonismo entre lo masculino y lo femenino. Así, las imágenes apuntan ya a las fuerzas y tensiones propias del vorticismo y por eso se puede hablar de «propuesta y negación de la propuesta»[271].

En «Hermione», uno de sus relatos experimentales, Doolittle abordaría el tema del lenguaje y la especial relación que con él mantiene la mujer: «I am Her», una forma que se repite en la novela, trataría de sustituir el pronombre de la tercera (al cual alude «Her») por el de la primera, es decir, abriría la posibilidad de no ser nombrada como «ella» sino como «yo»[272]. La artista Hermione trataría de convertirse en sujeto de su propio discurso en lugar de ser dicha como un mero objeto en el discurso de otro. La reapropiación de mitos centrados en la mujer, la complejidad y escisión del yo implícita en el hecho de habitar dos mundos contradictorios, paternales y maternales, instalarían a las mujeres en una crisis de identidad sexual, más o menos intensa pero siempre permanente, que muchas tratarán de resolver en una comprensión doble (masculina y femenina, *garçonnière*) que aceptaba el sexo que fuese, *mujer con algo de hombre* o, lo que es lo mismo, *hombre con algo de mujer*.

Según Benstock, Doolittle escapó a su destino modernista evitando el París del gran modernismo en el que residían su examante y el exmarido de su propia amante, Ezra Pound y Robert McAlmon, respectivamente. Al situarse al margen del bullicio social, pudo escribir contra la cultura literaria dominante, criticando y revisando estructuras y metodologías modernistas. Pero eso quizás influyó en que su obra fuese objeto de tergiversaciones y excluida del modernismo[273]. Su caso resulta altamente ilustrativo de la gran influencia que poseen los estándares críticos que promueven las obras de unos auto-

---

[271] *Ibíd.*, págs. 389-391.
[272] *Ibíd.*, págs. 406-407.
[273] *Ibíd.*, págs. 428-429.

res frente a otros —y en ocasiones rechazan a las mujeres en virtud de un imaginario que, de entrada, asocia su sexo a la baja calidad y las tareas procreativas, pero no a las culturalmente importantes y creativas. Por ejemplo, la pormenorizada descripción que realiza Benstock del caso de Ezra Pound es la de quien poco a poco va haciéndose con el control de tres importantes revistas y en poco tiempo elimina a una nutrida lista de escritoras e intelectuales mujeres argumentando que carecían de criterio literario.

Desde la perspectiva de una «política sexual» que operaría en el mundo editorial, resulta significativo que una de las revistas que estuvieron bajo el control de Ezra Pound fuese inicialmente la publicación feminista inglesa *New Freewoman*, que este autor consigue transformar en la literaria *Egoist* —el término está inspirado en la filosofía individualista de Stirner, pero la elección del título sugiere bastantes evocaciones. En ella llegará a publicar parte de sus trabajos, además de los de sus amigos. Pero antes de llegar a tener en sus manos el control de la revista, deberá desplazar primero a Dora Marsden[274], la editora, escritora y feminista que la había fundado, y a la también escritora Rebecca West, la asistente editorial que había introducido a Pound pero que, percatándose de la maniobra, acabará desvinculándose de *Egoist*. Estas dos mujeres, lo bastante individualistas como para no querer comprometerse de lleno ni con acciones militantes ni con la sociabilidad mundana, quizás pensaron que su tarea no se podría desarrollar ni en los salones ni en las manifestaciones del sufragismo, sino en la soledad de la escritura. Y su revista feminista completaba la tarea. Pero cuando se desarrollaron las tensiones, Pound consiguió acaparar poco a poco las líneas editoriales de *New*

---

[274] Marsden (1882-1960), como se ha mencionado anteriormente, es una sufragista que mantuvo discrepancias con la organización sufragista radical de E. Pankhurst.

Freewoman frente a Marsden, a la que al parecer despreciaba. Es entonces cuando Rebecca West dimite e inicia un camino en solitario. Y de este modo la revista, ya bajo el dominio total de Pound, podrá efectuar un giro desde la escritura feminista hacia la literatura modernista.

El incidente puede ser anecdótico, pero es una muestra de cómo algunas mujeres modernas quedaban atrapadas en los engranajes de una «máquina patriarcal» que, con sus juicios hostiles, se desentendía de sus trabajos. Miss West se caracterizó por hacer observaciones poco halagadoras sobre el otro sexo, lo cual hería inevitablemente la vanidad, la autoconfianza y el poder masculinos. Virginia Woolf cuenta que un hombre, por otra parte humano y modesto, exclamó ofendido al coger un libro de West: «¡Esta feminista acabada...! ¡Dice que los hombres son *snobs!*»[275]. La respuesta de West a este tipo de críticas es conocida: «la gente me llama feminista siempre que expreso sentimientos que me diferencian de un felpudo».

Los hombres podían escribir y pensar sobre sí mismos y demostrar la inferioridad de las mujeres; las mujeres a veces no podían contar tranquilamente ni siquiera la historia de su propia opresión. La mayor dificultad inmaterial que encuentran los hombres hacia sus obras es la indiferencia, pero las mujeres tenían que enfrentarse, además, a una situación de hostilidad sutilmente organizada en la que se mezclaba el desprecio por su sexo. Pound opinaba que Djuna Barnes estaba sobrevalorada y que «había que desinflarla»; Richard Aldington le hizo pagar muy caro a Nancy Cunard el rechazarlo sexualmente, calificándola de destructora de hombres en el relato «Now Lies She There»[276].

La relación de Marsden y West con Pound fue sin duda problemática, pero finalmente no fue perjudicial para él sino

---

[275] V. Woolf, *Una habitación propia, op. cit.*, pág. 51.
[276] A. Weiss, *París era mujer..., op. cit.*, pág. 28.

para ellas. Como nos cuenta Aldington, el exesposo de Doolittle, la de Pound con Doolittle también lo fue mucho. En un escrito, que publicó en la revista literaria *Little Review,* señala hacia la sombra demasiado oscura del todopoderoso Ezra Pound. Aldington no siguió en este caso al sector mayoritario de la opinión masculina y defendió la importancia del trabajo de Doolittle en «A Young American Poet», donde apunta a los obstáculos que encontraba una escritora olvidada por no cumplir los estándares críticos del cerrado y rígido mundo literario británico y que, además, carecía de respaldo o amigos entre los críticos profesionales. Era el efecto del desaliento y la falta de reconocimiento actuando sobre la mente de las artistas.

En realidad, si tenemos en cuenta lo que señala Virginia Woolf, cuando las mujeres de clase media se transformaron en novelistas, sus valores no parecían ser los mismos que los que había implantado el otro sexo:

> Hablando crudamente, el fútbol y el deporte son «importantes»; la adoración de la moda, la compra de vestidos, «triviales». Y estos valores son inevitablemente transferidos de la vida real a la literatura. Este libro es importante, el crítico da por descontado, porque trata de la guerra. Este otro es insignificante porque trata de los sentimientos de mujeres sentadas en un salón. Una escena que transcurre en un campo de batalla es más importante que una que transcurre en una tienda[277].

Woolf considera además una situación en la que las mujeres tenían que cambiar sus valores para adecuarlos a una opinión ajena. En la sociedad patriarcal de Jane Austen y Emily Brontë, por ejemplo, solo ellas dos se permitirían escribir como escriben las mujeres, haciendo acopio de todo su valor para desoír la opinión del

---

[277] V. Woolf, *Una habitación propia, op. cit.,* pág. 102.

eterno pedagogo que les decía: escribe esto, piensa lo otro [...] aquella voz que no puede dejar en paz a las mujeres [...] mezclando hasta en la crítica poética la crítica sexual, invitándolas, si quieren ser buenas y generosas y ganar, supongo, un premio reluciente, a no sobrepasar ciertos límites que al caballero en cuestión le parecían adecuados[278].

Fuese en 1828 o en 1928, una joven habría tenido que ser «muy valiente para no prestar atención a estos desdenes, estas repulsas y estas promesas. Habría tenido que ser un elemento algo rebelde para decirse a sí misma: "¡Oh, pero no podéis comprar hasta la literatura!"»[279]. Y estas censuras las refiere Woolf a un «interesante y oscuro complejo masculino que ha tenido tanta influencia sobre el movimiento feminista; este deseo profundamente arraigado en el hombre no tanto de que *ella* sea inferior, sino más bien de ser *él* superior»[280].

Benstock no está muy lejos de pensar de este modo cuando la lectura que hace del episodio de Pound es que la definición que estableció del proyecto imaginista colocó a Doolittle, tímida y muy crítica consigo misma, en una «situación insostenible»[281]. Cree que los hombres estaban cortados por el patrón de un mito americano que veía en la feminización de la cultura el maldito componente castrador de la madre todopoderosa, servidora incondicional de una Familia que los domestica y de una Iglesia que los humilla. Por eso habrían asociado lo enérgico y expansivo con lo masculino, de-

---

[278] *Ibíd.*, pág. 103.
[279] *Ibíd.*, pág. 104.
[280] *Ibíd.*, pág. 78.
[281] S. Benstock, *Mujeres de la...*, *op. cit.*, págs. 438-441.

jando lo restrictivo y empequeñecedor del lado de lo femenino. En el caso de Frederick Hoffman[282], por ejemplo, la juventud y el vigor estadounidenses de los comienzos de siglo se podrían describir únicamente con el recurso a metáforas varoniles. La feminización de América constituía un tema muy preocupante para muchos hombres, que lo consideraban uno de los males de la vida estadounidense que estaría amenazando con más de una restricción a la esfera del poder y la autoestima masculinas, al goce de las anteriores libertades sin límites.

Las narrativas del Gran Hombre Universal, esas que se reproducen en los libros y los periódicos del sector mayoritario de la opinión masculina, difundieron fotografías y relatos que protegían su posición de ventaja en la línea de salida. En la lucha por la vida, los hombres alientan y patrocinan su propia superioridad (su fraternidad), la confianza en sí mismos. Esta es una de las fuentes de su poder. Pero no pueden prescindir de las mujeres, las necesitan para medirse, compararse y hacerse fuertes. La historia y la política preestablecidas refuerzan ciertas prioridades (masculinas) y conceden menos importancia o reprimen directamente a las otras (femeninas). Así se honra una convención de dominio y sumisión que cada generación no implantó pero que no se muestra muy preocupada por desalentar.

Benstock sostiene que si bien era diferente la experiencia individual de cada escritora, también lo era respecto a la experiencia de los hombres y, en cuanto tal, ha de ser tenida en cuenta. Justificando tipologías de escritura específicas en función del sexo, cree que las mujeres escribieron ficciones alternativas a las de los hombres, relatos no más verdaderos o más falsos, no mejores ni peores sino *diferentes,* narraciones que expresan una relación distinta con el desarrollo económico, la

---

[282] Citado *ibíd.*, págs. 406-407 y 57.

guerra y las instituciones. Las escritoras reflejarían las limitaciones sociales impuestas desde afuera a su vida personal y ofrecerían así un documento importante sobre su independencia y su concienciación, pero también sobre los «efectos del intercambio cultural entre el puritanismo americano y la mundana Europa»[283].

Aunque Benstock no se refiere a Zelda Fitzgerald, ni mucho menos la incluye en este grupo de modernistas, esta visión «liberadora», pero «diferencialista», que permitiría comprender la obra de las escritoras estadounidenses llegadas a París, subyace en la sensación de falta de estímulo, desesperanza y futilidad que se desprende de las palabras de Alabama, la protagonista de *Concédeme este vals:* «... estoy tan cansada de no tener que hacer otra cosa en la vida más que sentarme en la veranda, dar citas y mirar cómo se pudren las cosas [...]. "Nada más que pensar y filtrar", comenta ella para su fuero interno»[284]. Alabama es el prototipo de joven estadounidense que huye de la tradición puritana que convierte a las mujeres en un simple elemento accesorio de una tradición masculina. Mientras el viejo padre de Alabama agoniza, su madre Millie aún «no parecía darse cuenta de que no quedaría nada de ella, nada de su vida, cuando su marido muriese. Era el padre de sus hijos —de sus hijas—, que lo habían abandonado por la familia de otros hombres»[285]. Él era el padre y ella la madre. Y como la notoriedad no parece ser buena para la vida de ninguna mujer, las vidas de las madres desaparecen de la historia humana para sumergirse en una corriente anónima. El padre consiente que sus hijas se vayan de la casa familiar con los hombres de un círculo patriarcal del que él

---

[283] *Ibíd.*, pág. 58.
[284] Z. Fitzgerald, *Accordez-moi...*, *op. cit.*, pág. 64.
[285] *Ibíd.*, pág. 397.

mismo formaba parte. Ellas tendrán hijos que repetirían lo mismo que sus padres y madres. Las hijas abandonan sus familias para, cerrando una vez más el infinito círculo, irse con otros hombres. Es la línea del padre y el círculo roto de las mujeres.

La situación a la que tenían que hacer frente las norteamericanas que se quedaron a vivir en los Estados Unidos fue en parte igual, y en parte distinta, a la que encontraron en Europa las que trataban de huir y buscaron un punto de fuga en París. A juzgar por tantas voces críticas que le gritaban escandalizadas a la *garçonne* «no puedes hacer esto», en Europa se escuchaban modulaciones de esa voz que por doquier no puede dejar en paz a las mujeres.

Sería inexcusable concluir este capítulo sin referirme a Djuna Barnes, la literata más innovadora y trágica de la comunidad femenina de artistas que se reunían en sus casas o en los salones de Natalie Barney y Gertrude Stein. Tuvo como pareja a Thelma Wood. Vivió en la orilla izquierda y era la única persona que llamaba «Jim» a James Joyce, algo a lo que no se atrevía ni Hemingway. Era respetada como escritora por hombres y mujeres, y no por la ayuda que podría haber proporcionado a los hombres con sus publicaciones. Conoció a Joyce en Les Deux Magots y se hicieron amigos. Dijo en un artículo de *Vanity Fair* lo siguiente:

> Hemos hablado de mujeres, de mujeres por las que no parece interesarse mucho. Si fuera presuntuosa, diría que las teme, pero estoy segura de que simplemente es un poco escéptico respecto a su existencia. Hemos hablado de Ibsen, de Strindberg, de Shakespeare [...]. Hemos hablado de la muerte, de ratas, de caballos, del mar; de lenguas, climas y ofrendas. De pintores y de Irlanda[286].

---

[286] A. Weiss, *París era mujer...*, *op. cit.*, pág. 184.

Djuna Barnes escribió una de las piezas clave de la literatura modernista, *El bosque de la noche*, una novela que fue reescribiendo y transformando durante años. Habla de su relación con Thelma, cuyo idilio se deterioraba por la promiscuidad de esta y por lo mucho que ambas bebían. A Djuna le inquietó especialmente el romance que mantuvo con la dramaturga Edna St. Vincent Millay, a quien había conocido en la época de Provincetown Players, y que también pasó una temporada en París para huir de su vida en Greenwich Village —al parecer Barnes envidiaba el éxito literario de Millay. Tras una ruptura traumática, Thelma Wood volvió a los Estados Unidos y Djuna se quedó sola en París, bebiendo y con el corazón roto.

Escribir *El bosque de la noche* le llevó ocho años, entre 1927 y 1935. Sus elementos autobiográficos funden la relación con Thelma y los abusos sexuales de su infancia, cuyo recuerdo Thelma despertó. Además de la descripción de una tormentosa relación amorosa, esta obra se ha considerado el relato alegórico de la creciente oleada de fascismo en Europa y una reivindicación feminista y anarquista de la libertad. La novela no es «realista», por lo que las interpretaciones posibles son muchas.

En 1931 Djuna estaba harta de París y se quejaba de que «Montparnasse ya no existe, solo queda una gran muchedumbre [...]. Montparnasse se ha terminado. Y Greenwich Village se ha terminado. Todo ha terminado»[287]. Huyó para soportar esa situación de agotamiento. Viajó a Nueva York, a Tánger, a la casa que Peggy Guggenheim tenía en Inglaterra, donde seguía trabajando en *El bosque*, a Londres y vuelta a París. El rechazo de las editoriales era constante y el manuscrito también andaba errante de sitio en sitio hasta que en 1936 se publicó sin que la crítica apenas se hiciese eco.

---

[287] Citada *ibíd.*, pág. 192.

Durante la ocupación de París por los alemanes, escribió:

> Daría cuanto tengo, menos lo que París me dio, por volver a la ciudad tal y como era entonces, por sentarme a la mesa del bistró, que apoyaba las patas de hierro en el serrín que soltaban las cestas del escargot, con la servilleta de algodón barato, mal planchada, tapándome mi mejor vestido, esa servilleta con los bordes eternamente doblados, endurecida por el borgoña rojo sangre de ayer[288].

En 1939 volvió a Nueva York. Pasó los más de cuarenta años siguientes viviendo gracias a la ayuda económica de Barney, Peggy Guggenheim y Flanner; entre vapores de drogas y alcohol, sin ningún asunto amoroso, escribiendo «muy despacio, lo rompo todo, más o menos, y empiezo otra vez de cero». Más de cuarenta años haciendo lo que había anunciado en París: «Del mismo modo, puedo ir a pudrirme a Greenwich Village». Y cuando tenía setenta años le confesó a Barney: «pues claro que pienso en el pasado y en París, ¿en qué otra cosa podría pensar?»[289].

Acertadamente o no, muchas estadounidenses pensaron que París era un lugar que les permitiría una relación con el arte libre del juicio patriarcal. Allí parecía más creíble la civilización artística que podría superar la inutilidad de la guerra, la ridiculez de la masculinidad arrogante, la prolongada opresión de las mujeres y la renovada puesta a punto del engranaje de la máquina patriarcal. La estrategia masculina de negar lo femenino para verse a uno mismo del tamaño doble de lo que se es, así como un rudo individualismo que montaba en cólera si alguien le obligaba a reflexionar sobre su propia misoginia, eran manifestaciones de una guerra de sexos de la que no se libró ni la literatura. Y en una versión más atenuada de

---

[288] Citada en A. Weiss, *París era mujer...*, *op. cit.*, pág. 195.
[289] Citada *ibíd.*, pág. 196.

la misma se crearía, de un lado, una reacción subversiva de baja intensidad en las mujeres y, de otro, un replegamiento defensivo en los hombres de izquierda, que no dudarían en incurrir en planteamientos muy moralistas y conservadores a la hora de juzgar la identidad femenina para emitir sus sentencias. Sin embargo, la guerra larvada, y una libertad que significaba para los hombres apartarse de lo femenino mientras que para las mujeres suponía liberarse de los hombres y sus rancias reglas, no excluyeron el compartir una visión común dentro de la comunidad estadounidense exiliada en la Rive Gauche: la visión de París como el lugar en que cada cual podía ejercer un control sobre su propia vida. Por eso, unas y otros coincidirían en escribir y difundir el mito de que la expatriación fue un acto liberador.

Capítulo 10
La mujer según Hollywood.
El triunfo del mito norteamericano

En 1947, en el transcurso de un viaje que realizó por un lugar del que hasta entonces solo conocía su literatura y su cine, la escritora Simone de Beauvoir afirmó: «Mi cabeza hierve de lemas publicitarios»[290].

El diario de su recorrido por Norteamérica subraya las muchas singularidades de un pueblo libre y cordial, descubriéndonos un territorio dinámico y hospitalario. Pero al mismo tiempo el país está atrapado en grandes contradicciones. Los lamentos de unos intelectuales aquejados de incomprensión y soledad recuerdan, por ejemplo, que se trata de un lugar en el que la gente apenas si tiene tiempo para desarrollar una vida interior. Y la sorpresa de la escritora ante este país lleno de contrastes se refleja también en el hecho de que al lado de la pobreza más extrema, la de quienes alquilan una silla en una pensión para poder

---

[290] S. de Beauvoir, *América día a día,* Barcelona, Mondadori, 1999, pág. 18.

pasar la noche, exista la abundancia material más ostentosa, es decir, la de los ajetreados en el mundo de negocios, siempre tan atareados que experimentan las prisas de una urgencia cotidiana invadiendo cada minuto de su presente.

En otros viajes, a Grecia, Italia, España, África, etc., Beauvoir se sentía instalada en sí misma, teniendo la certeza de que París seguía brillando a lo lejos, en su centro del mundo europeo. Pero en Nueva York, en toda América, la ciudad de la luz perdía su resplandeciente hegemonía; y entonces sentía que se anulaba a sí misma en beneficio de algo desconocido, de otra cosa[291]. Había allí, por todas partes, un deseo de cosas materiales, una misma escenografía de teatro de Broadway llena de destellos irreales, lunas, estrellas, mullidas alfombras y arañas de cristal. El mismo brillo de una luz artificial se multiplicaba en miles de reflejos en los espejos que cubrían las paredes del vestíbulo de los hoteles, las mismas salas caldeadas y pobladas en exceso se repetían como copiadas en serie por doquier. En realidad, el *scotch* era «una de las claves de América», y el exceso, «una plaga como cualquier otra»[292].

A esta existencialista francesa le sorprenden especialmente las mujeres, porque en lugar del aspecto que esperaba encontrar, de tejidos de lana, desenfadado y deportivo, observa preciosas melenas rubias, peinados marcados con lacas impecables, vestidos drapeados, trajes de noche repletos de brillantes lentejuelas, sedas, plumas, pieles, flores y volantes. Ella siente vergüenza de sus zapatos suizos. Ninguna mujer iba por las calles con zapato plano, sino con tacones muy altos y abiertos por delante.

Ahora bien... ¿De dónde procedían esta decoración, estas escenografías? ¿Cómo había aprendido Norteamérica a teatralizarlas? ¿Cómo se había llegado hasta aquí y qué historia cultural se condensaba en todo eso?

---

[291] *Ibíd.*, pág. 22.
[292] *Ibíd.*, pág. 24.

No hay una sola y sencilla respuesta a estas preguntas. Una clave podía estar en el cine; otra, en una estética de la imitación; otra, en un sistema de censura que reconducía a las poblaciones, y la última, en una fábrica de imágenes que también se transformó en un fiel vigilante de la moral establecida.

Entre 1880 y 1980 el tiempo depositó por todas partes, como siempre, su huella invisible en las construcciones sociales de las diferencias entre los sexos. Porque si el sexo había dejado en algunas épocas históricas casillas libres para lo indefinido y el hermafroditismo, en medio de los chirridos del tren industrial de la modernidad se escuchó el arranque de un dispositivo político que contaba con la inestimable ayuda de los medios audiovisuales, un artefacto que se situó muy por encima de los hombres y las mujeres individuales y que fue muy eficaz para reasignar espacios masculinos y femeninos, especialmente los domésticos y laborales.

Las pantallas de cine intervinieron con una «estética de la imitación» que sugería determinados modelos de comportamiento en vez de otros. Y es que en un mundo que estaba desarrollando la competitividad tecnológica y la producción a gran escala, los medios audiovisuales, inseparables de las campañas de marketing y propaganda, prestaron una colaboración inestimable para diseñar estilos de vida. Es más, ellos mismos descubrirán poco a poco su inmenso poder sobre la conducta de unas poblaciones que están cada vez más estratégicamente concentradas en zonas urbanas. La difusión del cine, de la radio, la publicidad y la televisión ya solo dependerá del creciente número de emisores y espacios disponibles para distribuir los mensajes. Y es necesario decir que pondrán todo de su parte, toda su eficacia, para que, con el tiempo, una extensísima nación pueda propagar su conocido *American way of life* a escala planetaria. Este estilo de vida necesitará, como es obvio, su prototipo de feminidad bien moldeado, adecuado. Y si bien en las primeras décadas del siglo los movimientos feminista, socialista y sindical también recibieron en los Estados Unidos un nuevo impulso, los medios de comunicación no facilitaron mucho las cosas para que estos movimientos críticos, contrarios al temor patriótico que, como hemos visto, trataba de ponerle freno a la agitación que se estaba desarrollando, repartan sus octavillas y lleguen a todo el mundo. Poco o muy poco de movimientos sociales como el feminismo quedará recogido en las pantallas, pues cine y publicidad actuaron como poderes hipnóticos que llevaron a las estadounidenses a una adaptación bastante estricta a las lógicas de la dominación masculina. Fue como si el moldeamiento del cuerpo, las formas de vida y las actitudes de las mujeres a través de mensajes sonoros y visuales complementase el moldeamiento de las conciencias que ejecutaron las listas negras y los mapas-telaraña de los altos generales. Era necesario fabricar cuerpos de mujeres que encajasen con los hombres que ostentaban el liderazgo de la mayor fuerza económico-militar del Occidente capitalista, hombres de una masculinidad dura, recia, aumentada. Y así se fue profundizando en la «sexidad», en un prototipo de mujer sexy. El canon estético de unos pies largos y fríos, semiparalizados en sus tacones de aguja, el cuerpo recortado por las costuras de vestidos repletos de pedrerías y pesadas lentejuelas metálicas, los brazos y manos llenos de joyas, las capas de maquillaje, los abrigos de piel de visón, las perlas, los perfumes, etc., es decir, el prototipo de estadounidense sofisticada, objeto erótico ideal del séptimo arte, le pareció a Simone de Beauvoir el modelado de una «voluntad humana según el deseo del hombre»[293].

Los labios atiborrados de carmín, las pestañas bañadas en rímel, las largas uñas pintadas de rojo y los zapatos de tacón de la *star* de Hollywood le permitían utilizar su encanto con el productor y el director. Pero al mismo tiempo la priva-

---

[293] S. de Beauvoir, *Le Deuxième Sexe, I, op. cit.*, pág. 265.

La actriz de Hollywood Rita Hayworth fotografiada en bikini al borde de una piscina en los años cuarenta.

rían de la libertad de movimientos de su rostro, su cabeza, sus manos y pies. De igual modo sus curvas y el brillo intenso de sus diamantes servirían para acentuar su impotencia física y su carnalidad de mujer desnuda. La cuestión de si un cuerpo que oscila entre el hiperadorno y la desnudez supone o no una afirmación de poder en las mujeres encuentra su reverso en la de si le otorgan o no poder al hombre su cuerpo trajeado y encorbatado, sus gafas, su barba crecida, sus zapatos planos y su pose cómoda. En cualquier caso, un doble criterio impedía a las mujeres llevar traje y corbata, doble criterio hacia el que señala una mujer que contraviene la norma al adoptar las formas más masculinizadas.

El cine es un modo de expresión artística íntimamente ligado a la historia social y a los ideales culturales y populares norteamericanos. El cuerpo, el paisaje y el rostro eran los tres elementos básicos de los que arrancan sus primeras manifestaciones. Aunque recurre también a la música para transmitir sus mensajes, los comienzos del cine son mudos e implantan sus raíces en las acrobacias físicas del vodevil, el tratamiento del paisaje de la pintura y la expresividad del rostro abordada hasta ese momento por el retrato fotográfico. Cuando el cine aporte una nueva manera de pensar el carácter humano que prescinde de la diferencia entre un yo interno y su expresión externa que enfatiza la superficie, las apariencias frente a un yo redondo, estable, acabado, América se convierte en el lugar en que emerge la cultura de masas y el espectáculo visual. La pantalla presenta la identidad como una pura sucesión de imágenes en movimiento, de manera especial en los comienzos, cuando el procedimiento de mostrar sin palabras tenía capacidad para comunicar un yo en sí mismo, independiente de su expresión verbal. Con la llegada del sonido se tratará, por el contrario, de introducir lo que ya se ofrecía en los yoes literarios: la duplicidad, la contraposición entre lo que se supone son verdaderos sentimientos y aquello que se exterioriza a los otros por medio de palabras. Pero tanto en su etapa muda como en la sonora, el cuerpo de la mujer se utilizará como referencia iconográfica imprescindible. Es más, a medida que el discurso fílmico se vaya sofisticando, la cámara penetrará en la interioridad del hombre con el fin de construirle una personalidad, pero la mujer, en cambio, se quedará en mera silueta, cuerpo detenido, pausa sin mente, inacción.

Para expresar la distancia entre un yo decimonónico, cuya referencia discursiva era la literatura, y un yo del siglo XX que no puede evitar el influjo del relato cinematográfico, la historiadora del cine Paula Marantz[294] aborda las diferencias entre la «estrella de cine» y las formas de celebridad anteriores, la de los actores y actrices de teatro, cabaré y vodevil. En su opinión, el *star system* no es un método para fabricar héroes y heroínas al modo en que lo haría la literatura, sino que, para crear la mayor identificación posible en el espectador, es una producción de roles y modelos que pueden ser imitados porque responden a un «tipo idealizado de miembro de la familia»[295]. Marantz se interesa también por el vínculo que existe entre el *star system* y la sociedad de consumo. Cree que «el consumismo impulsado por las películas tenía un valor especial para los americanos»[296]

La numerosa población emigrante deseaba convertirse a los valores estadounidenses lo antes posible para desprenderse del estigma que rodeaba al extranjero, pues quienes pretendiesen escapar al tipo uniforme o estándar se arriesgaban a pagar el alto precio del destierro social que se les cobraba a los perdedores. Norteamérica era el sueño de los triunfadores y las estrellas de cine producían representaciones del hombre

---

[294] P. Marantz Cohen, *Silent Film and the Triumph of the American Myth,* Nueva York, Oxford University Press, 2001.
[295] *Ibíd.*, pág. 136.
[296] *Ibíd.*, pág. 160.

hecho a sí mismo, ejercían de guías para los nuevos grupos que estaban tratando de integrarse y adquirir la identidad nacional, huyendo de los estereotipos negativos que rodeaban a las comunidades de origen.

La identificación del espectador con la estrella que se promueve en el *star system* se realiza a través de los sentimientos. La estrella es tan moldeable que no tiene carácter en sí misma. Es un personaje que, por medio de planos cortos, transmite emociones que el espectador comparte como una imagen sublimada de sí mismo y sus deseos. En una mímesis calculada de las reacciones del espectador, expresiones y gestos como alegría o tristeza, enfado o placer, aparecen en el rostro de la estrella antes o después de que, como se espera, lo hagan en el propio rostro del espectador. Este sistema de lenguaje gestual crea en el patio de butacas vínculos muy fuertes de identificación con la pantalla, vínculos que perduran una vez fuera del espectáculo y que las revistas del quiosco de la esquina y las grandes vallas publicitarias de los edificios reactualizan hasta el infinito. Así la estrella se convierte en el modelo a imitar.

De forma similar, algunas autoras que han desarrollado investigaciones sobre «la mujer como imagen» en las revistas femeninas presentan el estilo de vida de las clases acomodadas como el ejemplo que se va a imitar en la cultura de masas. La «estética de la imitación» de los emigrantes, equivalente a la identificación de la estrella con su rol que busca el *star system,* es fundamental para el ascenso de las clases medias; y en general para quienes aspiraban a reproducir un modelo urbano[297]. Las revistas recogerían, y al tiempo crearían, un imaginario de familia americana moderna, con tipos de estadounidense que abarcaban desde la victoriana «verdadera mujer»

---

[297] Cfr. C. Kitch, *The Girl on the Magazine Cover,* Carolina del Norte, The University of North Carolina Press, 2001.

hasta mujeres nuevas como la *flapper* o la «mujer peligrosa» causante de una crisis de masculinidad. Así, las diversas identidades nacionales que componían Norteamérica se encontraban inmersas en un paradójico doble juego: el de mantener sus costumbres y tradiciones culturales y, al tiempo, en tanto individualidades teatralizadas hechas a sí mismas, tratar de romper con el estrecho círculo de su origen para construir su nueva identidad.

Todos podían aprender del cine y la prensa, porque las imágenes y la letra impresa les enseñaban la manera de conquistar la nueva tierra; el país de los «eldorados». Y dada la diferenciación de roles sexuales que caracteriza al discurso cinematográfico, las mujeres aprendían no solo qué mímicas y sentimientos reproducir, sino también cómo ser, de manera especial cómo *llegar a ser*, cómo *convertirse en* norteamericanas de verdad. Ahora bien, afirmarse a sí misma de la manera más ambiciosa y competitiva posible para conquistar la tierra de llegada no era una representación de las mujeres que promoviese el lenguaje cinematográfico, y solo aquellas que tenían una clara conciencia de su situación desfavorable podían interiorizar un discurso dominante dirigido a los hombres, el mismo que les daba a las masas las instrucciones necesarias para hacerse con una personalidad de triunfadores. Atando los nudos entre la ciudadanía y el consumo, lo que sí aprendían las mujeres era el cultivo de la apariencia, sospechando que el encanto, el lujo y la posesión de objetos bellos, el cuerpo erótico, en fin, contribuirían a elevar su estatus y al mismo tiempo el del hombre al que acompañaban. De este modo, a falta de un acervo cultural común, fue la apariencia física y el nivel alcanzado en las posesiones materiales, es decir, el estatus como ciudadano productor-consumidor, la fórmula más exitosa para elaborar una identidad nacional a partir de las múltiples identidades nacionales.

El cine transmitía el mensaje de que, por encima de todo, hombres y mujeres tenían que adaptarse, hacerse a sí mismos y cultivar su estilo. Para ello, solo era necesario poseer ciertos objetos, vestirse de una determinada manera, amueblar la casa con determinados muebles, conducir automóviles, comer y divertirse de tal forma, etc. Al igual que las estrellas de la pantalla, personas sin un talento especial encontraron en la adaptación a un personaje su posibilidad para hacer dinero y lograr el codiciado ascenso social. Por eso, fabricando estrellas, Hollywood fabricaba al mismo tiempo ideas y bienes de consumo que ofrecer al público: maneras de vestirse, personalidades, estilos y, en definitiva, formas admisibles y más o menos valiosas de comportamiento. Si bien en literatura el estilo era algo que a veces solo servía para encubrir el verdadero carácter, en el yo plástico de la narrativa cinematográfica no parece existir un yo oculto, al menos para las mujeres. Sin un yo interno más allá de esa superficie plástica que cada cual se esfuerza en moldear a voluntad, la persona es su apariencia o, al menos, la relación entre estilo exterior y carácter interior se hace tan próxima que parecen solaparse y fundirse. Al igual que la publicidad, el cine transmite el mensaje de que el estilo se convierte en un asunto de gestos, poses, mímicas, exhibición de cosas materiales, maneras de sostener y mover el cuerpo, en definitiva, apariencias[298]. Y el consumidor o el seguidor de una estrella famosa solo tendrían que trabajar en la dirección de reapropiarse su estilo, moldeando su cuerpo, vestidos y gestos, de acuerdo con el modelo.

Este modelo performativo de identidad funciona, sin embargo, en una doble dirección, pues del mismo modo que los

---

[298] La mímica corporal y el moldeado del cuerpo de la *pin-up* llegarán a expresarlo de manera tan clara que a veces se dijo de Marilyn Monroe que acabó convertida en una caricatura que se imitaba a sí misma —aunque ella siempre dijo que ya de niña imitaba a la que más tarde sería su amiga, Betty Grable. Otra *pin-up*, la actriz pornográfica Bettie Page, afirmaba que aprendió la mímica gestual de la *pin-up* imitando a las actrices que admiraba cuando era niña.

fans encuentran en la estrella un estilo visual que puede copiarse fácilmente, la estrella que no sigue el dictado de su club de fans va directa al fracaso. Las estrellas de cine eran modelos, y por lo tanto también superficie flexible y manejable, un mero soporte del conjunto de expresiones que conformaba un determinado estilo, al punto de que algunas o bien acabaron por convertirse en el tipo de personaje que les diseñaban —parece que fue el caso de Monroe— o bien renegaron de él —caso de Bettie Page—; en cualquier caso, personificaron en la pantalla al ser moldeable[299].

Además del cine, el desarrollo de ámbitos como los negocios, la industria, la investigación, la publicidad, las disciplinas como la psicología, la sociología y la antropología intervinieron muy tempranamente en la historia cultural estadounidense, proponiendo modelos a imitar y ofreciendo fórmulas de historias felices. Tratando de estandarizar un modelo de vida cotidiana derivada de hábitos de producción y consumo, se borrarán las diferencias entre la vida rural y la vida urbana; y entre el norte y el sur estadounidenses. La ingeniería social hará que los profesionales de las ciencias sociales traten de explicar los problemas de la mujer norteamericana moderna para ofrecerle soluciones «sobre todo en lo rela-

---

[299] Un caso en el que el personaje real se solapa con el ser imaginario, como en una sobreimpresión fotográfica, lo encontramos, por ejemplo, en Rodolfo Valentino. Aunque fue acusado de ser *woman-made* por haber sido descubierto por una guionista, por haber empezado su carrera como compañero de baile pagado y por haber estado casado en dos ocasiones con mujeres dominantes con tendencias lesbianas, su popularidad no salió perjudicada. Las recriminaciones funcionaron como soporte del mito romántico que rodeaba sus películas. Eran el complemento perfecto de la imagen que ofrecía en la pantalla, la del receptor pasivo del deseo femenino. Cfr. P. Marantz Cohen, *Silent Film...*, *op. cit.*, págs. 153-154.

tivo a compaginar las demandas femeninas de amor, trabajo e individualidad»[300]. Ahora bien, como norma general los incipientes medios de comunicación de masas de los años veinte y treinta considerarán que las críticas de las feministas al matrimonio en tanto sistema de dominación eran acusaciones desacertadas, y muchas de las que persistieron en tales descalificaciones fueron vistas como ancladas en una generación anterior.

El nuevo modelo de matrimonio, el *companionate marriage* o matrimonio a prueba hasta la decisión definitiva de casarse, se creía que solucionaba el problema de las decisiones equivocadas, empezando a percibirse incluso como solución o como remedio a la peligrosidad social que representaba una mujer sin hombre. Y así, aunque ocasionalmente se plantearan preguntas sobre la libertad y las constricciones, ingeniería social y medios audiovisuales se constituyeron en soportes de los códigos más convencionales; por ejemplo en el caso de Joan Crawford, una *jazz baby* que interpretó a la mujer joven que busca su yo auténtico y que, tras una etapa de comportamiento alocado y algo salvaje, encuentra la felicidad en el matrimonio. Por esto, en el mismo momento en que las feministas ven el matrimonio como una institución opresiva que coarta la libertad y anula los derechos de las mujeres, el cine y su estética de la imitación construyen el mito de larga duración que será conocido con el nombre de *happy end*. Y en el mismo momento en que las mujeres estaban experimentando con variadas formas de liberación, las mentes de los nuevos científicos sociales alimentan el statu quo. Las mujeres solteras de las organizaciones sufragistas y cívicas, las del mundo de las artes, los deportes y las profesiones, suponen un problema y una inquietud cultural, una ansiedad que toma la forma de un potencial de las mujeres para escapar al control de los hombres.

---

[300] F. Thébaud (dir.), *Le siècle...*, *op. cit.*, págs. 90-107 (cita en pág. 100).

Si lo que se perseguía eran las historias felices y los modelos a imitar, era necesario también eliminar los malos modelos, o, lo que es lo mismo, construir el modelo adecuado de mujer para transformarlo en algo socialmente valioso. Ya hemos visto que la *garçonne* era la expresión estética de una modernidad que al confundir los sexos se creía que profundizaría en su crisis. El temor a la «masculinidad» de las mujeres no solo se expresó como una oposición a que la nueva afirmación de individualidad y libertad sexual pusiese en peligro los privilegios laborales y cívicos masculinos sino como miedo a que la mera pérdida de la feminidad pudiese traer consigo la feminización de unos hombres que se viesen obligados a desempeñar las tradicionales funciones femeninas de cuidados y servicios a los otros. Desde las primeras movilizaciones sufragistas, numerosas viñetas humorísticas representaban un mundo al revés en el que un hombre, a menudo pequeño, se quedaba en casa cocinando o atendiendo a los bebés mientras que una mujer, a menudo grande y fea, se preparaba para salir de casa. Cuando la moda feminista de llevar el pelo corto y la ropa masculina dio un paso más, significó tanto la homosexualidad como la androginia social y, con ello, la alarma ante una sociedad *unisexuada* en la que finalmente colapsaría el orden civilizatorio.

En tanto industria cultural que fomentaba el statu quo, el discurso cinematográfico no permanecía insensible a estos miedos y advertirá de los peligros de las mujeres andróginas, complicadas, masculinas, fatales y *vamps*. Y tanto las mujeres fatales como las *garçonnes* se inscribieron en un discurso sobre la sexualidad que asociaba a estas «mujeres complicadas» con un juego de intensa pero peligrosa atracción erótica. Hemos visto ya que, en principio, el deseo sexual se relacionó, en términos bastante negativos, con las *vamps* y las fatales. Con frecuencia será este el único aspecto que recoja el cine, separando de la reclamación política el sexo y el erotismo. Por eso el amor libre apenas se leerá como crítica al matrimonio o autoafirmación de la sexualidad en las mujeres. Será un erotismo que se reconduce desde la frivolidad hasta la normalización del final feliz y el sexo reproductivo, haciendo renacer el mito de la mujer sacrificada, ensalzado por autoritarismos y fascismos.

Las «mujeres complicadas» pertenecen a una época dorada para los personajes femeninos, una etapa de Hollywood que fue previa a la censura. La actriz Greta Garbo, por ejemplo, se hizo famosa en Norteamérica interpretando a la *vamp,* un tipo de mujer con poderes sobrenaturales[301], como esos vampiros, que estaban, desde mediados del XIX, por todas partes —no solo en la literatura y en la pintura—, permitiendo anudar peligro mortal con placer sexual. Si bien el caso de Garbo no tenía, al parecer, connotaciones eróticas, sino que el público pensaba en una mala mujer que quería convertir al hombre en esclavo, robándole «su poder —social, moral y físico»[302], la palabra *vamp* establecería una comparación entre la sexualidad voraz de las mujeres y la vampirización. E incluso tan tarde como en los años veinte algunos médicos que se referían a la función vigorizante del semen captaban la amenaza que representaban algunas mujeres para los varones, pues «existe un tipo de mujer que representa un gran peligro para la salud y la vida de su marido [...] la mujer vampiro chupa la vida y agota la vitalidad de su compañero masculino —o víctima»[303].

Con la actuación de Theda Bara en *A Fool There Was* quedaría establecido, como vimos en su momento, el vínculo entre la literatura, la pintura del XIX y el cine de Hollywood, un vínculo que remitía al imaginario de Eva y la maldad femenina. Cu-

---

[301] *Ibíd.,* pág. 35.
[302] *Ibíd.*
[303] Citado *ibíd.,* pág. 36.

riosamente, a comienzos de los veinte la moda *vamp* también podría estar decayendo porque ganaría el respeto del público al verse asociada con la independencia de las mujeres. En opinión del crítico de cine Mick Lasalle, una columna pro-*vamp* del *Theater Magazine,* afirmaría en 1921 que

> En lugar de destruir la carrera del vampiro, déjenos animarla a predicar su doctrina de igual emancipación para las mujeres hasta que nosotros, hombres débiles, aprendamos la lección para siempre de que la mujer moderna no le rinde cuentas por sus acciones a nadie más que a sí misma[304].

Sea como sea, la literatura había levantado acta de las mujeres demoníacas. Y con el cambio de siglo, la mujer fatal emerge como un tipo específico, especialmente impulsado por las condiciones sociales de la revolución industrial en una época que expresa

> miedos ante la perspectiva de la independencia de las mujeres, ocasionada por los movimientos feministas y las oportunidades urbanas. Poetas masculinos, novelistas y pintores de ambos lados del Atlántico reaccionan con miedo y fascinación ante la perspectiva de la nueva mujer[305].

Por lo tanto, si, en una primera etapa, las vampiros destruían a los hombres por mero placer, las de ahora ya se inscribían de lleno en la agenda programática feminista.

Y es significativo que a una europea como Greta Garbo, que desembarca en los Estados Unidos en 1925, y que en Europa no habría representado, según Lasalle, a «malas mujeres» sino a «dulces chicas», no le gustasen este tipo de papeles.

---

[304] Citado en M. Lasalle, *Complicated Woman. Sex and Power in Pre-Code Hollywood,* Nueva York, St Martin's Press, 2000, pág. 41.
[305] *Ibíd.,* pág. 37.

Así que tras un tiempo en el nuevo continente, declara molesta: «Siempre soy la *vamp*, siempre la mujer sin corazón»[306], comunicándole a los estudios cinematográficos para los que trabaja que no quiere más papeles de mala. Es más, ella misma tratará de buscarle una salida a la maldad: juzgando la marginalidad más interesante que el código de la *vamp*, trataba de no aparecer como una diablesa sino como una víctima alocada de sus propios impulsos.

Lasalle cree que, inversamente a Theda Bara, no era capaz de representar «los aspectos feministas de la *vamp*», y que se distanciaría del papel cada vez que encontrase la oportunidad[307]. Finalmente, el pulso que estableció con los estudios se saldó con un tipo nuevo, el de una *vamp* virtuosa, una buenamala mujer, una *femme fatale* capaz de experimentar un amor sacrificado, verdadero y no destructivo. En las películas de *vamps*, el sexo se presentaba como peligroso, incluso podía matar, pero el amor tenía la capacidad de salvar cuando una de las partes, la débil o femenina, se sacrificaba a la otra. Por eso Garbo, la divina, se transforma en una heroína que se inmola, una diosa del sexo santificado que experimenta el éxtasis sexual en una dimensión espiritual, combinando religión y sexualidad como en los pintores renacentistas y replanteando «las encarnaciones de las fantasías misóginas desde la diablesa hasta la santa»[308].

La actriz canadiense Norma Shearer[309] representó igualmente el papel de mujer caída, si bien, en opinión de Lasalle, lo hizo de una manera que está en las antípodas de Garbo porque no necesitaba ser reformada, pedir perdón o declarar su amor hacia un hombre virtuoso. Garbo representaría a la

---

[306] *Ibíd.*, pág. 42.
[307] *Ibíd.*, pág. 47.
[308] *Ibíd.*, pág. 52.
[309] *Ibíd.*, págs. 54-74.

idealista del amor y de la moralidad pasada de moda, y Shearer a la mujer urbana en una época de libertad sexual. Se trata, para Lasalle, de un modelo nuevo para las jóvenes porque es la mujer libre que se afirma a sí misma, tal y como es. Shearer es una actriz que transmite el mensaje de que «existe más de una vía para ser una buena mujer»[310].

En *La divorciada,* basada en el *best seller* de Ursula Parrott *Ex-wife,* el sexo sin víctimas y la sofisticación sin castidad llevarían a Shearer a describir el papel como «perfecto para mí»[311]. La película es la crónica de la desintegración de un matrimonio moderno, compuesto por dos cónyuges con carreras profesionales. Pero al tiempo es la biografía de una mujer inteligente en un viaje de autodescubrimiento, la visión de una mujer nueva en un mundo moderno de rascacielos, oficinas, chimeneas y jazz, donde la protagonista rechaza un compromiso de larga duración con su novio diciéndole: «Tú eres humano. Entonces yo también»[312]. Porque sus películas sugerían que las mujeres tenían opciones limitadas y les prometían «la posibilidad de belleza y aventuras»[313], Lasalle cree que incluso heroínas de un cine más actual difícilmente podrían hacer lo que Shearer hacía[314].

La comparación entre la «complicada mala» Greta Garbo, que se vuelve buena, y la «complicada buena» Norma Shearer no acaba aquí. Para Lasalle existe una confrontación entre el modelo de mujer estadounidense y otras posibilidades, que bien podrían sugerir las europeas. Este crítico de cine no oculta sus inclinaciones hacia el tipo de sexualidad que representa Shearer, considerando que fue una víctima mayor de las normas de censura, pues si bien Garbo es recordada

---

[310] Citada *ibíd.*, pág. 60.
[311] Citada *ibíd.*, pág. 67.
[312] Citada *ibíd.*, pág. 69.
[313] *Ibíd.*
[314] *Ibíd.*

Cartel de la película *The Divorcee*, interpretada por Norma Shearer.

Greta Garbo en el cartel de la película *Romance*.

Cartel de la película *A Free soul*, interpretada por Norma Shearer.

por sus mejores películas, Shearer lo es por las peores: las que protagonizó tras el Código. Lasalle no aprueba a quienes simplemente ven en ella a la «virgen ideal»[315], porque, en su opinión, es una de las actrices de primer orden de mediados de los veinte. Cuando en 1936 una encuesta reveló que el setenta y cinco por ciento de las estadounidenses pensaban que una mujer casada no debería trabajar fuera de casa, cuando en este contexto de depresión económica se estaba desarrollando una reacción contra la independencia social de las mujeres, y los elementos más reaccionarios de la sociedad norteamericana «usaron el Código para estrangular el contenido de las películas»[316], Shearer demostraría el gran mérito de atreverse a expresar una opinión minoritaria, defendiendo la idea de la mujer trabajadora.

Aun antes de la era de la censura que impuso el código Hays, es decir, en una etapa *Pre-Code,* en Hollywood había existido un código de producción que establecía límites acerca del bien y del mal. En 1922, y debido a la presión de grupos religiosos a favor de una intervención federal, los productores se habían organizado para regularse antes de hacer las películas —si lo hacían a posteriori, los recortes censurados podían hacerles perder dinero. Sin embargo, Hollywood lo pasaba en general por alto. El verdadero Código, el de Hays, será impulsado por clérigos y líderes masculinos convencidos de que la industria del cine necesitaba reglas porque «inculcaba una idea de costumbres, creaba modas de vestir», y por lo tanto ninguna película debería producirse por «debajo del estándar moral de quienes la veían»[317].

---

[315] *Ibíd.,* pág. 227.
[316] *Ibíd.,* pág. 187.
[317] *Ibíd.,* pág. 64.

Los católicos del Medio Oeste se organizaron contra la industria, la prensa protestante lanzó su maquinaria de críticas contra el disoluto Hollywood e incluso el partidario de la caza de brujas y magnate de la prensa Randolph Hearst[318], uno de los hombres más poderosos de la escena política y empresarial, reclamaba la censura del gobierno desde su emporio mediático de papel impreso. Así, aunque desde el co-

---

[318] El escritor John Dos Passos consagra un epígrafe de la trilogía USA a Randolph, el «pobre muchacho rico», el intratable hijo de George Hearst, uno de los jóvenes que había salido de California con una yunta de bueyes, dejando atrás el arado y los campos de trigo para ir en pos del sueño de los pioneros que trataron de hacerse ricos como buscadores de oro en Eldorado. Su hijo mimado, solitario y demasiado rico para llevarse bien con sus compañeros, imponía, al igual que los Hearst, su santa voluntad: gastaba bromas pesadas, arrojaba pasteles a los actores, hacía estallar los faroles de los carruajes con petardos y pagaba el champán de las coristas. Se hizo periodista no porque le gustase escribir, sino por ser periodista de nuevo cuño: deseaba conocer el mundo real, comer, beber, bromear e irse de putas. Esto era el periodismo, y esto era para él la vida. Randolph pensaba que cuando no hay noticias, se fabrican, y que si alguien ponía las fotos, él podía inventar la guerra. Con la «batalla de la bahía de Manila» vendió un millón de ejemplares, contando una «estrepitosa derrota española» en la que España perdió sus últimas colonias porque Estados Unidos se hizo con ellas. La «derrota» consistió en la captura de los pocos marineros medio muertos de hambre que estaban destacados en el lugar, y que serán fotografiados desarmados y de rodillas, obligados a besar la bandera estadounidense. Randolph acumuló infinidad de cargos e invirtió cientos de miles de dólares para que su actriz preferida (Marion Davis) se convirtiera en «la novia de América», pero no lo logró. John Dos Passos menciona al mismo tiempo el «pillaje de la fenecida Europa» que desarrolló Estados Unidos (cfr. J. Dos Passos, *El gran dinero, op. cit.*, págs. 662-676). Otras fuentes aseguran que el deseo compulsivo de acumular riquezas, deseo que es el motivo de la película *Ciudadano Kane* que le dedicó Orson Welles a Hearst, le llevó a enviar piedra a piedra a Estados Unidos el monasterio español cisterciense de Santa María de Segovia. Otras obras de arte que le pertenecieron lograron regresar a Europa. Aun así, el expolio norteamericano del arte europeo no fue privativo de Hearst y quizás fue mera réplica del expolio europeo de otras culturas milenarias.

mienzo del cine existieron llamamientos a la censura, hubo que esperar a que la impusiese una derecha conservadora y reaccionaria que quería reforzar la moralidad, en especial la del comportamiento sexual de las mujeres. Y Hollywood se sometió sin oponerse, para olvidarse del tema y tener buenas relaciones públicas.

El Código de 1934 divide en dos la historia de Hollywood, de la misma manera que lo hacen el cine mudo y el cine sonoro. Y ambos atañen a la historia de la diferencia de sexos. El Código supuso un eje de fractura que abarcaría tres décadas y que encontraría su fin en 1968. Hays es el nombre que se asocia con la censura, pero su verdadero artífice fue un funcionario, Joseph Breen, el «Hitler de Hollywood»[319], según *Film Weekly*. Sin él, las películas de los últimos treinta, los cuarenta, cincuenta y primeros sesenta se habrían proyectado a la manera no-censurada precódigo. Pero bajo su yugo las películas tenían que transmitir siempre un mensaje moral. El crimen y el sexo no pasaban la censura; el adulterio, el divorcio, el embarazo fuera del matrimonio, la prostitución sin condena moral, e incluso el tener un trabajo siendo mujer, no se aprobaban. De acuerdo con el relato mítico de la caída, las mujeres eran el mal —«lo peor», según Lasalle—, y a cualquiera que tratase de pasar la línea el Código le comunicaba que lo único que podía esperar era un triste y desgraciado destino. Después del Código, las películas de aventuras, gánsteres y guerra siguieron produciéndose, pero los dramas psicológicos de la etapa precódigo que asumían el «punto de vista de las mujeres, que estaban del lado de las mujeres desde el principio al final [...] desaparecieron»[320]. Y como la censura también se aplicó con efectos retroactivos, se borró del discurso cinematográfico, y por tanto de nuestra historia cultural, cualquier signo de independencia radical en las mujeres.

---

[319] Lasalle, *Complicated...*, *op. cit.*, pág. 2.
[320] *Ibíd.*, pág. 166.

En realidad, lo que el Código censuraba era lo mismo que se promovía cuando la vanguardia del teatro de Greenwich Village estaba en su apogeo: el examen de la institución del matrimonio. Las películas precódigo cuestionaban el matrimonio, «lo ponían a prueba, lo exploraban, como para ver lo que significaba, lo que aún funcionaba y lo que necesitaba ser superado con vistas a la emergencia de la mujer moderna»[321]; pero después ya no fue así. Por ejemplo, una película de 1933, *Cuando ellas se encuentran (When Ladies meet)*, basada en una obra de Rachel Croters, aparecería transfigurada en su versión de 1941 para adaptarse a la censura: las aristas duras del matrimonio habrían sido limadas y la expresión auténtica de los sentimientos de la protagonista se sustituiría por un panegírico de la institución. Incluso en una expresión como «la horrible tarea de vivir juntos»[322], el adjetivo «horrible» de la primera versión se sustituiría en la segunda por «angustiosa». Además, si en la primera versión la protagonista abandona al hombre, en la segunda quiere volver con él, siguiendo el esquema del final feliz. En definitiva, la versión moralizante que se manejaba en el Código favorecía la posición privilegiada del hombre en una institución que seguía el modelo religioso de la sagrada familia.

El funcionario Breen, verdadero artífice del Código, era un político reaccionario y antisemita que no desentonaba con la política de caza de brujas que desarrollaron los hombres patrióticos de estas épocas, y que agitó de nuevo el viejo fantasma, el imaginario que condenaba a judíos y mujeres en el par antisemitismo-misoginia. Breen se propuso el objetivo de buscar apoyos en publicaciones católicas y consiguió poner de su parte a la mayoría de ellas, incluyendo el periódico del Vaticano. Incluso acogió un encuentro anual de obispos cató-

---

[321] *Ibíd.*, págs. 166-167.
[322] *Ibíd.*, pág. 170.

licos del que quizás baste, como muestra, recordar las palabras que se escucharon en boca del de Los Ángeles: «Un agujero de peste infecta al país entero con sus obscenas y lascivas imágenes en movimiento»[323].

Según Lasalle, Breen pretendía «salvar a América de las películas y a las películas de los judíos», y llegó a manifestar en su mezcla de antisemitismo y antieuropeísmo que:

> Esos piojos judíos... son simplemente un vil montón de gente sin respeto por nada que no sea hacer dinero... Esos judíos parecen no pensar en nada más que dinero e indulgencia sexual [...] noventa y cinco por ciento de esa gente son judíos del linaje del Este europeo[324].

Finalmente, la Legión Católica de la Decencia seleccionó solo ciertas películas para los católicos. Y como estos católicos se estimaban en veinte millones, los estudios de cine trataron de no traspasar nunca la línea roja para no perder audiencia. Una vez implantado el Código, Marlene Dietrich, por ejemplo, tendrá que aparecer como una devota católica en *El jardín de Alá*, mientras que Ann Harding, quizás cansada de la situación, abandona Hollywood en 1937 para triunfar en Inglaterra interpretando una cáustica crítica del matrimonio en *Cándida* de Bernard Shaw.

Bajo el Código, las actrices y los papeles femeninos perderán el gran protagonismo que habían tenido anteriormente. Cuando regresen en los cuarenta, ocurre de repente algo inesperado: se constituyen en un género en sí, en «películas de mujeres»[325], repletas de masoquistas, sacrificadas o castigadas por sus caminos errados. En la etapa precódigo, por el contrario, no habían constituido un género, pues hombres y mujeres estarían interesados en las narrativas que las elegían

---

[323] *Ibíd.*, pág. 197.
[324] *Ibíd.*, pág. 192.
[325] *Ibíd.*, pág. 210.

como protagonistas. Por otro lado, el Código permitió, más o menos directamente, abrir la vía del cine negro, un cine de una masculinidad nihilista cuyas visiones pesimistas y desesperanzadas encajaban bien con una censura que, desde perspectivas misóginas, castigaba todo lo diabólico, mujer fatal incluida, porque en el cine negro todo, sea bueno o malo, claro, oscuro e incluso gris, merece ser castigado.

Fueron muchas las actrices que protagonizaron películas que expresaban las verdades de las mujeres modernas y libres de los años veinte, y si bien es cierto que las estrellas eran idolatradas y etiquetadas de acuerdo con estereotipos como la santa, la pecadora, la ingenua, la vampiresa, etc., todas ellas compartían cierta sofisticación de mujer fatal que mostraba que una parte de la ideología feminista podía expresarse en un plano estético, creando tanto partidarios como detractores. Pero llegados los treinta, lo que se promueve desde las pantallas de Occidente son los valores nacionales, inseparables de las «buenas costumbres» que se establecen en el matrimonio y el hogar familiar.

El fenómeno es transnacional, y en contra de una civilización libre y artística no solo se alzará la censura de Hollywood[326] cuando en el año 1934 el código Hays establezca las reglas de lo que se podrá ver o no en la pantalla, prohibiendo la mayoría de las películas europeas y de las independientes, y acabando a su vez con toda una época de Hollywood que se caracterizó por representar a las mujeres modernas que tenían amantes, se divorciaban, eran madres solteras, exploraban la sexualidad, ocupaban puestos directivos y abando-

---

[326] En España las leyes de la censura franquista se imponen dos años más tarde, abarcando el período 1936-1975. Tienen la particularidad de considerar al propio cine un lenguaje disoluto que, en la medida en que es un potente medio de comunicación de masas, resulta peligroso en sí mismo.

naban a sus maridos[327]. El período comprendido entre los años 1940 y 1960 supuso también en otros países, como por ejemplo Francia, una «edad de oro de la censura»[328] cinematográfica. En el cine francés, las esperanzas de la Resistencia y la Liberación serán sustituidas por un desaliento ante las realidades políticas nacionales e internacionales de la posguerra. Una corriente de «realismo negro», según Burch y Sellier, vehicula esas desilusiones ideológicas y se hace acompañar de «una derrota de las mujeres» que, vista en relación con la «negrura» que ya se había manifestado en el período de la preguerra, trae ahora el novedoso elemento de una victimización de los hombres unida al carácter maléfico de las mujeres[329]. En el arte cinematográfico alemán, la Ley del Cine de Goebbels ya había impuesto en 1934 su propio sistema de prohibición, pues el Ministerio de Propaganda no quería saber nada de la libertad de la República de Weimar y su civilización de libre expresión que tendía a confundir los sexos, defendía el arte por el arte y clamaba por nuevos espacios de decisión de las mujeres. Asimismo, el realismo socialista ruso tampoco dejará lugar a las expresiones más individualistas de la libertad creativa e intelectual.

En la década de 1920, los cambios estéticos habían sido consecuencia de los cambios de pensamiento, ideológicos y de mentalidad. Y aunque es innegable que las transformaciones que experimenta la situación de las mujeres no habrían sido posibles sin las mutaciones económicas de la revolución industrial, las modificaciones en la manera de ves-

---

[327] Cfr. M. Lasalle, *Complicated...*, *op. cit.* (existe un documental dirigido por Hug Mungo Neely y presentado por Jane Fonda que lleva el mismo título y está basado en el libro).

[328] http://www.iletaitunefoislecinema.com/memoire/2128/la-censure-cinematographique-en-france-et-aux-etats-unis (consultado el 9-2-2013).

[329] N. Burch y G. Sellier, *La drôle de guerre des sexes du cinéma Français*, París, Armand Collin, 2005, pág. 224.

tir no podrían entenderse sin tener en cuenta que expresan una afirmación de la individualidad de la mujer, y que los nuevos diseños no habrían sido posibles sin el feminismo. En consecuencia, el cambio estético es inseparable de los cambios ideológicos y económicos, y estos a su vez condicionan los cambios históricos; por eso es muy complicado discernir dónde empiezan los unos y dónde acaban los otros. No obstante, a medida que las mujeres se expresaban por medio de estilos más libres, las tendencias contrarias iban a reaccionar procurando arrebatárselos. Cuando el cine sonoro se consolide en medio de los sistemas de censura, a partir de mediados los años treinta, las mismas mentalidades que en el mundo de la moda estaban acentuando cada vez más la feminidad se expresan en un cambio estético en el cine que glorifica la forma S en el cuerpo de las mujeres. Es entonces cuando desaparece la actitud independiente y feminista de las actrices «masculinizadas», la que había influido de modo indudable en muchas mujeres modernas, esas que, por otra parte, constituían el público habitual en las salas de cine de los años veinte. Pues del mismo modo que los hombres encontraban una vía de escape en el cabaré, el público femenino, aquel que llenaba mayoritariamente las primeras salas de cine, buscaba en la pantalla horizontes que de otro modo difícilmente habría conocido. Pero no quedará nada de esto cuando la censura impuesta en este medio de expresión artística tan propio del siglo xx afile sus tijeras, a comienzos del segundo tercio del siglo.

La coincidencia entre Europa y América se expresó en sus sistemas autoritarios y de censura, en especial la censura de corte patriarcal. Pero la disparidad también existe, y quedó reflejada en una oposición entre el modelo de mujer estadounidense y otras posibilidades que se exteriorizan, por ejemplo, en una actriz como Greta Garbo. ¿Qué pensar de Garbo, cómo interpretarla?

Por un lado, su película *La reina Cristina de Suecia*[330] es, según Lasalle, la encarnación de lo que el Código pretendía destruir, pues la actriz sueca hace el papel de una monarca bisexual que habría nacido chico, viste ropas de hombre, besa en los labios a la condesa de Alba y, cuando su canciller le sugiere que se case, responde sin titubeos: «No tengo intención. Moriré soltera»[331]. Por otro lado, Lasalle elige esta película para trazar una oposición entre el tipo de amor apasionado y sin consecuencias de las actuaciones de Norma Shearer y el que Greta Garbo podía llevar a la pantalla: un amor espiritual y trágico, mixtificado y romántico, un éxtasis místico, un verdadero amor espiritual con todas sus consecuencias, también hacia Dios. La fórmula de Garbo sería la del romance, pues el amor y el sexo serían asuntos de vida y muerte, experiencias trascendentes. Desde esta perspectiva, se ajustaría bien al Código y encajaría mejor que Shearer, pues representaba una cultura «que solo era secular en la superficie»[332]. Por el contrario, Norma Shearer representaba el tipo que «era ilegal», «el ardor sexual», la «vida sexual», la joven moderna que nunca se encontraría, como podría ocurrirle a Garbo, perdida en «el giro al milenio de América»[333]. Es aquí donde ambas actrices aparecen como oposición Europa-América, como antítesis entre el viejo tipo trágico de amor como sentimiento elevado y el nuevo tipo de joven *en* el mundo, cálida,

---

[330] Reina de Suecia en el XVII, responde al perfil de la monarca intelectual. Estuvo interesada por la ciencia y el arte, organizó tertulias y presidió salones, apoyó a intelectuales como Descartes y formó una magnífica biblioteca en Roma. Le gustaba cazar y montar a caballo, recorrió Europa vestida de hombre y dejó numerosas cartas y algunos escritos entre los que se encuentran sus memorias inacabadas: «Vida de la Reina Cristina hecha por ella misma, dedicada a Dios».
[331] M. Lasalle, *Complicated...*, *op. cit.*, pág. 195.
[332] *Ibíd.*, pág. 240.
[333] *Ibíd.*, pág. 195.

accesible y apasionada, sin conflictos internos y toda ella exterioridad. La «sexualizada mujer nueva americana» es una Shearer que estaría presente en «una amplia variedad de actrices modernas»[334]. Demi Moore, por ejemplo, sería otra joven más a la que le ocurre, siempre según Lasalle, lo mismo que a Shearer, que cuanta menos ropa lleva encima, «más poderosa se vuelve»[335].

Sin darnos cuenta apenas, estamos entrando en la cuestión del espinoso asunto de la liberación sexual. Y como estamos en un tiempo en que feministas, sufragistas, *garçonnes* y demás fatales todavía no han desaparecido, creo que habría que decir que la sexualidad es un arma de doble filo para las mujeres. Para decirlo en pocas palabras, la cuestión de si el poder les llegaba a las mujeres desde el atuendo o desde la piel desnuda es difícil de dirimir. Lo que difícilmente podría considerarse falso es que en la sexualizada mujer nueva americana y en el reino de las mujeres desnudas se está anticipando lo que va a venir: las sexualizadas *pin-ups*. Pero entonces habría que decir también que si bien puede ser cierto que Garbo responde a un *amor místico,* Shearer y las *pin-ups* responden a un *amor mixtificado.* El primero puede tener la superior ventaja de que, al exigir la entrega a un ser trascendente, permite lo que deseaban las feministas: escapar a la tutela o vigilancia de un hombre concreto, y en este sentido salvaguarda una mayor independencia. De hecho, las muchas versiones de «mujeres caídas» que protagonizó Garbo debieron de parecerle sospechosas al Código, pues pronto pasaron a la clandestinidad, mientras que la Shearer o Jean Harlow *Pre-Code* tienen indudable continuidad en las mixtificaciones de una feminidad *pin-up,* es decir, en una feminidad que acaba resultando aceptable por ser la que mejor representa a la mujer

---

[334] *Ibíd.*, pág. 243.
[335] *Ibíd.*, pág. 246.

estadounidense. La propia Marilyn Monroe, es decir, la actriz más sobresaliente cuando se trata de expresar el *triunfo del mito americano de la rubia explosiva y sexy,* «llegó al estrellato en la publicidad de los cincuenta como la respuesta de la época a Harlow, y durante varios años se especuló con que Monroe pudo convertir al ídolo de su infancia en su película biográfica»[336]. Cierto que para Lasalle las coincidencias entre estas rubias platino, inocentes y con un físico desinhibido, se acabarían ahí. Harlow sería la mujer inteligente que se habría resentido de interpretar a rubias oxigenadas, y sus concesiones no habrían sido nada en comparación con las «grotescas parodias de feminidad que Monroe tuvo que encarnar a menudo»[337]. Incluso en sus mejores papeles, Monroe sería una dulce víctima, mientras que Harlow no sería víctima de nada.

Es interesante señalar que Hollywood producía las películas de Garbo básicamente para el público europeo, al punto de que los estudios MGM se plantean qué hacer con ella en la Segunda Guerra Mundial. Sin el mercado europeo, se mostraron reticentes a hacer otra película de Garbo. Ella esperó a que terminase la guerra, pero cuando la contienda se acabó, también se planteó seriamente su retorno a la pantalla. En 1949 trató de realizar *La duquesa de Langlois* de Balzac, pero la ayuda financiera nunca llegó. Y fue entonces cuando abandonó para siempre las pantallas.

Una pregunta latente, una cuestión que está ahí, pero que Lasalle nunca formula directamente, es por qué Garbo encajaba en el imaginario europeo y no lo hacía Shearer. Lo único que sugiere es que enlaza con un imaginario religioso que recurre a alegorías y metáforas cristianas para «afirmar la divinidad y el poder de enriquecimiento espiritual del amor

---

[336] *Ibíd.,* pág. 237.
[337] *Ibíd.,* pág. 238.

erótico»[338]. El poder de Garbo consistiría en combinar religión y sexualidad al igual que lo hicieron los pintores del Renacimiento: escondiendo la sexualidad en un contexto religioso, transformando la religión en un drama sexual. Haciendo esto, Garbo estaría materializando el acto de creación que confirmaría su personalidad como actriz, estaría efectuando el giro al fantasma misógino... de la diabla a la santa. Hasta aquí todo parece correcto, pero la gran pregunta es: ¿en qué consiste *ser* una virgen, en qué *ser* una santa?

Una parte de los personajes que Garbo interpretó eran propios de la tradición literaria europea, e incluso el gran deseo que nunca consiguió materializar fue interpretar a la indómita mujer-caballero Juana de Arco. Si bien Lasalle no analiza por qué los temas históricos, culturales y religiosos encontraban buena acogida en Europa, parece indudable que la respuesta que podría haber dado Simone de Beauvoir, respuesta en la que coincidiría con escritores estadounidenses como Dos Passos, es que América, la industria cinematográfica norteamericana, era una fábrica de dinero que apenas podía soportar a los intelectuales. Una *garçonne* es una mujer que piensa, y la reina Cristina de Suecia y otras muchas *salonnières,* Juana de Arco y esa otra mujer-caballero que representa *Orlando,* el personaje de la novela de Virginia Woolf, tienen en común el objetivo de acabar con el sexo, con el mal sexo encerrado en el matrimonio. Porque mal sexo o sexo infeliz es un aspecto de la ecuación mujer y matrimonio. De ahí que la *garçonne* reclame otra cosa, por ejemplo el amor libre o el celibato.

Garbo nunca se casó ni tuvo hijos, apenas usaba cosméticos y no se sometió a operaciones estéticas. Abandonó el cine a los treinta y seis, a pesar de las muchas ofertas de contratos que recibía. Y dijo: «Envejecí rápido. Eso es lo que América provoca». Garbo se iba temprano de las fiestas de las sofisti-

---

[338] *Ibíd.,* pág. 52.

cadas estrellas porque prefería sus montañas de Suecia, se puso en huelga durante ocho meses para renegociar las condiciones de su contrato y la MGM acabó por ceder y concederle lo que pedía: representar a la buena-mala mujer. Lasalle eleva a Greta Garbo a la condición de una diosa, pero religiosa, y cree que su imagen en la pantalla «combina a Jesús y María Magdalena». No trata de resaltar sus ambigüedades, sus matices, su bisexualidad ni su condición andrógina; la misma en la que Garbo quizás estuvo interesada: la de una tradición europea en la que, por ejemplo, una Lady Orlando combina *le chevalier et la femme* para acabar desfigurando las fronteras del sexo.

Cuando el *chevalier* Orlando llega a la sociedad victoriana y se transforma en *femme*, advierte el peso de las artificiales fronteras del sexo, de los anillos de boda, de las iglesias:

> ahora le parecía que el mundo estaba anillado de oro [...]. Orlando solo atinaba a suponer que se había operado alguna innovación en la raza; que esa gente estaba soldada una contra otra, por parejas, pero no adivinaba quién lo había hecho y cuándo[339].

E inversamente, solo cuando la *femme* Orlando es capaz de convertirse en *chevalier* puede imitar a una reina Isabel que se plantó ante la chimenea

> con un jarro de cerveza en la mano, que descargó de golpe sobre la mesa cuando Lord Burghley tuvo el tino de emplear el modo imperativo, en vez del subjuntivo. «Hombrecito, hombrecito —aún le parecía oírla—, no hay que decirles *debe* a los príncipes». Estrelló el jarro contra la mesa, aún estaba la marca[340].

---

[339] V. Woolf, *Orlando, op. cit.*, pág. 166.
[340] *Ibíd.*, pág. 161.

Quizás Lady Orlando y Greta Garbo no creían ni en el *sex-appeal* ni en la «modestia sexual» sino que llevaban dentro de sí la antigüedad de una larga saga en la que las fronteras de los sexos se construyen y se deconstruyen de acuerdo con el ritmo del paso de la Historia. Una Historia que, sin embargo, va a encontrar serias dificultades para integrarse en los nuevos imaginarios del cine. No hay mucho tiempo para documentarse. Se trata de escribir rápidamente los guiones y no contravenir ni la nueva franqueza sexual ni el modelo matrimonial establecido. El cine desplazará al Arte, a la Literatura, a la Historia, haciéndose con el control de las historias, con el poder de hacer circular los relatos.

El censor Joseph Breen, el «Hitler de Hollywood», no era ningún agente moral externo infiltrado, sino un empleado más de la propia industria del cine norteamericano. Más allá de instaurar una voz moral nueva —esa voz quizás ya existía—, lo que parece indicar esa historia de censura es una pugna por el control de los mensajes, un combate entre judíos y católicos, por mucho que, como dice Lasalle, Breen fuese un extraño híbrido «laico católico». Ahora bien, como en otros ámbitos, de lo que se trataba en el negocio del cine era de quién se estaba haciendo con el poder para emitir una «voz moral» sobre el comportamiento de las mujeres.

Que el control de la censura y de la industria estaba en manos de los hombres es algo que a estas alturas no necesita ser demostrado. Y frente a las mujeres, los hombres eran partidarios de una moral sexual conservadora que les beneficiaba como grupo. El episodio es un indicio de que por encima del conflicto cultural y religioso se desarrollaba un conflicto político e ideológico de más largo alcance en el que judíos y católicos, lejos de divergir, podían llegar a coincidir: existía la necesidad de controlar un comportamiento de las mujeres que parecía estar desbordando los límites patriarcales. La censura consiguió amortiguar el impacto de ese conflicto y ganar una batalla con estrategias tan concretas como la invención de la «mala» que siempre acompaña al gánster del cine negro, pero también, como veremos, con el mito de la *pin-up*.

La misma censura que existió en Hollywood existió de modo más o menos simultáneo en varios países, y fue el modo en que se hizo evidente dentro de la industria cinematográfica que el hombre necesitaba tomar de nuevo las riendas de un control cultural que se le podía ir de las manos. El problema se solucionó, como veremos, con el paso de la *garçonne* independiente a la mujer víctima, a la sacrificada «pobre muñeca tonta» que recurre a la feminidad más estereotipada y sexy para satisfacer el deseo sexual de los hombres. Finalmente, tanto judíos como católicos parecieron ponerse de acuerdo en castigar a la fatal del cine más negro, sin permitirle nunca que en el *happy end* se saliese con la suya. Y el castigo surtirá efecto cuando la chica se amolde a la lógica de la ingenua y la complaciente, cuando la *pin-up* rubia platino que actúa y se mueve como la mujer-marioneta que algunos hombres diseñan despliegue todo su encanto.

En la etapa precódigo había mujeres «modernas», y el Código pretendió acabar con ellas. También es cierto que cualquier código muestra especiales preocupaciones por lanzar sobre cada mujer individual una pregunta sobre su santidad y su bondad o su maldad y perversidad, o sea, sobre su moral sexual. La sexualidad de las mujeres se ha presentado a menudo como una cuestión insidiosa: como más sexualmente libre de lo que en realidad pudiera serlo. En cualquier caso, en el siglo XX existe un modelo de feminidad que fue instaurándose en la psicología de la gente a base de destellos en las pantallas. En las décadas de los veinte y treinta, los estudios de Hollywood van construyendo poco a poco una figuración de la belleza femenina, un ideal de feminidad que es el que se irá trasladando poco a poco a una Europa de entreguerras cada vez más *des*cristianizada. Es una Europa que ya se está preguntando de forma cada vez más acuciante por el futuro de la civilización, incluso por quién será al final el amo, Europa o América[341].

---

[341] L. Romier, *Qui sera le maître, Europe ou Amérique?*, París, Hachette, 1927. Esta vieja obra, documento que refleja la cultura de una época que

Hasta la llegada de la Segunda Guerra Mundial, la construcción audiovisual de la mujer nueva estadounidense se escenifica en un mundo de consumo y publicidad. El consumo, con su idea implícita de que la posesión de cosas puede cambiar la relación consigo y con los otros, constituyó el factor de cohesión en

vive de cerca un período de entreguerras de consolidación de «grandes masas económicas», contrapone el clásico *make money* norteamericano a valores inmateriales de la tradición humanística europea. Los Estados Unidos no son ni una nación histórica ni un cuerpo político que se pueda remitir a largas tradiciones, sino una comunidad económica que permite una estandarización de las formas de vida, con revoluciones económicas que alteran el panorama de las fortunas. En la lucha por la riqueza puramente económica, la vida estaría hecha de acción más que de reflexión, de eficiencia y rapidez más que de profundidad y teorías. Esto le lleva al autor a contraponer la «vieja» sociedad europea, donde incluso los jóvenes son viejos, a la «joven» sociedad estadounidense, donde los viejos han de convertirse en jóvenes. De este modo, la expresión artística e intelectual, característica de las culturas europeas, tendrá que descender desde sus torres de marfil hasta las cuestiones que plantean las masas, pues de lo contrario las personalidades originales desaparecerían y serían suplantadas por las propuestas carentes de originalidad de los servidores de las masas que buscan únicamente la popularidad y el beneficio. El «sentido práctico» de la joven sociedad estadounidense explicaría que se gastasen cientos de millones de dólares sin que surjan elementos originales. Pero si bien en una sociedad de masas hiperactiva y dinámica cien millones de personas carecerían de tiempo para pensar, y serían incapaces de poseer imaginación creadora, una de entre ellas siempre será capaz de reflexionar y oponerse a los instintos gregarios de placer y sumisión, por lo que, al final, entre la multitud siempre aparecerían individualidades capaces de interpretar las aspiraciones del conjunto. La diversidad armónica de las formas de vida de las culturas europeas se opondría a la uniformidad «estándar» de las formas de vida norteamericanas, en las que el factor económico realiza el primer sistema completo de una civilización de masas tolerante y con un alto grado de dignidad en las condiciones materiales de vida. Y al realizar una elevación de esta dignidad humana media, el capitalismo se confundiría con el socialismo. Al final, el debate entre Europa y Norteamérica se centrará en si podrían acercar posiciones hacia una tarea común, debate que en nuestra actualidad, muy alejada de 1927, podría aplicarse al conjunto de la civilización global.

una Norteamérica que recibía grandes flujos de población emigrante. Como muestra *Ciudadano Kane* de Orson Welles, la mentalidad del poseedor de objetos funcionó como el prototipo para la ciudadanía estadounidense. Los dólares eran el símbolo que mantenía unida la dispersión étnica y cultural del conjunto, proporcionando una identidad nacional coherente. Pero tal y como pensó Welles en su película, el tiempo también hacía su trabajo e iba devorando al insaciable señor Hearst, entre brillo y destellos, sin que él pareciese verlo. Los miles de Hearst de Norteamérica que no podían comprar originales tenían que conformarse con falsificaciones y sucedáneos. Mientras que en el viejo continente la *garçonne* aún conservaba su sello propio, la publicidad estadounidense recoge el «modelo de la mujer francesa, hasta tal punto que muchos productos se presentan como copia de prácticas originarias de París»[342]. Pero era solo eso: *glamour*, imitaciones, plagios, copias, maquillajes.

A pesar del aumento progresivo del número de graduadas en la década de los cuarenta, las mujeres, de acuerdo con el nuevo modelo de clase media estadounidense, se casan en mayor número y en edades más tempranas. Para una ciencia social que organiza el género, economía doméstica y relaciones sexuales y matrimoniales constituyen el horizonte femenino. La publicidad difunde una imagen de ama de casa moderna y feliz entre aparatos eléctricos domésticos que le ahorran trabajo. Esta nueva administración de lo doméstico exige la vuelta al hogar de trabajos que en generaciones anteriores se realizaban fuera de la vivienda o en espacios colectivos. Electrodomésticos, viviendas unifamiliares y familias reducidas no supusieron necesariamente menos carga de trabajo o menos gestión de cuidados. Además, las políticas gubernamentales diseñan patrones cada más exigentes de responsabilidad educativa sobre los hijos para elevar los estándares de salud

---

[342] F. Thébaud (dir.), *Le siècle...*, op. cit., pág. 356.

pública de acuerdo con el campo de acción del viejo higienismo. Así, el consenso entre los nuevos profesionales de la ingeniería social norteamericana, que informan esas políticas, implanta toda una gama de nuevas responsabilidades que, en ocasiones, llegan a incrementar el nivel de exigencia del trabajo de la mujer en casa.

El nuevo concepto de feminidad con credibilidad científica que divulgan los publicistas para educar el yo de los consumidores crea nuevas necesidades. Las emociones del consumidor se ponen en marcha mediante el poder simbólico de las imágenes, pero también mediante el recurso a técnicas de asociación mental. Y así, hacia el final de los años veinte norteamericanos se estaba prediseñando la imagen modernizada del tradicional papel de la mujer. El énfasis en la afirmación de los derechos sexuales y reproductivos de las feministas de la generación anterior a la Primera Guerra Mundial comienza a diluirse en un consumismo colectivo que le da un nuevo sentido al modelado del yo.

Hollywood hace sus primeros intentos para presentar la libertad individual como envolturas de seda y coches de lujo a la puerta de la urbanización. Muchos retos feministas se desarticulan bajo una apariencia de realización y libertad que al parecer habría que agradecer al progreso técnico. La cultura cientifista moderna representa los mensajes feministas «bajo la forma de la mujer norteamericana moderna. Ese fue el resultado del particular talento de la publicidad norteamericana para describir las transformaciones en las oportunidades de las mujeres como ciudadanas y como trabajadoras»[343].

En la misma época en que los Estados Unidos despliegan su ingeniería social, sus códigos, sus listas negras y la política de caza de brujas más dilatada del siglo XX, las grandes ciudades

---

[343] *Ibid.*, pág. 106. Al parecer, la General Electric unió «sufragio y conmutador [eléctrico]» *(ibid.,* pág. 105).

de Europa también se encuentran aquejadas por muchos problemas. Al final, tendrán que recurrir para resolverlos a la influencia cada vez más poderosa del modelo consumista capitalista que encierra el *American way of life*. La cultura popular de masas es impensable sin el capitalismo, y el capitalismo es en el fondo eso que llamamos «sociedad de consumo», es decir, mundo organizado como un objeto global manipulable por políticos, psicólogos, sociólogos, agencias de publicidad y hombres militares. Ahora bien, hasta los años cuarenta quizás no existió una verdadera cultura de masas en Europa. La diversidad de las formas de vida de los países situados entre las orillas del Atlántico y el Mediterráneo era compleja y muy poco uniforme. La homogeneidad no era posible entre tanta pluralidad cultural y con velocidades diferentes en cada locomotora económica de cada estado nacional. Es cierto que existía algo común, una herencia de los mundos clásicos grecorromanos, del cristianismo y de las heterodoxias medievales. Es cierto también que existía un debate de ideas que tuvo su reflejo en los salones, una tradición específica que se desarrolló especialmente en Francia y que sirvió como un modelo de referencia para numerosas personas «educadas» de otros países —y es verdad también que Francia formaba un núcleo de referencia cultural muy consistente. Sin embargo, Francia no lo es todo, y había que sumar las tradiciones políticas, culturales, literarias y artísticas de cada país.

En la Europa del XX la mera agitación de las conciencias y la promoción de doctrinas nuevas sufrieron persecuciones puntuales dirigidas desde las instituciones del estado, pero hasta la Segunda Guerra Mundial no se pudo organizar una campaña propagandística amplia y sistemática de corte patriótico que implicase vigilar al milímetro los movimientos de las personas individuales, obligándolas a confesar sus filiaciones políticas. Quizás fue debido a su añejo pasado cultural, quizás a la inexistencia de fortunas e industrias monopolísticas tan recientes y gigantescas como las que se estaban creando en Norteamérica, quizás también al menor desarrollo nacional de los grandes medios de comunicación de masas como el cine y la publicidad, pero lo cierto es que en Europa no fue posible emprender operaciones publicitarias y de propaganda política tan metódicas y orquestadas como las de los Estados Unidos, operaciones que además difícilmente habrían podido encontrar un gran eco social en dispersas comunidades rurales, en estados separados por fronteras lingüísticas cuyas políticas, inmersas a menudo en problemas nacionales y debates sobre pueblos autóctonos presididos por ideologías diferentes, estaban lejos de formar una masa ideológica tan compacta, apiñada y coherente como la estadounidense. En Europa, el patriotismo y la raza se podían poner en relación con lo francés, lo alemán, lo británico, etc., pero no actuaban como una fuerza única cohesionada ni en un país ni en un grupo de países que repitiese machaconamente desde las imágenes qué es lo que había que pensar y hacer. El patriotismo no podía fluir en una única dirección, sino que a veces se diluía en medio de corrientes que se neutralizaban y oponían las unas a las otras, incluso dentro de un mismo país, como en el caso de las múltiples nacionalidades existentes dentro del territorio de España.

El *American way of life,* por el contrario, uniformizaba, creaba una «bella imagen», y uno de sus elementos fue la feminidad mixtificada, la construcción de la mujer sexy norteamericana. Es un modelo que tardará un tiempo en impregnar el contexto europeo, pues entraba en competencia con la contrafigura de la *garçonne,* la mujer nueva europea con aires masculinos que llegó con la corriente emancipatoria de comienzos de siglo, y a la que se sumó el elemento de la incorporación masiva al mundo laboral que supuso para las mujeres la etapa de la guerra. Al final de la Primera Guerra Mundial, después de trabajar en los campos y en las fábricas, después de conducir ambulancias y cuidar a los heridos, incorporarse a la domesticidad era, para muchas europeas, una tarea imposible. El modelo de mujer aún era masculino, y aunque se eclipsa poco a poco, pervive durante todo el período interbélico. Sin embargo, este es también un momento histórico en que la introducción del cine estadounidense en Europa ocasiona efectos que pueden parecer triviales pero que en realidad son bastante significativos, como que los europeos empiecen a vestir «sombreros y zapatos americanos y casi todo lo demás»[344]. La cultura de masas norteamericana está siendo bien recibida en Europa porque entra acompañando a los planes de ayuda económica. Al mismo tiempo, las voces en contra del imperialismo cultural norteamericano también se escuchan cada vez más fuerte.

De manera muy especial en Francia, se pondrá el acento en la excepcionalidad de la propia superioridad cultural frente a Estados Unidos. Y alguno ya advierte que, de continuar viendo películas americanas, en un par de generaciones «todos los europeos hablarán inglés»[345]. Los sentimientos críticos franceses estaban animados por la idea de que «los americanos no deberían pensar que, además de tener que tragar sus películas, vamos a tener que aguantar su idioma o vernos obligados a aprenderlo si queremos entender sus películas»[346]. El triunfo del mito norteamericano de autocreación y moldeado individual de acuerdo con las propias necesidades, que domina el siglo XX, es un producto del consumismo y de los mensajes transmitidos por las pantallas de Hollywood al mundo entero, mensajes que se dirigen tanto a los progenitores americanos como a «sus rivales, los europeos»[347].

La hegemonía internacional del cine europeo entró en una lenta decadencia con la llegada de las películas sonoras, a finales de los años veinte. Cierto, claro está, que la producción europea

---

[344] P. Marantz Cohen, *Silent Film...*, *op. cit.*, pág. 171.
[345] *Ibíd.*
[346] *Ibíd.*
[347] *Ibíd.*, pág. 178.

no se detiene y que el cine europeo se sitúa entre las vanguardias artísticas de la primera mitad del xx. Pero con la introducción del sonido, y a medida que se acerca la Segunda Guerra Mundial, se ahonda en un proceso de dominación cultural que parece devorar, al mismo tiempo que a las producciones audiovisuales europeas, a la *garçonne,* el modelo específicamente europeo de feminidad. Lo que ocurrió fue que para el punto de vista de la censura y de las mentalidades patrióticas de Estados Unidos, ni la *garçonne* ni la *flapper* eran prototipos adecuados para ejercer de Novia Imaginaria de América. Lo que había que promover era una feminidad tradicional, eso sí, maquillada de modernidad para que las mujeres no se asustasen ante las arrugas que escondía debajo. Y se hizo recurriendo a mujeres con más curvas, a lacas y peinados más vaporosos y más rubios, a todo un conjunto de herederas, en fin, de la «buena chica norteamericana» que había personificado Mary Pickford frente a Theda Bara. La única novedad es que ahora incorpora también un lado erótico y sensual, que recoge de la *femme fatale* y de la *flapper,* pero de manera inocente y para nada amenazante.

Cuando el cine de Hollywood asimile una feminidad que recordaba los estándares de los caballeros de las *Ziegfeld Follies* de Broadway, entonces lo sexual y erótico de corte más *vamp* y *fatal* dejará paso a ese fenómeno conocido con la palabra «sexy», denominación que exige acomodar los gestos a los movimientos del ojo de la cámara, haciéndole guiños y mostrándole el lado más fotogénico. Son movimientos que a su vez pueden ser interiorizados e imitados por un público que, desde la butaca, asiste al espectáculo exhibicionista de la pantalla. Cuando a las mujeres, confinadas de nuevo a ese lugar llamado sexo, les toque el turno de expresarse, será bajo ese filtro: el cliché de la mujer sexy —no la verdadera humanidad, consistente en expresar los matices infinitos de las pasiones humanas.

La llegada del séptimo arte al mundo de la cultura junto con el monopolio que en la segunda etapa del xx ejerce el cine estadounidense influyeron necesariamente en las restricciones de una libertad creativa que se estaba abriendo para las mujeres occidentales desde los comienzos sufragistas, cuando no solo se luchaba por el voto sino por un giro social hacia direcciones más justas. A pesar de haber ampliado las posibilidades laborales de las mujeres, la factoría cinematográfica crea un espacio de autoría controlado por una mirada masculina, ya sea en sus variantes artística, política o económica. Si la era de las mujeres se inicia con la llegada del siglo, es decir, si la entrada del siglo anuncia un nuevo comienzo[348] para ellas, el triunfo del imperio de la cámara y su aparato de censura contribuyen poderosamente a llamar al orden social, a imprimir un nuevo e inesperado giro androcéntrico a la fábrica cultural de historias y sueños colectivos. Las imágenes en general, pero de manera especial el cine, constituyeron un buen soporte para escribir el guion del sistema dos sexos-dos géneros, para apaciguar los miedos masculinos, para hacer cumplir la norma no escrita que elimina las historias de *flappers, garçonnes* y ciudades sufragistas. La mirada de la cámara parece replicar la de un guardián panóptico del orden masculino ante la inquietud amenazante que podría introducirse con el desorden de una producción artístico-cultural en manos femeninas. De este modo, tan temprano como en los años veinte, la organización de productores y distribuidores de Estados Unidos elige a un alto cargo militar, un general y líder del Partido Republicano, para presidir una organización capaz de salvaguardar el código moral que las sufragistas denunciaban como de doble rasero[349]. Fiel a

---

[348] En este sentido, resulta significativo el título de una obra de la estadounidense Kate Chopin *El despertar,* publicada en 1899; fue, al igual que *La Garçonne,* considerada inmoral por sus descripciones de una nueva sexualidad femenina y por una crítica latente a las influencias negativas de las normas sociales de género en la vida diaria de las mujeres.

[349] Se trata de la Motion Picture Producers and Distributors of America (MPPDA).

las tendencias más puritanas del país, una de sus primeras acciones será introducir cláusulas de moralidad en los contratos de actrices y actores, así como poner límites a la duración de los besos en la gran pantalla[350].

Al final de los años cuarenta han quedado atrás dos grandes conflictos en los que reinó la destrucción y la muerte. Pero las pantallas muestran a generales y soldados, gánsteres, capitanes, presidentes, vaqueros, hombres de los *trusts* del petróleo, del oro, del automóvil, del cemento, del acero y de cualquier otro de los negocios que promueven guerras y deciden así la suerte que correrá todo el mundo. Aparecen en menor medida muchachos que se entrenan para ser hombres, deportistas, estudiantes, escritores. Y lejos de este *glamour* épico de Hollywood, el sonido de las salas de cine europeas recoge como un eco las hazañas bélicas, Hiroshima, los cuatrocientos golpes. El cine europeo hace también algo propio contando las historias de los hombres de la calle, hombres de una masculinidad ruda en circunstancias difíciles, como el actor y héroe de guerra Jean Gabin, el mismo que nunca respondió a las llamadas de Marlene Dietrich. Hubo quien aseguró que Gabin fue la única oportunidad que ella tuvo para ser una «mujer verdadera»; ella, Marlene, la joven de una época que nunca supo en cuál de los dos sexos debía situarse. Marlene murió sola en un apartamento en pleno centro de París, el mismo que había compartido con el célebre actor francés extrabajador del Moulin Rouge, hijo a su vez de actores de cabaré. Porque no quiso convertirse en su esposa e irse a vivir con él a una granja de la campiña francesa, Jean Gabin se enfadó con ella para siempre y nunca quiso saber nada más de la mujer cosmopolita y urbana que había vestido trajes masculinos y que siguió siempre enviándole recuerdos a través de amigos comunes.

---

[350] Cfr. P. Marantz Cohen, *Silent Film...*, *op. cit.*, pág. 150.

En términos generales, la producción cinematográfica coincide en reflejar solo las sombras de un mundo de seres llamados mujeres sobreviviendo misteriosamente en la retaguardia, haya o no guerra. La experiencia vivida por las mujeres es un punto de vista casi desconocido hasta que en 1949 Simone de Beauvoir publica *El segundo sexo,* y hasta que poco después, en el año 1963, la estadounidense Betty Friedan descubre «la mística de la feminidad»[351]. Hasta ahí, el control del discurso lo ejercen los *mass media,* es decir, el señor del gran periódico, de la gran editorial, de la revista más popular y del importante semanario. Generalmente no demuestran mucho interés en las formas de vida de las mujeres que no favorezcan el frecuente cierre final de la historia: el final feliz, el reposo de un guerrero que casi siempre espera el plato caliente que le sirve algún ángel de la casa. En el reino militar, el punto de interés es el de la fraternidad masculina.

Tomando suficiente distancia, podrían plantearse dos preguntas: ¿existen verdaderamente los deseos individuales o se inscriben en una red de adiestramiento mental de las poblaciones? ¿Qué temían estos hombres y qué habrían deseado estas mujeres que hace nada nos precedieron? Como si se tratase de una explosión, brilla el *sex-symbol* mientras que el mundo gris de cada generación anterior de mujeres queda reducido a polvo y cenizas. Las próximas generaciones de mujeres excavarán entre los escombros de la ciudad tachada y la nueva ola feminista tratará de rescatar una corriente subterránea de vida olvidada. Tirando de los cabos sueltos de la teoría, alguien tratará de sacarla de nuevo a flote.

---

[351] «Esas nuevas y felices amas de casa, heroínas de aquellos relatos, parecen extrañamente más jóvenes que las ardientes chicas de carrera de las décadas de 1930 y 1940. Dan la sensación de ser cada vez más jóvenes —por su aspecto y por una especie de dependencia infantil. No tienen una visión de futuro, excepto en lo referente a tener un bebé», B. Friedan, *La mística...,* *op. cit.,* pág. 82.

La historia, cualquier historia, tiene una tarea pendiente: aprender a mirar, aprender a ver, aprender cómo se pueden hacer visibles las cosas ocultas. Entonces se descubrirán cosas insospechadas, cosas que nadie quiere mostrar, cosas que conciernen a las posibilidades de vida, cosas inscritas en la psicoterapia de masas. Los análisis del crítico de cine Mick Lasalle aseguran que si bien en los veinte y primeros treinta «las mujeres dominaban la taquilla»[352], desde los años sesenta las actrices son «ciudadanas de segunda». El Hollywood actual se caracteriza por géneros «masculinos», lo cual quiere decir que se vuelca en la acción, las aventuras, la ciencia ficción y los papeles masculinos. Hollywood no quiere ser un medio de expresión para las mujeres. Y se justifica diciendo que las recaudaciones sugieren que la audiencia no quiere verlas. Las actrices están ahí, pero «muchas tienen que esperar una indecible cantidad de tiempo su oportunidad de un buen papel —si es que llega»[353]. Sin embargo, la realidad es más compleja, tiene muchas facetas, y por eso también se forman largas colas para ver una película como *La divorciada,* protagonizada por una mujer de 1929. Aun así, las actrices del nuevo milenio han de conformarse con un Hollywood que «las caracteriza como esposas y novias»[354] y que tiene

> poco interés en las narrativas de mujeres, donde se convierten en chicas, donde las creaciones más misóginas de la mente masculina son engañosamente planteadas como «fuertes» y «asertivas», y donde la vida vivida por una actriz es aún la mitad de la de un hombre [...].
> Este es el Hollywood de un futuro previsible. Quizás cuando haya más mujeres que se conviertan en directoras —controlándolo en tanto directoras al igual que en otro

---

[352] M. Lasalle, *Complicated...*, op. cit., pág. 4.
[353] *Ibíd.*, pág. 249.
[354] *Ibíd.*, pág. 250.

tiempo influyeron en él profundamente como estrellas— una segunda edad dorada de películas de mujeres dé comienzo[355].

Esperando un momento que quizá se retrase mucho —pues la llegada de las mujeres tampoco es garantía de nada—, lo único cierto parece ser lo que dijo esa actriz de tránsito del mudo al sonoro que fue Norma Shearer: aquello que les ofrecía a las norteamericanas era que «estaba dispuesta a insinuar que su propia belleza era manufacturada»[356].

---

[355] *Ibíd.*, pág. 251.
[356] *Ibíd.*, pág. 73.

CAPÍTULO 11

Rubias platino, *garçonnes, flappers* y mixtificaciones de la feminidad

John Dos Passos cierra su crónica impresionista[357] de la Norteamérica posterior a la Primera Guerra Mundial con una obra que lleva el significativo título de *El gran dinero*. En esta novela sobre el poder de los titulares de prensa, sobre las vidas de las personas corrientes y sobre los individuos que luchan a muerte por hacerse grandes entre sus semejantes, un joven vagabundo en busca de mejor fortuna siente que su único deseo es trasladarse cien millas más allá del lugar en que se encuentra. No carece de formación porque ha asistido a la escuela, pero tiene hambre. No tiene trabajo y solo aspira a tener algo mejor que lo que único que tiene: sus propias manos.

Siente lo mismo que todos los que sienten la llamada de una metrópoli que les promete que cualquiera podrá abrir-

---

[357] La trilogía USA está compuesta por los volúmenes *Paralelo 42*, *1919* y *El gran dinero*.

se camino y llegar a algo. Porque esos mensajes que casi nunca se pronuncian claramente, pero que suenan como la música de fondo de un momento histórico, les dicen a todos ellos que el nacimiento y la educación ya no importan. Porque incluso el lujo empezaba a ser un derecho reclamado por todos. Y porque a todos se les prometía que podrían franquear los límites de su condición social, desde la pobreza hasta la fortuna, a partir de sí mismos, con su solo esfuerzo.

El efecto llamada no se limitaba, sin embargo, a las gentes de la Norteamérica más pueblerina. Se escuchaba también en una Europa devastada por la Gran Guerra, donde miles de jóvenes de nacionalidades diversas compraban con sus pocos ahorros un billete de última clase en el transatlántico que los llevaría a la nueva tierra prometida. Es lo que expresa un personaje de *Manhattan Transfer*: «Lo que yo digo es que quiero llegar a algo en este mundo. Europa está podrida, apesta. En América uno puede abrirse camino»[358]. En la tierra prometida se necesitan manos para colocar los postes de madera que unen las líneas paralelas de los cables telefónicos que comunican distancias de miles de kilómetros tras distancias de miles de kilómetros, al igual que los hilos del tendido eléctrico. Pero también avanzaban de modo vertiginoso los puentes de acero, el trabajo en cadena, los vehículos sin caballos y el resto de las invenciones mecánicas; todo ello creando, de un lado, las nuevas fortunas y los grandes *trusts*, y, de otro, la necesidad de enormes masas de asalariados precarios.

La carrera en busca de nuevas oportunidades para brillar más que el vecino no se desarrolló, sin embargo, al margen de la radio y el cine. Ni, por lo tanto, a espaldas de la diferencia de sexos, pues la sexuación del mundo se transmitió por mu-

---

[358] J. Dos Passos, *Manhattan Transfer*, Barcelona, Plaza y Janés, 1986, pág. 27.

chos medios, entre ellos el del séptimo arte. Tanto el cantante de la radio como el director de cine susurraban a menudo acerca de chicas. Así que los «fantasmas de rubias platino engatusaban desde la pantalla»[359].

Y como no había sueldo, sino pobreza y penalidades en el matrimonio y la maternidad, las chicas, por su parte, también buscaban trabajo. Tenían de su lado a las asociaciones de mujeres que las ayudaban en su deseo de convertirse en verdaderas profesionales, si bien lo más probable era que encontrasen cualquier empleo mal pagado. Así que el nombre que iba después de la palabra *Miss* se quedaba siempre trazando círculos en las bajas esferas «en vez de ascender a las más altas esferas con sueldos importantes»[360]. No era raro que el índice de natalidad, al menos en Europa, no parase de descender. Quizás para tratar de salir de ahí abajo, quizás por otros motivos, por ejemplo para parecer realmente norteamericanas, pero lo cierto es que ahora no solo las actrices sino muchas mujeres empezaban a teñirse de rubio.

La construcción de la «rubia platino», el color de pelo de la mujer sexy, es un acontecimiento complejo que exigió la readaptación de un período anterior a la época siguiente. Fue la manera que encontró el pasado, la feminidad que se representaba con la rosa americana Mary Pickford, para sobrevivir ante la llegada de un nuevo tiempo presente. En el año 1925 la escritora y guionista estadounidense Anita Loos escribió el *best seller Los caballeros las prefieren rubias*. En una introducción titulada «Biografía de un libro»[361], que escribió para una de las muchas reediciones de la novela, asegura que se inspiró en una rubia de Hollywood que fue *partenaire* de Douglas Fairbanks y que representó la verdadera feminidad

---

[359] J. Dos Passos, *El gran dinero, op. cit.*, pág. 791.
[360] V. Woolf, *Tres guineas*, Barcelona, Lumen, 1983, pág. 75.
[361] A. Loos, *Los caballeros...*, *op. cit.*

Anita Loos, con una copia de su novela *Los caballeros las prefieren rubias* (1927).

Mary Pickford en *The Little American* (1917).

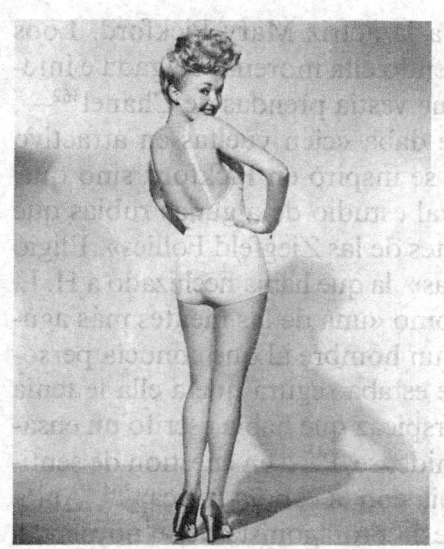

Betty Grable, actriz, bailarina y cantante americana que alcanzó la fama en los años 40 y 50 cuyo estilo fue imitado Marylin Monroe.

Cartel de la película *Los caballeros las prefieren rubias*, una película estadounidense de 1953, basada en la novela de Anita Loos del mismo título, y en el musical de Broadway, también del mismo título.

norteamericana. Se refería a la actriz Mary Pickford. Loos quería averiguar por qué, siendo ella morena, delgada e inteligente —afirma también que vestía prendas de Chanel[362]—, la rubia «alta y robusta» le daba «cien vueltas en atractivo femenino»[363]. Pero no solo se inspiró en Pickford sino que, además, decidió proceder «al estudio de algunas rubias que conocía, *starlettes* procedentes de las Ziegfeld Follies». Eligió a «la rubia más tonta de todas», la que había hechizado a H. L. Mencken, al que describe como «una de las mentes más agudas de nuestra época». Era un hombre al que conocía personalmente, un amigo del que estaba segura que a ella le tenía gran aprecio, un hombre perspicaz que había escrito un ensayo sobre la cultura estadounidense. Pero en cuestión de sentimientos «prefería a una rubia con la cabeza hueca»[364]. Anita Loos convirtió a Lorelei Lee, la protagonista de su novela, en lo que, en su opinión, era «el símbolo de la mentalidad más simplona de que es capaz nuestro país», y situó su infancia en Little Rock, un lugar que era «el colmo de la estupidez humana»[365]. Esta fantasía literaria de Loos será objeto de un musical de Broadway, y más tarde se trasladará a la gran pantalla, con Lorelei Lee interpretada por Marilyn Monroe.

La imagen de la mujer de los años veinte y treinta que nos presenta el cine estadounidense oscila, según Veronica Pravadelli, entre dos modelos diferentes[366]. La una es la imagen de

---

[362] Carmel Snow, la editora del *Harper's Bazaar*, revolucionó la fotografía de moda al contratar a artistas innovadores. Fue amiga de Loos y de Chanel, a la que ayudó tras un regreso muy criticado. La colección que Chanel presentó tras la guerra se consideraba una vergüenza para las mujeres (ahora amas de casa sacrificadas) y Snow contribuyó a que encontrase en Estados Unidos un fabricante interesado en sus diseños, pues pensaba que el estilo Chanel era perfecto para las mujeres urbanas.
[363] A. Loos, *Los caballeros...*, op. cit., pág. 12.
[364] *Ibíd.*
[365] *Ibíd.*
[366] V. Pravadelli, *Cinema and...*, op. cit.

la mujer moderna, el culto a la Nueva Feminidad de una mujer joven, asertiva y sexy, en sus variantes de jóvenes trabajadoras, *show girls* y *flappers*. La otra supondría una orientación hacia el matrimonio y la pareja que convertiría a la figura de la mujer emancipada en algo marginal. En opinión de Pravadelli, no habría más que comparar el papel de Barbara Stanwyck en *Carita de ángel* respecto a *Stella Dallas* para comprobar cómo en pocos años, de 1933 a 1937, se produjo dicho cambio.

El cine nunca es la realidad, y cada vez se irá interesando más por su propia atmósfera. Pero algo recoge de la época. Mick Lasalle cree que en la etapa *Pre-Code* del cine de Hollywood lo que más preocupó fue el amor, y no el dinero. Más concretamente aún, la época de entreguerras estaría dominada por un tipo de amor que guardaba relación con la moda más obsesiva del momento: la película de prostitutas. La malévola *vamp,* o la «mujer nueva» moderna que trata de buscar su libertad, iría deslizándose poco a poco hacia la chica sensual e ingenua que representa, por ejemplo, la actriz Jean Harlow[367]. Piensa que si bien Greta Garbo convirtió a la *vamp* en una mártir y transformó el sexo en una especie de sacramento, con Shearer se vuelve emancipación, y con Crawford, una mercancía. Pero en el caso de Harlow, el «sexo era solo sexo», y era refrescante, porque dejaba atrás su lado oscuro y corrompido para representarse en la casadera promiscua, una especie de pagana feliz. Para mostrar que esta actriz era «inconsciente y sin vergüenza, como Eva antes de la caída»[368], relata la siguiente anécdota: un día se presentó en los estudios de rodaje con sus pechos al aire y, agitándolos, proclamó a voz en grito: «Algo para los chicos del laboratorio».

---

[367] Cfr. M. Lasalle, *Complicated...*, *op. cit.*, págs. 127-133.
[368] *Ibíd.*

Jean Harlow fue considerada a menudo una devorahombres. Estuvo durante un tiempo realizando papeles de extra en películas mudas y sonoras hasta que el excéntrico multimillonario, aviador y director de cine Howard Hughes la contrató para su papel de *party girl* en la epopeya bélica *Los ángeles del infierno*, primera gran superproducción de la historia del cine. Como manda una norma nunca escrita desde la invención del cine sonoro, en esta película la acción la emprenden los hombres —se centra en las hazañas bélicas de los aviadores; en concreto en la relación entre un aviador y su hermano. La detención de la acción se define, por el contrario, a partir de la exhibición del cuerpo de la mujer. La gran escena de Harlow en esta película es quizás la primera propuesta de *striptease*[369] de la historia del cine:

—¿Te chocaría si me pongo algo más cómodo? —pregunta Helen (Jean Harlow).
—Intentaré sobrevivir[370] (le responde el seducido hermano del aviador).

En sus primeras películas, parece que Harlow trató de compensar su poco talento con su provocador rubio platino. En 1931 protagonizó una película con el significativo título de *Goldie*. Se trataba de un *remake* de *Una chica en cada puerto*, dirigida por Howard Hawks, y con ella logró la dudosa distinción de ser la primera mujer a la que se le llamó *tramp*[371] en una pantalla[372]. Un crítico de cine del *New York Times* aseguró que la sala donde se proyectaba la película el día que la vio estaba llena de jóvenes rubias platino[373].

---

[369] El término conjuga *strip* (desnudar) con *tease* (engañar) y, en una versión más de las figuraciones del mal femenino, sugiere que las mujeres utilizan su cuerpo desnudo para engañar a los hombres.
[370] Citada en M. Lasalle, *Complicated...*, op. cit., pág. 128.
[371] Traducciones al español: fulana, puta, vagabunda, vaga.
[372] M. Lasalle, *Complicated...*, op. cit., pág. 129.
[373] Citado *ibíd.*, pág. 126.

Ahora bien, con el tiempo Harlow empezó a quejarse del tipo de papeles que tenía que interpretar y rescindió su contrato con Hughes. *Picture Play* predijo que en seis meses todo el mundo la habría olvidado. Ella no temió arriesgarse, y así se convirtió también en la primera actriz en negarse a aparecer desnuda: «He rechazado porque en el momento en que firmo, cambian el guion para desnudarme [...]. He decidido que voy a convertirme en una actriz, no en una profesional del sexo buitre», afirmó[374].

En 1932 rueda *La pelirroja,* una comedia escrita por Anita Loos, que justamente se mofa del «sexo buitre», pues esta guionista tenía por costumbre mofarse de las extravagantes preferencias que tenían los «caballeros». Más tarde, Harlow interpreta a una prostituta bromista y a una prostituta de buen corazón. Finalmente, la joven actriz que había exhibido sus pechos ante los chicos del laboratorio se convertirá en una mujer desilusionada cuyo único deseo es convertirse en escritora: «Cuando veo mi nombre en luces eléctricas, siento lo mismo que cuando veo el nombre de Madge Evans en luces eléctricas. Esa chica de ahí no soy yo. Todos queremos perpetuarnos un poco... siento que puedo perpetuar el yo que *soy* sobre el papel»[375]. Esta frase resonará como un eco lejano, pero todavía audible, para una Norma Jean-Marilyn Monroe cuando quiso montar su propia productora. Ambas, sin embargo, fracasan. Y tienen también en común que se mueren antes de los treinta y cinco. Entonces su propio cuerpo, convertido en imágenes, en mercancía a explotar, seguirá dando pingües beneficios a los magnates que no fueron ellas.

El papel de Jean Harlow en *Los ángeles del infierno* fue, en opinión de Lasalle, el primer ejemplo que le ofreció Holly-

---

[374] Citada *ibíd.,* pág. 129.
[375] Citada *ibíd.,* pág. 133.

wood al mundo de una joven estadounidense descaradamente sexual[376]. Corría 1930. Y cuando en 1932 Claudette Colbert interpreta en la película de Cecil B. de Mille *El signo de la cruz* a la mujer más malvada del mundo, es decir, a Pompeya, la mujer de Nerón, hubo muchos grupos de judíos, de protestantes, y especialmente de católicos, que se escandalizaron con su sensualidad. Creían que ya era suficiente, que Hollywood había ido demasiado lejos[377], preocupados de manera especial por lo que consideran una danza lesbiana ante una chica cristiana. Entonces los boicots conseguirán imponer la censura y dar por finalizada la era *Pre-Code* para pasar al Código.

Entre la figura de la «mujer nueva» y emancipada y lo que se consideraba «feminidad verdadera» también existieron síntesis como la de la actriz Norma Shearer, que de «buena chica» pasa a encarnar el papel de «mujer fatal». Lasalle destacó su lado independiente. Ahora bien, es tan predecible y sexualmente activa que alguien podría preguntarse si no es el reflejo en la pantalla de fantasías de publicistas masculinos sobre la experiencia sexual de las mujeres nuevas. En cualquier caso, con Shearer entramos en un período en el que, debido al éxito que estaban teniendo los planteamientos patrióticos y conservadores, la *garçonne* y la *flapper* empiezan ya a declinar y retirarse.

Es importante recordar las similitudes entre las *flappers* y las *garçonnes*, pues permiten descubrir que este movimiento no es específico de un solo país, sino que es internacional e inseparable de un creciente desarrollo urbano de grandes núcleos de población en diversos países. Por otro lado, habría que analizar en detalle los matices propios de la *flapper* frente a la *garçonne* pero, a primera vista, existe en ella un menor grado de indefinición sexual. La transgresión que efectúa no

---

[376] *Ibíd.*, pág. 127.
[377] *Ibíd.*, pág. 141.

se muestra en deuda con «mixtidades» de tipo andrógino sino que, por el contrario, aun representando un modelo de mujer novedoso y rupturista, en principio resulta menos ambiguo que el de la *garçonne* y está más cercano a las imágenes de la feminidad tradicionales que, desde el romanticismo, destacaban a las mujeres como aborrecibles criaturas sexuales.

Por otra parte, la relevancia que adquieren las características sexuales de la personalidad en un prototipo como la *flapper* es inevitable que plantee la pregunta de por qué es bastante menos unisex, bastante más *sexy* que la *garçonne*. *Flapper* pudo ser desde la dependienta del *magazine store* hasta la excepción de una mujer de negocios que busca, al igual que los hombres, su oportunidad en las cotizaciones de bolsa y el mundo de las inversiones, pero que solo raramente, con un golpe de suerte, podría llegar a acumular cargos y posiciones en un grupo económico de monarcas masculinos que sueñan con nuevos «Eldorados». Ahora bien, la *flapper* funcionó como el precedente de la *pin-up*, porque anticipa de algún modo el papel de la mujer auxiliar que gasta demasiada energía en parecerse a la mujer rubia sonriente de los anuncios. Si bien en los tiempos de la mujer independiente aún resulta cierto que puede ser la profesional que acompaña al hombre de los negocios, que trata de entrar en competencia con él y, amenazando con superarlo, convertirse ella misma en la mujer de negocios, algo en ella señala ya hacia la feminidad mixtificada que vendrá. La *garçonne* es una mujer que también puede ser tanto la profesional como la trabajadora o la mujer capaz de emprender sus propios negocios, como ocurre en el caso de la protagonista de la novela que tan bien la representa, pero vive en un ambiente menos influido por los medios de comunicación de masas y la formación de una opinión pública uniforme. Y la *garçonne* es morena, nunca rubia platino.

En realidad, las estadounidenses *flappers* de los veinte podrían estar ya iniciando el camino de las *college-girls* de Vassar que se encontró Beauvoir en los años cuarenta, sorprendiéndola vivamente. Las jóvenes de Vassar estudian francés, sí, por lo que podrían parecer intelectuales, pero destacan por su aspecto desenfadado y feliz. Invierten mucho en ser bonitas y pueden describirse así:

> sus cabellos son como de anuncio de champú, sus rasgos realzados por maquillajes, retocados como los de mujeres de treinta años [...] pantalones vaqueros arremangados por encima del tobillo, camisa de hombre blanca o de cuadros de colores chillones, que cae flotando encima del pantalón, con los faldones anudados por delante con calculado desaliño. Las camisas están resplandecientes pero los vaqueros tienen que estar gastados y sucios, si es necesario los arrastran por el polvo, les cosen parches disparatados, zurcen con hilos de color más oscuro los desgarrones invisibles. Vestidas a lo chico, maquilladas como fulanas[378].

Esto que ocurría a mediados de los años cuarenta entre las universitarias de Norteamérica, en plena vigencia del período de las *pin-ups,* es diferente del ambiente europeo, donde no existía una forma tan evidente de adaptación a un modelo de belleza prefabricada, de feminidad mediática. Quizás porque tampoco existían en el mundo público de los negocios masculinos cabezas tan aceleradas y llenas de *scotch,* dominadas por contratos, beneficios, vacaciones, poder, control mundial, ciudades superpobladas al lado de inmensas colinas desiertas, carreteras de peaje, rutas aéreas entre el Atlántico y el Pacífico y, en fin, decisiones de miles de millones de dólares que afectaban a un país en construcción. La influencia del cine y la publicidad sobre el comportamiento de las mujeres no era tan importante en Europa porque la mayoría aún eran campesinas, y entre las

---

[378] S. de Beauvoir, *América...*, *op. cit.*, pág. 56.

urbanas no existía un comportamiento tan homogéneo como en los Estados Unidos. Creo que esta mayor pluralidad cultural e ideológica es el contexto social que explica que la *garçonne*, es decir, la figuración de mujer urbana más propiamente europea, no sea un prototipo tan estandarizado como será el cuerpo hiperfemenino, manufacturado por los medios de comunicación, de la *flapper* y su, en parte, heredera *pin-up*. Así, la uniformidad, la dinámica del *estándar* del *American way of life* sirven para explicar que la *flapper*, contemporánea de la *garçonne*, responda al modelo de una chica esquemática, sexy, inocente e ingenua mucho más que las europeas.

Más o menos rubias, más o menos sexys que sus contemporáneas *garçonnes*, lo cierto es que, como figuras de tránsito de un tiempo a otro, las *flappers* representaron en los Estados Unidos el espíritu de liberación y rebeldía propio de la joven generación de los veinte. Se asociaron con la música de jazz porque también este estilo musical se consideraba desinhibido, improvisado, primitivo y estimulante de un nuevo comportamiento sexual, un poco salvaje e incluso infantil. De hecho, a las *flappers* se las llamó *jazz babies* para justamente señalar tanto su modernidad como su inmadurez. Y la publicidad, a la caza de nuevos consumidores, fue la encargada de acentuar las nuevas ideas y valores de estas mujeres, su carácter independiente por comparación con las generaciones de madres y abuelas, para al mismo tiempo entonar las negativas de siempre y al final hacerlas danzar alrededor de la moral y la tradición.

Una «libertad fingida» caracteriza, según Roland Barthes, a la moral del correo del corazón de las revistas de moda femeninas[379], una idea de la humanidad que reproduce una ti-

---

[379] Véase R. Barthes, «Celle qui voit clair», en *Mythologies,* París, Éditions du Seuil, 1957.

pología jurídica, la del código civil. Lejos de expresar sus prácticas o vivencias, clasifica al mundo-mujer en las tres categorías tradicionales de la virgen, la cónyuge y la mujer sola. Al tener como referencia a la institución familiar, el correo del corazón haría existir a la mujer como se hace cuando se la nombra jurídicamente en el matrimonio: como sometimiento al hombre por medio de un contrato de apropiación legal. La experta del corazón le aconseja a la mujer la misma obediencia y el mismo deber de sacrificio que el de la moral familiar moderna, no emancipada sino, como veremos, garantizada por la ciencia social más especializada o experta. En el fondo, es como si las mujeres fuesen una especie zoológica particularmente parásita, necesitada de un elemento tutor (el *vir*). Si bien conlleva la «impotencia completa a cualquier abertura sobre el mundo real»[380], este sacrificio al código familiar es, paradójicamente, celebrado como Independencia Femenina. La consejera simula no tomar partido, pero apoya una moral conformista de la sujeción. Por eso, y por ser experta consejera, en un giro paradójico, la sociedad llega a otorgarle incluso autoridad sobre la emancipación femenina.

Los años cuarenta y cincuenta constituyeron, especialmente para la mujer estadounidense, una época de feminidad mixtificada en la que las mujeres se definieron en términos de «ocupación: sus labores»[381]. Y tanto el cine como la publicidad o el correo del corazón, que les sirvieron a muchas de ellas de consuelo, promocionaban el mismo tipo de feminidad que las llevaba al dolor y la frustración. La construcción social de la masculinidad y la feminidad normativas que acompañó al desarrollo del mundo de los negocios estadounidenses tuvo que ver con valores muy materiales, monetarios. Las

---

[380] *Ibíd.*, pág. 127.
[381] B. Friedan, *La mística...*, *op. cit.*, pág. 88.

alianzas que este mundo capitalista estableció con el de los valores patrióticos fueron numerosas, como vimos, contribuyendo a que las nuevas formas de vida de las mujeres retrocediesen un paso para amoldarse a una feminidad diseñada desde industrias y procesos macroeconómicos en los que la toma de decisiones partía, como es evidente, de las cabezas masculinas. Ahora bien, a medida que las amas de casa de los cuarenta iban poniéndose enfermas empezaron a sospechar algo: en sus vidas existía «un problema que no tiene nombre». Y a esa sospecha le pondrá nombre la psicóloga y socióloga Betty Friedan cuando detecte una «mística de la feminidad» colonizando, a través de los medios de comunicación de masas, cada mente de cada rincón de los Estados Unidos.

Había tenido lugar una guerra con bombas atómicas; y las mujeres y los hombres parecieron encontrar una salida en soluciones individuales, refugiándose en actitudes patriarcales que llevaron a media población a una situación de repliegue en el hogar. Así fueron cortadas de nuevo por el patrón de medida, el de esa mística que postula la feminidad como valor más alto a realizar. Así enterraron el error de un pasado que habría creado el gran problema de que las mujeres se enfrentaban a los hombres criticando el matrimonio y amenazaban con una subversión fatal para ellos.

Tratando de hacerse iguales, se habían alejado de lo que se creía era su verdadera naturaleza, la sexual, y con ello de su dependencia del hombre y de su dedicación a los hijos. Era necesario rectificar. Si lo propio de la masculinidad era conseguir ingresos y ofrecer protección a la feminidad, las mujeres que ejercieran una profesión estaban en situación de no necesitar dicha protección y desbaratar el sistema. Así que, terminada la Segunda Guerra Mundial, se impuso la lógica de que tenían que regresar a casa. Y los hombres y los soldados que aún estaban vivos volvieron a tener prioridad y volvieron a ocupar sus puestos civiles, los mismos que habían sido ocupados antes por ellas. Al principio la competencia fue dura; y el resurgir de los viejos prejuicios antifeministas, junto con una amable cortina de hostilidad, provocó que bastantes mujeres con estudios, que, dicho sea de paso, cada vez estaban más adiestradas por expertos y sistemas educativos para el trabajo gratuito, se precipitasen a la única carrera posible: el hogar y el matrimonio. Las mujeres siguieron engrosando las filas de las trabajadoras industriales mal pagadas, pero las profesiones que requerían esfuerzo, cualificación y dedicación descendieron. Fue la época de un *American way of life* a pleno rendimiento, de un conformismo generalizado en el que el amor y el sexo parecían acaparar la vida entera de las mujeres, mientras que, para los hombres, solo existía su masculinidad industrial. Al lado de esto, los problemas políticos como el control atómico y la caza de brujas de McCarthy no suscitaban mucho interés. Eran mentes desideologizadas.

La cultura estadounidense puso de moda el psicoanálisis y los temas freudianos como sustitutos de la ideología. El «complejo», es decir, «el Edipo», se convirtió, en opinión de Friedan, en una expresión familiar. Ambiente conformista y carencias ideológicas hicieron que incluso Norman Mailer y los escritores de la «nueva ola» limitaran «su espíritu revolucionario al sexo, el placer y las drogas y a hacerse publicidad a base de utilizar un vocabulario soez»[382]. La buena chica sumisa y el *bad boy* inundaron una realidad muy pendiente de las perversiones sexuales y del amor-odio hacia la madre, la última responsable del perjuicio psicológico causado a chicas y chicos. Delincuencia, fracaso escolar y desequilibrio emocional aparecieron en los titulares de prensa como situaciones provocadas por madres frustradas, a quienes se les reprochaba, además, una pérdida de feminidad y una falta de plena dedicación a la familia. Con el método del insulto y el ridículo, las mujeres de la nueva generación fueron invitadas a con-

---

[382] *Ibíd.*, pág. 241.

vertirse en «verdaderas madres», en profesionales domésticas —por algo se les había permitido tener títulos universitarios—; deberían utilizar toda su energía no en sí mismas, sino en las ilimitadas necesidades de sus hijos. Nadie parecía darse cuenta de la paradoja que suponía hacer responsable del malestar social a la nueva generación, a unas madres con estudios universitarios que no cobraban sueldos por su trabajo, que vivían agobiadas en su cuerpo enfermo por la frustración que les causaba la estrechez del círculo del hogar. En este ambiente antifeminista, el ideal anterior de la mujer trabajadora y sensata, de los hombres y mujeres trabajando juntos, se deshizo. No pudo rivalizar con la capacidad de difusión de los medios de comunicación, con el modelo de la joven y dinámica ama de casa rodeada de un mundo de electrodomésticos.

Así pues, los análisis que más de veinte años atrás le habían servido a Beauvoir para articular su crítica al «eterno femenino»[383] aparecen de un modo no muy diferente cuando Friedan detecta el imperio de una «mística de la feminidad»[384] que desposeería a las mujeres estadounidenses de

---

[383] La crítica que realizó Beauvoir a la construcción simbólica de un «eterno femenino» plantea una reclamación de humanidad para las mujeres. Pero en 1949, el mismo año en que se publica *El segundo sexo*, Edith Thomas, una intelectual menos conocida que Beauvoir, también elabora una antología de textos de mujeres que desplazan la categoría «humanismo» hacia un ideal que no es masculino en exclusiva. Su título, *El humanismo femenino*, podría considerarse un ejemplo de que algunos términos, entre ellos «universal» y «humanismo», pueden adjetivarse de forma que su neutralidad quede en suspenso, de modo que muestran que hay un sexo que no es considerado humano.

[384] El prototipo de la familia ideal estadounidense y la retórica de la «ciencia doméstica» que, guiadas por expertos y reforzadas por las revistas femeninas, deberían aprender las norteamericanas para llevar a bien su «empresa familiar» emergerían, según algunas autoras, en los veinte y no, como sostiene Friedan, en los cincuenta. Cfr. C. Kitch, *The Girl...*, *op. cit.*, pág. 11.

cualquier proyecto futuro que no fuese el de esposa y madre. Se trataría de un problema ontológico, de una dificultad que afectaría al ser y la identidad de las mujeres, deshumanizándolas y causándoles un malestar desconocido que de manera contradictoria ponía en peligro, y al tiempo impulsaba, la salud mental de todo el *American way of life*.

Esta autora descubre también un freno al desarrollo personal de la población femenina que venía de la propia educación, que, de acuerdo con esa mística de la feminidad, basada en gran medida en la obra de Freud, aleccionaba en una idea preconcebida del papel familiar de la mujer. Pedagogos que habían desvirtuado los ideales de expresión sexual del amor libre de una época anterior se mostraban partidarios de una educación sexual que encauzaba el elemento sexual a las funciones reproductivas de esposa y madre, incluso inhibiendo las capacidades no sexuales de las chicas, incluso con un criterio contrario a que el aprendizaje impulsase sus desarrollos intelectuales reservados en exclusiva a los hombres[385]. De este modo, el sistema educativo de los años cincuenta impulsaría la sumisión social de las jóvenes a base de una concepción biológica de las mujeres en tanto madres y seres reproductivos. Quizás no tenían malas intenciones, pero los educadores del período 1945-1960 creían en la «mística de la feminidad» que teorizaban psicólogos y sociólogos, y que se promovía desde las revistas femeninas, el cine y la publicidad. Aquellos que aún seguían pensando que la formación intelectual tenía prioridad acabarían siendo desplazados de sus funciones por quienes eran partidarios de la feminidad normal y adaptada, la que se apoyaba en la idea de que la mejor lección que una chica podía aprender era que casarse y tener hijos constituía su más alto objetivo en la vida. De este modo, estudios medios y superiores fueron vistos como una prueba que había

---

[385] Cfr. B. Friedan, *La mística..., op. cit.*, pág. 286.

que superar antes de que la verdadera vida, la sexual y familiar, diese comienzo.

La situación supuso, en opinión de Friedan, un verdadero cambio en el papel de la mujer estadounidense. Anteriormente, en la era feminista, las jóvenes habrían tenido otro tipo de ambiciones y proyectos. Pero a partir de la mitad de los cuarenta, aunque iban más mujeres a la universidad, eso era todo; y casi todas se quedaban ahí: «Son menos las mujeres que, en las últimas promociones que se han graduado en los *colleges,* han seguido adelante para llegar a destacar en alguna carrera o profesión, que las de las promociones que se graduaron antes de la Segunda Guerra Mundial, la Gran Escisión»[386].

Esta mística de la feminidad, impulsada con argumentos científicos que remiten a la teoría freudiana que ratifica la sexualidad vaginal y el deseo de hijo, hizo que las mujeres renunciasen a su futuro y prefiriesen ser protegidas por un hombre. Quienes representaban la autoridad científica en forma de sociología, psicología y antropología hicieron que las estadounidenses volviesen a vivir sus vidas «como si fueran Noras, confinadas a la casa de muñecas por el prejuicio victoriano»[387]. Eslóganes publicitarios, divulgadores y traductores del pensamiento freudiano extendieron sus nuevas ideas por todas partes. Y así, a pesar de que las mujeres de sombreros y chales del XIX habían luchado por sus derechos, a pesar de que sus herederas de la era feminista de los veinte y treinta habían logrado derribar barreras legales, políticas, económicas y educativas, la tendencia se invirtió y se produjo una vuelta al modelo que insiste en afirmar que una mujer no es una persona con múltiples potencialidades, sino un ser relativo al hogar. Así, «la ardiente Nueva Mujer ha sido sustituida por la Feliz Ama de Casa»[388].

---

[386] *Ibíd.,* pág. 199.
[387] *Ibíd.,* pág. 69.
[388] *Ibíd.,* pág. 105.

Friedan cree que existe una gran distancia entre actrices como Greta Garbo y Marlene Dietrich, por un lado, y Brigitte Bardot y Marilyn Monroe, por otro; distancia que es indicadora de una profundización progresiva en lo que acabará por convertirse en la imagen de la mujer como mero objeto sexual[389]. La profesión de actriz había representado un modelo de mujer profesional que tenía buena acogida en las revistas femeninas, pero cuando llegó el momento en que la vida de las mujeres se divorció de las abstracciones de la pantalla, las publicaciones más importantes destacaron cuestiones relacionadas con el hogar; por eso incluso una actriz dejará de asociarse con su profesión y sus actividades para subrayar su faceta como ama de casa. En la mente de los redactores, un triunfo en la profesión se traducía en un fracaso como mujer, y tenía que ir acompañado al menos de una realización doméstica.

Este proceso no ocurrió de repente. Se fue gestando lentamente, a medida que los hombres, que habían vuelto de la guerra soñando con la vida del hogar perdido, fueron desplazando a escritoras y directoras de revistas que promocionaban un modelo de mujer más completo e independiente. Como irónicamente sostiene Friedan al referirse a las nuevas protagonistas de las páginas de los relatos de las revistas, fue necesario recorrer un «camino desde Sarah y el hidroavión hasta la productora de bocadillos»[390]. El proceso de la desaparición del ser individual, protagonista de su propia historia, dejó la vía expedita a la mujer de la fusión familiar, inmadura, infantil, a una esposa cada vez más joven y dependiente, una esposa-niña cuya vida empezaba y acababa en la jaula dorada del cómodo hogar del suburbio urbanizado, lejos del mundo público de la ciudad y los hombres.

---

[389] *Ibíd.,* pág. 91.
[390] *Ibíd.,* pág. 84.

A finales de los cuarenta, cuando una *pin-up* de referencia para las tropas patrióticas como Betty Grable se convierte en la actriz mejor pagada de Hollywood, las independientes «chicas de carrera» de los treinta están retiradas. Y las pocas que aún eran partidarias del viejo modelo no eran capaces de escribir de acuerdo con el modelo emergente del ama de casa. Ahora la voz cantante de las revistas que formaban la opinión de las mujeres la llevaban los hombres. Las mujeres «suelen aplicar las fórmulas, las revistas editan las secciones "prácticas" para mujeres, pero las propias fórmulas, que han dictado la nueva imagen del ama de casa, son fruto de mentes masculinas»[391] que dirigen las revistas. El modelo acabará por instituirse al modo de una profecía autocumplida: al tiempo que desaparecen de las revistas los novelistas de ambos sexos, el tipo de literatura reflexiva, centrada en acontecimientos e ideas, deja el espacio libre para una literatura utilitaria centrada en pasteles, lavadoras y decoración de cuartos de estar. Acompañando a los anuncios publicitarios, los artículos utilitarios se centrarán en detalles concretos de la vida cotidiana, dejando al margen las grandes cuestiones humanas que podían haber preocupado a las mujeres de una generación anterior y que ahora se consideraban prescindibles. Para los criterios del mundo de las publicaciones, lo mismo que para el sistema educativo, las mujeres no se interesarían ni por las abstracciones, ni por la política ni por el mundo exterior.

Friedan muestra que la imagen de «feliz ama de casa» fue creada por unos sistemas económicos muy concretos a partir de informes de persuasores indirectos que trabajaban para que los hombres de negocios vendiesen sus productos[392]. Las mujeres que querían escapar del hogar eran un problema, así

---

[391] *Ibíd.*, pág. 92.
[392] Cfr. *ibíd.*, «El camelo sexual», págs. 261-287.

que era necesario llevar el hogar a la mente de las mujeres. Estos expertos enseñaban a sus clientes, los fabricantes, cómo crear clientes amas de casa para sus productos, aquellas de quienes dependían. El papel de los expertos publicistas y persuasores indirectos era fabricar consumidoras, moldeando su voluntad de compra. Los mensajes de los eslóganes publicitarios y los textos de las revistas que enseñaban a las jóvenes cómo conseguir el tipo de hogar impuesto por el departamento de publicidad no podían haber partido de una idea de mujer autoafirmativa e independiente porque esta se parecería demasiado a los hombres, se despreocuparía de la casa y se ocuparía de su trabajo, y entonces se podrían asustar los clientes-hombres de estos persuasores. Las ideas que el mundo de los negocios se hacía sobre la feminidad eran de tendencia conservadora y patriótica, tenían poco que ver con los planteamientos emancipadores o los modelos de mujer libre que enarbolaban las personas progresistas de épocas anteriores. Así pues, la nueva mística de la feminidad propuesta por las revistas y la publicidad tenía que mirar mucho más atrás, estaba calcada de la vieja mística victoriana de la buena esposa y madre, solo que ahora se le iba a añadir un necesario aderezo de modernidad: esa dosis de picardía, de libertad sexual, que incluso pocos conservadores rechazaban ya. En la mente de los técnicos en motivación, y en la de sus clientes de la industria y el comercio estadounideses, el ama de casa de siempre se convirtió en el «ama de casa moderna», siempre preocupada por resolver una ecuación que equiparaba lo más nuevo y lo último con lo mejor.

Se le enseñó a la joven estadounidense que ser ama de casa moderna era mucho mejor que competir con los hombres por construir la modernidad misma. Se le deslumbró con sueños que en realidad eran simples barreras para su desarrollo intelectual, como la búsqueda de la eterna juventud y la reactualización permanente de la mujer-niña. Se la aleccionó y se le vendió una imagen de la mujer joven acorde con la ciencia y la técnica, una experta profesional del hogar, una persona que desarrollaba la creativa e importante tarea de las labores caseras bajo la dirección de hombres expertos. Se halagó hasta la saciedad por medio de imágenes persuasivas a la joven sexy y a las buenas chicas que vivían para su esposo e hijos. Y las mujeres jóvenes cifraron su realización personal en el marido y los hijos, sin pensar que las tareas que estaban realizando eran aquellas que, cuando la sociedad las sacaba a ámbitos productivos, eran consideradas las más subalternas y serviles. Con la mística de la feminidad grabada en la mente de hombres y mujeres, ellas se quedaron en el hogar, de manera equivalente a lo que había ocurrido en ese orden de esposas e hijas convertidas en criadas de maridos e hijos por la voluntad del cabeza de familia que habían desenmascarado las primeras sufragistas. La diferencia era que ahora los aparatos domésticos se habían vuelto sofisticados e incluían una televisión que dirigía sus movimientos automáticos a base de eslóganes. Con sus necesidades canalizadas por la publicidad, su vida giraba en un torbellino de artículos y mercancías.

Hay que recordar que las mujeres estadounidenses que habían comenzado a incorporarse a las universidades, así como aquellas que habían realizado todo tipo de trabajos en épocas de guerra, ahora estaban leyendo la Biblia de la madre perfecta, el *best seller* del Dr. Spock, y creían «en los experimentos de Erikson sobre las diferencias esenciales del niño (creador de espacios externos) y la niña (creadora de interiores)»[393]. Sobre el Dr. Spock pesó en los años cincuenta la responsabilidad de dirigir la crianza de los hijos, en manos de unas madres a las que ahora se considera neuróticas, inexpertas y muy poco seguras de sí mismas. Por lo demás, tan pronto como en 1929, la industria de cosméticos ya había des-

---

[393] C. Molina Petit, *Dialéctica Feminista de la Ilustración,* Barcelona, Anthropos, 1994, pág. 140.

cubierto que el *sex-appeal* era un gran negocio en sí mismo si se acompañaba convenientemente con publicidad y creación de imágenes de mujer que vendían la idea de que la diversión, el atractivo y el agradar a los hombres eran características naturales de la especificidad femenina, naturalmente siempre en busca de marido[394].

Ahora bien, haber sido universitarias solo para convertirse en expertas en economía familiar y consumo resultaba frustrante. Y así surgió en la sociedad estadounidense el problema neurótico desconocido. Una inmensa sensación de vacío que no sabían explicarse a sí mismas inundó las consultas de médicos y psiquiatras, pero a nadie le interesó abordar la existencia de un persuasor sistema educativo, tanto formal como informal. Nadie quiso pensar en las técnicas de venta que construían a la mujer como un ser exclusivamente sexual y reproductor. Del mismo modo que ciertas civilizaciones sacrifican a sus niñas a los más variados ídolos, en opinión de Friedan el centro neurálgico de Occidente sacrificó a mediados del siglo XX a unas hijas cuya única razón para existir era automodelarse de acuerdo con una mística de la feminidad, preparándolas «para que se convirtieran en compradoras de cosas»[395], beneficiando así a los hombres de negocios que las fabricaban, y que eran los mismos que dirigían el mundo. Que este momento de involución ocurriese cuando el movimiento de mujeres había conseguido derribar las barreras que se oponían a su desarrollo en casi todas las fronteras políticas y económicas, indica que el mundo de la familia y el de los negocios necesita para su existencia a una mujer en el centro del estrecho círculo de las cuatro paredes de su casa. Cada una a su manera, madres e hijas habían tomado las calles. Las nietas regresaban a casa

---

[394] F. Thébaud (dir.), *Le siècle...*, *op. cit.*, pág. 105.
[395] *Ibíd.*, pág. 305.

Anuncio de corbatas de unos años cincuenta dominados por una «mística de la feminidad» que sacrificó a miles de mujeres a los dictados de un mundo de hombres.

La asociación de las mujeres con una naturaleza salvaje que el hombre ha de dominar fue frecuente en los años cuarenta y cincuenta. Como ocurre en este anuncio aparecido en la revista para hombres *Esquire* (más tarde *PlayBoy*), las mujeres *pin-up* visten exiguos vestidos y taparrabos de pieles de leopardo, panteras, leonas, etc.

y de este modo el círculo de la inmanencia se estrechaba hasta cerrarse una vez más.

Si difícilmente se pueden achacar responsabilidades a las mujeres que suscribieron el modelo *garçonne* —pues fuesen o no militantes feministas estaban enfrentándose a una situación y adoptando perspectivas humanas a la hora de tomar decisiones libres para su vida—, la responsabilidad individual de las mujeres que suscribieron el modelo *pin-up* parece a primera vista bastante importante. Muchas de ellas eran mujeres universitarias, muchas de ellas conocían al menos de oídas las luchas anteriores emprendidas por mujeres. Y, sin embargo, cayeron en la trampa. Algunas trataron de rectificar a tiempo. Otras trataron de salir de la situación cuando ya era demasiado tarde, porque en lugar de competir con ellos habían contribuido a las carreras sociales de los hombres y, una vez generada esa desigualdad de condiciones, carecían de la experiencia y formación que ellos, con la ayuda de ellas, habían ido acumulando durante años de trabajo. Cuando se dieron cuenta de que el trabajo en el espacio público era un medio para crearse una personalidad propia y que, por el contrario, dentro del espacio aislado del hogar la personalidad se iba encogiendo poco a poco, muchas mujeres trataron de encontrarse en el espacio de competencia con los hombres. Pero como lo hicieron una vez que agotaron la tarea de la maternidad, los hombres les sacaban una obvia ventaja en tiempo de experiencia profesional. Frecuentemente no tenían más remedio que conformarse y quedarse en el sitio en el que estaban, el del trabajo gratuito.

La responsabilidad fue individual, pero también social y colectiva. Dejar a las mujeres un espacio del trabajo que impulsa la sociedad hacia adelante exige o bien una total responsabilidad por parte de la sociedad hacia el cuidado de las nuevas generaciones, lo cual implicaría remunerar ese trabajo, o bien educarlas para ser mujeres solas, libres e independientes, que puedan desarrollarse lejos de un estado de colonización y psicosis mental que continuamente les recuerde su condición de objetos sexuales y sus especiales conexiones con la maternidad. Encerrarlas en un campo que recurre al simbólico del «eterno femenino» y que no les ofrece modelos de grandes mujeres históricas para reforzar mejor el mensaje de que toda mujer es un útero es, por un lado, obligar a las mujeres a someterse al tipo convencional de feminidad; por otro, obligarlas a realizar un trabajo sobre sí mismas que se les ahorra a los hombres: tratar de olvidarse de la feminidad si se desea acceder a la condición humana, aceptar las sanciones sociales que de ello se derivan y desear competir por encima de todo y aun a costa de la desigualdad de condiciones.

Con el imaginario actuando en su contra, la sociedad obliga a cada mujer individual a preguntarse qué es ser mujer y por qué las mujeres no tienen un gran pasado histórico. O a convertirse en un ser hipercompetitivo, en una mujer fatal, hipermasculina, que afirma cueste lo que cueste que su vida es cuanto posee y que no está dispuesta a tirarla por la borda, negándose a sí misma en favor de otros. En la medida en que renuncien a ser femeninas, las mujeres podrán alegrarse de ser mujeres; de lo contrario, admitirán el principio que establece su condición de seres femeninos, es decir, incompletos. Crear una nueva situación social para las mujeres, a través del imaginario, no es fácil si no se invierte mucho dinero en ello. Aun así, la estrategia visual de la *garçonne* masculinizada tuvo la fuerza política de un mensaje mil veces repetido: no todas estaban dispuestas a adaptarse a la segregación sexual.

CAPÍTULO 12

El reino de las *pin-ups*

En el año 1945, dos décadas después de que Anita Loos publicase su conocido *best seller*, se edita el ejemplo de aventura intelectual que representa *América día a día*, crónica de un viaje de Simone de Beauvoir a la América inmediatamente posterior a la Segunda Guerra Mundial, a ese mismo país que está elaborando cientos de listas negras porque ve comunistas en potencia en cualquiera que se ponga a reflexionar sobre algo.

Un párrafo de esa obra, escrito a partir de una escena real tan simplona que, en opinión de la autora, sería inconcebible en París o en Nueva York, nos habla de un salón de baile para familias de clase media en el que un animador consigue hacer levantar de sus asientos a unos pocos hombres del público para que desfilen en el escenario como si fueran *pin-up girls*, «pavoneándose en traje de baño por la playa [...] con las manos en las caderas en pose típica de concurso de belleza [...] con pose engreída y ondulaciones de grupa [...]. Los más aplaudidos son Miss Texas y Miss Wisconsin»[396].

---

[396] S. de Beauvoir, *América...*, op. cit., pág. 172.

Nada que nos parezca ridículo puede resultar amenazante; es más, rebajar al otro hasta lo grotesco y denigrarlo en imágenes caricaturizadas es un buen recurso para conjurar antes de tiempo las posibles discordias que pudieran llegar de su parte. El conjunto de movimientos corporales de la *pin-up* no es provocador. No tiene nada de reto o desafío cuando resulta tan tonto y vulgar que se convierte en un objeto fácil para el escarnio y la burla. A Beauvoir le sorprende, asimismo, el erotismo ingenuo e insustancial frecuente en los Estados Unidos. Cuando transcribe las sombrías impresiones de guionistas y *screenwriters* sobre la situación del cine de la época, asegura que la censura

> solo permite que el erotismo salga a la luz revestido de ñoñería. Como en *Gilda*, hay una normativa específica y pueril sobre la anchura mínima que deben tener los sujetadores y los slips: en el país de las *pin-up girls*, a veces se obliga a empezar de nuevo una película por culpa de un escote demasiado atrevido[397].

Por encima del erotismo ingenuo y de la gestualidad risible de la *pin-up*, Beauvoir cree que existe una voluntad de optimismo que desfigura hasta los finales de ciertas películas interesantes como *Los mejores años de nuestra vida,* y que el gusto por el éxito fácil lleva a los múltiples refritos en los que los actores no se cansan de repetir machaconamente codificaciones y estereotipos. La infantil América sabe muy bien cómo fabricar estereotipos, pero desconoce cómo expresarse realmente a sí misma. Los verdaderos dramas de los seres humanos que «viven en este gran país no se llevan a la pantalla: en ella se muestra una América convencional de cartón piedra donde solo los paisajes y los detalles materiales tienen que ver

---

[397] *Ibíd.*, pág. 183.

con la realidad»[398]. A la literatura no se la puede amputar tan fácilmente, pero el «cine, vinculado a las fuerzas capitalistas del entretenimiento de masas, ya ha aprendido a callar»[399]. Detallando las palabras de Beauvoir, se podría decir que la *pin-up*, el modelo de la mujer-muñeca, de la inofensiva chica rubia, cautivadora, buena, optimista y feliz, como de anuncio, es una elaboración artificial para un falso decorado. Es la pantomima que adoptan quienes pretenden vivir sin dramas internos. O quizás sea también la expresión más trivial de quienes sencillamente han tenido que aprender a callar para sobrevivir.

Cuando Gilles Lipovetsky[400] se refiere al consabido siglo XIX de bellezas malditas que arruinan a los hombres, destaca a la mujer *vamp*, bella y funesta, que románticos y decadentes habían puesto de moda. Al representar mujeres inmóviles y frías, amenazantes y vengativas, los artistas fin-de-siglo y sus sucesores modernistas expresarían una versión del arquetipo de maldad y seducción femenina representado por Eva: como en el caso de «Drácula», se trataría de representar la crudeza diabólica de un tipo de mujeres que traen a la sociedad de los hombres la anarquía y el caos. Venus virginales o Evas destructoras, castas o lujuriosas, esta bipolaridad va a perder fuerza a medida que la buena chica, con aspecto *vamp* para la puesta en escena, pero en realidad capaz de buenos sentimientos, seductora pero no perversa, sirva para representar el *sex-appeal* de un alma pícara pero inocente y pura.

La estética sexy, esa que promocionan en los años cuarenta y cincuenta diseñadores y fotógrafos, proyecta en actrices y modelos los fantasmas masculinos más tranquilizadores. La

---

[398] *Ibíd.*, pág. 184.
[399] *Ibíd.*
[400] Cfr. G. Lipovetsky, *La troisième femme. Permanence et révolution du féminin*, París, Gallimard, 1997.

«Conejitas» de la mansión de Hug Hefner, quien dirigió el imperio económico Playboy.

muñeca sexual de *Playboy,* por ejemplo, la «conejita», reproduce en serie un inofensivo modelo de *pin-up.* Las mujeres que consumen esta mística de la feminidad, es decir, que imitan y reproducen esta pose, ya no tienen nada de amenazante o diabólico, por lo que permitían disipar las sombras de los miedos culturales que en etapas anteriores había levantado el feminismo. Muy lejos de la feminidad inaccesible y sofisticada de una *vamp* o una *garçonne* que, en tanto independiente y sexualmente activa, podía colocar al hombre en una situación pasiva, la pasiva *pin-up* acude a restaurar el orden normal del género.

Para Lipovetsky, la *pin-up* supone un compromiso entre la lógica moderna de la desinhibida y una lógica de esencia tradicional que encuentra en la mujer el reposo del guerrero y que significa la puesta a distancia de la feminidad autónoma. En el tránsito que una cultura *fin de siècle* realizó desde el sexo-pecado al sexo-placer, la mitad femenina peligrosa, característica de sociedades desigualitarias que encierran a «la otra» en la diferencia radical, le cedería el terreno a una representación de la *mera diferencia* biológica hombre/mujer. Y esta diferencia es, en su opinión, una manifestación de que el imaginario igualitario va superando a la vieja cultura misógina. En consecuencia, estrellas de cine y modelos de *prêt-à-porter*[401] no expresarían una objetualización de las mujeres sino

---

[401] Lipovetsky considera el fenómeno mediático de las *top-models* una etapa suplementaria que comienza en los años noventa del siglo xx y que no expresaría el culto al vestido y la apariencia, sino a una imagen del propio cuerpo, un ideal estético de belleza y juventud eterna fuera del alcance de la mayoría, una belleza manufacturada alrededor de la cual proliferan cirujanos estéticos y profesionales de la apariencia físico-corporal. Los análisis de Lipovetsky apuntan a que no es la crisis de la masculinidad el fenómeno significativo, sino la pervivencia de lo masculino más allá de las formas eufemísticas que adopta. Explica la exigencia de belleza proyectada sobre las mujeres como un hándicap para la igualdad profesional *(ibíd.,* págs. 177-187). Sin embargo, se aleja en general de posicionamientos críticos que consideran

la materialización de un canon ideal que permitiría a la mujer bella, antes mera expresión de la posición social del hombre, alcanzar una notoriedad que es incluso superior a la de los hombres públicos[402].

También los análisis de Elena Buszek parten de esta misma idea de que la belleza y la sensualidad le sirven a la *pin-up* para adquirir poder. Su estudio sobre la evolución histórica de la figuración de la *pin-up*[403] recurre a una definición amplia del término *pin-up* que le permite sostener que este prototipo de mujer encuentra su origen en las actrices del teatro de variedades del período *fin de siècle*. En el dilema que opone la sexualidad de las mujeres como lugar de opresión y sometimiento, por un lado, y lugar de placer y liberación, por otro, Buszek se inclina por lo último. Frente a las lecturas que sitúan el origen del término en los Estados Unidos de las décadas de los cuarenta y cincuenta, cree que el advenimiento de la *pin-up* se remonta más atrás, hasta mediados del XIX, cuando la fotografía se hace popular en las naciones industrializadas y las actrices e intérpretes recurren a los cromos y las «cartas de visita» con retratos (fotografías) que sugieren muchas veces el desnudo. Las cartas de visita podrían, además, pegarse en cualquier lugar, por lo que son los primeros retratos *pin-up (colgables con chincheta)*.

---

que las mujeres no han llegado a ser propietarias de sus propios cuerpos, o que hablan de la «tiranía de la belleza», de la expresión de una violencia real y/o simbólica (muertes sobrevenidas incluidas) ejercida sobre el cuerpo femenino y sus ideales mercantiles de belleza.

[402] Lipovetsky, *La troisième...*, *op. cit.*, págs. 172-177.

[403] Esta autora hace una utilización del término que alude a «chica de anuncio», «chica de póster», «chica de calendario», «chica de portada de revista». En el marco de este trabajo, he utilizado el término en su acepción de «chica sexy», pues el término *sex-appeal* es inseparable de la *pin-up* y permite identificar fácilmente su origen anglonorteamericano, si bien el modelo acabará exportándose a Europa debido al poder creciente de los medios de comunicación de masas estadounidenses.

Alberto Vargas, conocido por sus trabajos para la revista *Playboy*, contribuyó a la construcción de un ideal convencional de belleza femenina en la que las chicas exhiben sin motivo aparente su ropa interior y evidencian una sexualidad pícara, infantil y bastante ingenua.

Buszek cree además que la sexualidad de la actriz adquiere matices tan subversivos que formaría un todo con los ideales del movimiento de emancipación de las mujeres modernas. Piensa que las mujeres nuevas y las actrices del género burlesco son el precedente del ideal sexual moderno que representa la *pin-up,* y que esta nueva imagen radical de anglo-mujer con *sex-appeal* llegó incluso a convertirse en un icono para el movimiento feminista de la primera ola, contribuyendo a ponerlo de moda entre las mujeres de la nueva generación que a comienzos de siglo tomaban conciencia de sus derechos[404]. Es más, esta «moda feminista» contribuiría al crecimiento de la industria del cine, proporcionándole el icono de la mujer transgresora y moderna. En la fotogénica y sexualmente libre *flapper,* por ejemplo, Hollywood encontraría a la mujer cuyo comportamiento le garantizaba el éxito de taquilla, al menos hasta que el código Hays ponga fin a estos «primeros modelos feministas del cine»[405] y exprese, según Buszek, una «reacción antifeminista, después del éxito del movimiento sufragista internacional». El Código supone la irrupción de una intransigencia que desmantela «el único punto de encuentro del activismo feminista organizado»[406].

Ahora bien, ¿qué es una *pin-up* realmente? El que se considera uno de los mejores dibujantes de *pin-ups,* Gil Elvgren, nos muestra buenas chicas que exhiben su ropa interior porque el viento juguetón o un perrito travieso les levanta las faldas. Entre los años treinta y los setenta, este dibujante trabaja en el sector de la publicidad produciendo anuncios para múltiples firmas, desde Coca-Cola hasta General Electric. En la Segunda Guerra Mundial, la *pin-up* volvería a representar

---

[404] M. A. Buszek, *Pin-Up Grrrls...*, *op. cit.*, págs. 27-114.
[405] *Ibíd.*, pág. 24.
[406] *Ibíd.*

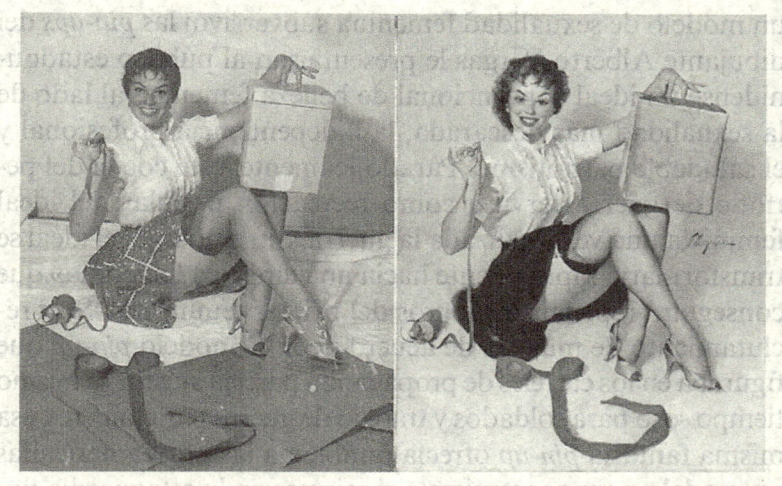

Pin-up del dibujante norteamericano Gil Elvgren. Del mismo modo que retornan las prendas de corsetería que remodelan el cuerpo, en los años 40 y 50 se hacían retoques a las imágenes para corregir las facciones de las modelos, quitarles ropa y estrechar sus medidas. La manipulación se llevaba a cabo gracias al dibujo pues se tomaban instantáneas a modelos *pin-up* que se usaban como referencia para luego pintarlas. De este modo se fabrica la *pin-up* o mujer sexy, la mujer-muñeca.

un modelo de sexualidad femenina subversivo: las *pin-ups* del dibujante Alberto Vargas le presentarían al público estadounidense un ideal convencional de belleza femenina al lado de la sexualidad más descarada, la independencia profesional y el saludable patriotismo. Paradójicamente, este cóctel del período de guerra serviría como recreación popular del ideal feminista una vez finalizada la guerra. Sin embargo, el ideal se transformaría rápidamente hacia una «mística femenina» que conseguirá reprimir los logros del primer feminismo. Si el reclutamiento de mujeres de acuerdo con el modelo *pin-up* que figuraba en los carteles de propaganda parecía sugerir al mismo tiempo sexo para soldados y trabajo de guerra para mujeres, esa misma fantasía *pin-up* ofrecía también a las norteamericanas un modelo para construirse a sí mismas en la retaguardia doméstica: como convencionalmente femeninas y sexualmente agresivas.

En 1949 el fotógrafo Tom Kelley pagó a una modelo llamada Jean Baker, entonces una desconocida, cincuenta dólares por posar desnuda sobre una tela de terciopelo rojo que recuerda el telón que cierra la función en un escenario de cabaré: es la misma Marilyn Monroe que posará en 1953 para la doble página central de la revista de hombres *Playboy*. En los sesenta y setenta aparecieron las lecturas políticas críticas con ese modelo popular de sexualidad *pin-up*. La incoherencia vendría de la mano de la visión contracultural de la belleza y la sexualidad de los artistas *pop,* quienes, reciclando la imagen, la mezclaron por primera vez con significados del clima político y cultural de la revolución sexual. Buszek cree que en el feminismo de los sesenta y setenta el problema que se presentó sería cómo abrir las puertas a la libertad sexual sin que las prácticas sexuales «libres» reflejaran las estructuras de poder en las que los hombres objetualizaban a las mujeres y demandaban la libre disponibilidad sexual de sus cuerpos. Finalmente, en los años ochenta surgiría un apasionado debate en el que las artistas feministas conectarían de modo paródico a la *pin-up* con prácticas feministas.

Así pues, el precedente de la *pin-up* podría encontrarse en los cabarés fin de siglo de ambos lados del Atlántico, con sus espectáculos de *burlesque,* su vodevil y su multitud de coristas y artistas de variedades que trataban de atraer al público masculino con espectáculos de contenido sexual, con sus locales de sexo ilícito que buscaban una salida a los rígidos códigos de la moral pública de corte victoriano. Pero, en sí, la *pin-up* es una figuración posterior, y norteamericana, que elimina los aspectos maléficos, demoníacos incluso, del sexo prohibido en los códigos de la moral más puritana.

Ahora bien, con la *pin-up* se liberan también otros códigos sexuales, porque el sexo se convierte en algo trivial, y así las mujeres dejan de ser social y sexualmente amenazadoras. Ya no son el peligro, las fatales, el mal; porque, debido a un paradójico efecto, se vuelven tan moldeables como en las épocas de la moral puritana. Las *pin-ups* son mujeres que están en el lado bueno de la doble moral burguesa, y que supeditan sus deseos sexuales a la mística de la feminidad establecida por los hombres.

La involución para las mujeres que representa la emergencia de una propuesta de feminidad *pin-up* vino de la mano de la militarización estadounidense, que se acompañó de un auge del nazismo por todo Occidente. El auge del nazismo desencadenó el período de guerra, un momento que justamente coincide con la promoción de la *pin-up* tanto en Norteamérica como en las ciudades más importantes de Europa. Pero frente a lo ocurrido en Europa, las revistas norteamericanas ya habían propuesto anteriormente una «glamurización» de la «mujer nueva», algo que la fue acercando progresivamente al ideal de la *pin-up*. Lejos de ser una encarnación de mujeres reales o de las nuevas mujeres feministas, la «glamurización» ofrecía una propuesta de mujeres ideales dirigida a las mujeres reales, como en el caso de las Gibson Girls[407]; es decir, se trataba de una representación del nuevo espíritu democrático estadounidense que iba a colonizar la mente de las mujeres y que por lo tanto se dirigía a multitudes que incluían las comunidades de los nuevos emigrantes. Era el «quimérico producto de un joven país reinventando nociones tradicionales de raza, clase, nacionalidad y, a su vez, feminidad»[408].

Esta imagen de las mujeres ha sido analizada hasta el momento exclusivamente como contrafigura de la *garçonne*, como propuesta de un modelo sexy de feminidad. No fue, pues, tan solo un mero modelo fotográfico atractivo, sino la expresión de una reacción de corte antifeminista en los Estados Unidos. Si en la Europa de la segunda mitad del XIX, la del romanticismo, Drácula había servido para ilustrar la amenaza sexual de lo femenino, es decir, para enviar mensajes de lo que era «el mal sexo» encerrado en ese movimiento por el que las mujeres reclaman sus derechos, la *pin-up* expresa también un contramovimiento. Cuando la chica se vuelve mala y sexualmente afirmativa, es necesario construir un modelo de chica buena, humilde, dulce y condescendiente, aderezada con buenas dosis de sexo lícito. De este modo, en tan solo un siglo se pasaría del victoriano ángel del hogar a la *garçonne* que lo pone en cuestión y a la muñeca sexual de los inicios de la «guerra fría» que, rompiendo con ella, dirige la mirada a la primera para imitarla.

Cierto que a veces se asoció a la *pin-up* con algo que ejerce a la vez fascinación y repulsión, y por tanto con las mujeres fatales. Pero creo que las mujeres monstruosas, sean brujas,

---

[407] *Ibíd.*, págs. 85-99. Imágenes en https://www.google.es/search?hl=es&site=imghp&tbm=isch&source=hp&biw=1366&bih=643&q=Gibson+Girls&oq=Gibson+Girls&gs_l=img.3...2327.6151.0.7005.12.8.0.4.4.0.107.713.7j1.8.0...0.0.0..1ac.1.15.img.EM0D5F9XGN0.

[408] M. A. Buszek, *Pin-Up Grrrls...*, *op. cit.*, pág. 97.

vamps, lesbianas, *garçonnes* o cualquier otro tipo de mujeres perversas y maléficas, se caracterizan por llevar hacia adelante el desafío que expresa su independencia, un desafío que es difícil percibir en la sumisa *pin-up*. Ninguna «fatal» representa un tipo de ser «relativo» o «relacional» que oriente sus deseos en la dirección que indica el hombre, pues, por el contrario, indaga cuáles son los poderes de autoafirmación de las mujeres. Creo que la *pin-up* es la contrafigura de las fatales porque parece no poder existir sino en relación con el hombre que la crea. Es un ser dependiente que, en aras de su seguridad, simula aquello que el sexo dominante considera deseable[409]. Al igual que la musa del pintor y el escritor, las *pin-ups*

---

[409] Existen fotografías en las que el contraste entre Simone Signoret y su aspecto *garçonnier* y una sexualmente sugerente *pin-up* como Monroe es tan explícito que huelgan los comentarios. Véase, entre otras, la imagen que aparece en la página siguiente.
Esta imagen pone en evidencia las dos construcciones de la feminidad más importantes del siglo XX, la garçonne y la *pin-up*. Es notorio el contraste entre la gestualidad de la *pin-up* Marilyn Monroe y la de la *garçonne* Simone Signoret. La primera se destaca por su pelo rubio cardado y una feminidad «con curvas», lo cual es acentuado por la gestualidad de su mano izquierda apoyada en la cadera, y por su vestido de tirantes estrechos que ajustan mal y caen para descubrir sus hombros; mientras que Signoret, con el pelo muy corto y pantalones, se viste de un modo andrógino que privilegia las líneas rectas, adoptando una actitud que podría considerarse poco femenina, con sus brazos apoyados en el respaldo de una silla en una pose relajada que indica solidez. Marylin Monroe evidencia la construcción de un mito de la feminidad en el que las representaciones del cuerpo femenino imponen a las mujeres el mismo modelo, la declinación al infinito del estándar de la rubia con formas generosas, un género que en opinión de muchas mujeres de la época reducía las figuras femeninas al canon de mujeres-objeto o muñecas hinchables. Según Signoret, Monroe tuvo que pagar un precio muy alto a una ciudad que había invertido un capital enorme para hacer de ella una estrella, que encontraba preciosa a la pequeña *starlette* Marylin pero que la detestaban cuando se había convertido en Monroe, haciéndole creer que era todo salvo una actriz, que sin ellos, la legión que le rodeaba, era incapaz de nada.

De derecha a izquierda, Marilyn Monroe, Simone Signoret, Yves Montand y Arthur Miller (fotografía de Bruce Davidson, 1960). Los nombres de Simone Signoret y de Yves Montand van ligados a una concepción europea tanto de la cultura como de la política. Pusieron su voz en manifestaciones y manifiestos de buena parte de los hechos internacionales más trascendentes de la segunda mitad del siglo XX, si bien ni eran comunistas ni anticomunistas. «En París no había MacCarthy, ni Jdanov» según Signoret, y Montand podía cantar lo que quería. © Bruce Davidson/Magnum Photos/Contacto representan todo aquello que inspira a los hombres, todo lo que los hombres echan en falta en las mujeres de la vida cotidiana. De este modo, se le da un sentido al eterno femenino, a una especie de cerebro colectivo femenino que le dice a cada mujer individual cómo tiene que ser; encaminando, de igual modo, a la pareja heterosexual.

¿Qué sería una *pin-up* sin lo que finge ser? ¿Qué sin estar al lado de su hombre? Quizás nada, porque la exhibición de su cuerpo y su pose de contorsionista artificialmente distendida van dirigidas a captar la atención, especialmente la masculina. Si también atrae las miradas femeninas es porque funciona como un modelo de aprendizaje de la feminidad más normativa para las mujeres; un modelo que les permitiría a su vez captar esas mismas miradas masculinas. En este sentido, la *pin-up* es también un dispositivo de los medios de comunicación para enseñarles a los hombres qué mujeres son deseables y para enseñarles a las mujeres jóvenes cómo las sueñan algunos hombres, cómo las quieren y las desean: sexys y jóvenes —porque la *pin-up* no está pensada para soportar el paso del tiempo, se convierte en madre rápidamente y entonces su cuerpo se desintegra. Así, la *pin-up* se define por relación al hombre, pero en un sentido derivado acaba resultando seductora tanto para determinados hombres como para determinadas mujeres.

Las revistas, pero también el cine y las pantallas publicitarias, crearon en los Estados Unidos la antítesis de la angulosa *garçonne:* el prototipo de una ondulante y tierna chica que destilaba sexualidad por cada uno de los poros de su piel. En tanto objeto de deseo, era solicitada por todos. No se bastaba a sí misma y parecía existir bajo los *flashes* de la mirada del otro; por lo tanto es normal que busque refugio en los brazos de un hombre que la adore. Se trata de una joven cuya libertad impaciente solo dura lo que el tiempo de espera entre cita y cita, entre permiso y permiso; en definitiva, lo mismo que esa brevísima etapa de su vida en que, si bien aún podría esperarlo todo, se entrega a aquello que la lleva inexorablemente a la casa y la maternidad. Este es el sistema patriarcal que se había resquebrajado hasta casi romperse a comienzos de siglo, con la crisis de la ideología del amor romántico, pero esta ideología del amor retorna en la *pin-up*. Al recordar sus años de juventud, la antropóloga Margaret Mead, que había nacido en 1901, declaró: «Nos reíamos ante la idea de que una mujer pudiera ser una vieja criada a los veinticinco»[410]. La chica norteamericana se había negado al *home-and-baby-act*, pero cuando esta joven llegue a los años cuarenta del siglo tendrá que ser irremediablemente sexy —porque ahora una chica que se precie ha de adaptarse al nuevo ideal de la «sexidad». Y una sexy que se enorgullezca de serlo adora a los hombres, a los niños y a los perritos falderos; por eso lo mejor que puede hacer es convertirse en madre y ama de casa. Excluyendo los nuevos prototipos de electrodomésticos que la acompañan para persuadirla poco a poco de que su mayor éxito profesional es convertirse en una feliz *housewife* experta en economía familiar, el estilo de vida de la joven feminidad publicitaria una vez que caza marido no parece muy diferente al de la antigua domesticidad victoriana, solo que ahora que se ha conseguido el derecho a la educación, la joven a menudo va a la universidad para encontrar a ese marido.

Creo que la *pin-up* suburbana, la que protagonizó el renombrado *American way of life* que tuvo en su punto de mira la construcción de una nueva mujer consumidora, consiguió el mismo efecto que una blanda cortina de humo gris que oscureciese el no muy complaciente paisaje urbano anterior, el panorama de las incómodas y vociferantes feministas que por

---

[410] Citada en C. Gourley, *Flappers and the New American Woman*, Minneapolis, Lerner Publishing Group, 2008, pág. 30.

muy bellas que fuesen se empeñaban en parecer feas y desarregladas para disgusto de periodistas, publicistas y hombres de negocios que solo deseaban en la mujer belleza y lo que es mucho más importante, creían que las mujeres molestaban al reclamar los derechos negados con palabras de independencia de auténticas *garçonnes*. La *garçonne* de una época anterior había significado la independencia. Y pese al escándalo que levantó su corte de pelo, pese a su cuerpo móvil y deportivo y a las condenas que despertaban unas maneras que se leían como formas degeneradas y masculinizadas en las mujeres, su propuesta de confusión de sexos se tomó en serio, y se debatía acaloradamente durante el período de los años veinte, reconociéndose la emergencia de este tercer sexo andrógino y asexual. Fue un tiempo en que aún se podían desoír y conjurar las voces que alertaban de que la sociedad entera se arriesgaba al colapso civilizatorio si naufragaba el orden de los dos sexos. Pero más tarde se alcanzó el firme consenso de que la política sexual que dividía a los sexos era lo mejor para todos, que la aceptación de la equiparación de todas en la feminidad consolidaba un reparto justo que a todas les asignaba la domesticidad, y que la posición del reconocimiento social era exclusivamente masculina.

Por lo tanto, si el período de efervescencia política y de desarrollo urbano de comienzos del xx hace posible a la *garçonne*, el del auge del nazismo y el de la «guerra fría» suponen respectivamente la emergencia y la continuidad del modelo *pin-up*. La figura de la *garçonne* desaparece y es suplantada por la *pin-up* en gran medida porque esta última viene amparada por toda la normativa implícita en un aparataje propagandístico (despliegue publicitario en anuncios, prensa y cine de Hollywood) que no acompañó a la primera. La *garçonne*, la figura más representativamente europea, le acabará cediendo el paso a la figuración norteamericana no solo en los Estados Unidos, también en Europa. Creo que el ídolo de St. Tropez, Brigitte Bardot, es la primera *pin-up* europea que cumple la regla. Si parafraseamos el título de su primer éxito cinematográfico, *Y Dios creó a la mujer,* podríamos decir que el director de esta película, su marido Roger Vadim, enterró el mito de la *garçonne* para crear una *pin-up* francesa. Si en el período interbélico un miedo idéntico a la pérdida de la autoridad masculina, derivado de las demandas feministas, dominó tanto a la cultura norteamericana como a la europea[411], la creación de la *pin-up* es la manera exitosa que encontró la primera para hacerle frente. Cuando la estrategia se difunde por Europa, entonces nos encontramos con ejemplos como el de Bardot. Es cierto que muchos leyeron en Bardot el caso límite de naturalidad e insolente libertad sexual del *star system,* lo opuesto a la negación de las mujeres de los regímenes militaristas. Pero, por otro lado, si nos fijamos en el caso de Monroe, difícilmente se podrían disociar estas formas de expresión sexual de la construcción militar de una feminidad normativa. Así, autoras como Buszek sostienen que justamente «la mujer sexy» y «la joven liberada» expresan el papel que se les deja cumplir a las jóvenes norteamericanas que responden a las llamadas de alistamiento[412] durante la Segunda Guerra Mundial, un papel de compañeras sexuales de los hombres. Las chicas *pin-up* son «diosas de guerra», «bombas sexuales» para las tropas estadounidenses que contribuirán a ganar la guerra, pero a las que el estado llamará de nuevo al espacio doméstico y a la natalidad una vez finalizada su misión de guerra como distracciones sexuales. Como poco, esa «liberación sexual» es fuertemente ambigua. Y en cualquier caso, la expresión de una nueva forma de deseo amoroso queda, en películas como *Y Dios creó a la mujer,* cortocircuitada por

---

[411] F. Thébaud (dir.), *Le siècle...*, *op. cit.*, págs. 349-368.
[412] M. A. Buszek, *Pin-Up Grrrls...*, *op. cit.*, págs. 185-224.

Cartel de la película dirigida por Roger Vadim en 1956 *Et Dieu crea la femme* (*Y Dios creó a la mujer*). Éxito de taquilla en Estados Unidos, lanzó a la fama internacional a Brigitte Bardot, convirtiéndola en el primer símbolo sexual fabricado en Europa.

la bofetada con que un joven marido (Jean-Louis Trintignant) trata de recordarle a su esposa (B. Bardot) los límites «de una emancipación femenina inaceptable para el público»[413].

Las formas políticas y culturales de Europa y Norteamérica diferían bastante en la primera mitad del siglo XX, y la *garçonne* fue un prototipo de mujer nueva europea que necesitó del ambiente social de compromiso político e intelectual europeo. En Europa los términos «bolchevique», «comunista» y «rojo» no se utilizaron como genéricos para conjurar posibilidades de disenso aun antes de que apareciesen, sino que se integraban en cada una de las culturas políticas nacionales, y realmente designaban a personas comprometidas con esas ideologías. Estados Unidos, por el contrario, necesitó exagerar la «amenaza roja» hasta lo inverosímil, necesitó conjurar una y otra vez la maldición de un «otro» que ponía en peligro al conjunto de la comunidad. Y encontró ese «otro» en un rojo radical que llegaba de Europa, es decir, representó la amenaza por medio de términos que aludían a la etnia, la raza y el sexo, y los señaló como una ideología política.

Por otro lado, la *garçonne* es, por oposición a la «rubia tonta» que ejemplifica la *pin-up,* una mujer «interesante», mientras que «América es dura con los intelectuales»[414]; y difícilmente el mundo de los negocios norteamericanos y su moralismo puritano podía dar acogida a una mujer intelectual —lo cual explicaría, por otra parte, que la generación de mujeres de la Rive Gauche sintiese la necesidad de exiliarse en París con vistas a producir una obra.

Europa sí que pudo efectuar el paso de la *garçonne* a la feminidad *pin-up* porque de un ambiente fuertemente politizado hacia la izquierda, de un trabajo conjunto entre personas que escribían y al tiempo se comprometían políticamente,

---

[413] N. Burch y G. Sellier, *op. cit.,* pág. 7.

[414] S. de Beauvoir, *América...*, *op. cit.,* pág. 51.

se pasó a los valores patrióticos de la «guerra fría», al triunfo de los hombres de negocios y también a esa misma concepción del éxito que en la cultura del lujo pone fin a las ideologías, consagra a los autores de *best sellers* y rodea de una gran reputación a sus deportistas y a sus estrellas de Hollywood. Creo que Europa no logró mantenerse al margen del sistema de feminidad *made in USA*. El triunfo de la *pin-up* es el de un icono estadounidense popular: se trata de un elemento más del triunfo de una sociedad de masas con una opinión pública elaborada por los medios de comunicación como si fuese un producto *prêt-à-porter*. La *pin-up* es la «novia de América», la representación del éxito alcanzado por el modelo capitalista estadounidense. Su triunfo fue en gran medida dependiente de un conocido fenómeno que consiste en colonizar el imaginario a base de la repetición insistente de eslóganes e imágenes.

Europa era pobre y los países nacionales se endeudaban con los conflictos bélicos. Entonces Norteamérica hizo sus negocios con la reconstrucción y enviaba su imaginario capitalista por medio de sus militares, sus hombres de negocios y sus botes de leche condensada. A medida que Europa salía de las crisis, una buena parte del imaginario del mundo de los negocios norteamericanos iba mezclándose con las formas culturales nacionales que existían en forma de crisol de culturas autóctonas ancestrales. Se produjo un encuentro que más que encuentro fue choque cultural, y hubo que hacer una síntesis. Algunos iban copiando de modo bastante fiel el *American way of life,* mientras que otros trataban casi inútilmente de mantenerse a distancia. Al final, los resultados varían en cada país, pero Europa acepta la americanización de sus formas de vida. Respecto a las mujeres, existía un eje de fractura que separaba a los países del norte de los países del sur, y que aún parece bastante profundo si lo medimos por la tasa de actividad doméstica. Respecto a los negocios, Inglaterra tiene a su City, puerta de entrada de Estados Unidos que reproduce el «hagan juego» capitalista, mientras que Francia defiende su singularidad y sigue haciendo negocios con su cultura. La inserción de las mujeres en cada cúspide de esos ámbitos es aún bastante excepcional y bien difícil. El modelo de feminidad es el que es, y el techo que había que romper está eclipsado por los eslóganes y las luces brillantes de las imágenes de progreso. No se ve, pero existe.

Durante la Segunda Guerra Mundial, la de Corea y la de Vietnam, las *pin-ups* no solo aparecían en las ilustraciones publicitarias sino que se trasladan a la parte frontal de los aviones de las fuerzas aéreas norteamericanas, sustituyendo a las viejas representaciones de la naturaleza salvaje como tigres, panteras, etc., es decir, se produjo un deslizamiento metafórico de la figura de la fiera a la de la mujer, se reactualizó la asociación de la mujer con la bestia, tan presente en el arte de fin de siglo, pero eliminando ahora todos los elementos amenazantes en una estética de muñeca insinuante e ingenua que solo consiguió despistar a algún aviador alemán enemigo y causarle la muerte. Habrá que esperar a 1998 para que las fuerzas armadas de los Estados Unidos prohíban las *pin-ups* y todo lo que se conoce como *nose-art* o pinturas de los aviones militares. Pero el prototipo *pin-up* se consolida en otros espacios. En el año 2012, una página web llamada «Battle Born Days»[415] para veteranos o servidores del ejército lanza la convocatoria «Miss *Pin-up Girl* 2012» pretendiendo recoger lo que considera el modelo del espíritu del patriotismo femenino durante los años cuarenta, es decir, una «chica-bomba» cuyos servicios consistían en distraer con sus curvas a la tropa masculina, ahuyentando el miedo ante la posibilidad de una muerte inminente. Los servicios sexuales de las mujeres son convocados sin ser nombrados, pues la propuesta solo asegura conmemorar el espíritu de los veteranos de 1940 y que la ganado-

---

[415] Cfr. http://www.battleborndays.com/event/bomber-girl-pin-up-pageant/ (consultado el 20-3-2012).

ra recibirá quinientos dólares en el marco de un conjunto de celebraciones que pretenden hacer honor a los hombres y mujeres que lucharon por la «libertad de América». ¿Se trata de que proveer servicios sexuales hoy hace honor a las mujeres que proveyeron servicios sexuales antes? En su origen, la *pin-up* era una versión idealizada de lo que para un soldado constituía una mujer atractiva y que respondía al modelo de mujer perfecta que todo hombre debería querer para sí. La *pin-up* es una condensación metafórica de la esposa, la madre, la casa y el sexo; un *sex-symbol* que está muy lejos, pues, de las más andróginas y sexualmente independientes *flappers*.

La figuración de la *pin-up* es difícilmente disociable de un tiempo de guerra. Como vimos en su momento, es hacia mediados de los años veinte cuando se produce la reacción política a la intensa actividad pacifista y desarmamentista de los socialistas y las sufragistas, cuando se pone en marcha el amplio operativo de una campaña de propaganda patriótico-militarista en los Estados Unidos[416]. El temor de las mentalidades conservadoras hacia los «rojos» se aprovecharía para imponer toda una época de recortes en las libertades civiles que no solo no encontraría un punto final evidente sino que tuvo una inequívoca continuidad en las décadas siguientes, es decir, durante todo el período en el que, bajo el escudo de una defensa de valores americanos patrióticos, entendiendo por tal los valores viriles militaristas, se desarrolla la cruzada anticomunista que en los años cincuenta promueve un exvoluntario del año 1942 del cuerpo de marines que se convertiría en senador durante el período 1947-1957, Joseph McCarthy. Esta era McCarthy encuentra, sin embargo, su precedente en las listas negras del *Spi-*

---

[416] N. F. Cott, *The Grounding...*, *op. cit.*, págs. 246-267. Puede consultarse también el artículo de 1998 «How Did Women Peace Activist Respond to "Red Scare?" Attacks during the 1920?», de Kathryn Kish Sklar y Helen Baker, disponible en: http://womhist.alexanderstreet.com/wilpf/intro.htm.

der Chart del ya citado general anticomunista, antifeminista y proarmamentista Amos Alfred Fries, un hombre fuerte de la industria de guerra química de la Primera Guerra Mundial que había embrollado la reforma socialista con la vocación internacionalista, pacifista, humanitaria y filantrópica de muchas agrupaciones del amplio movimiento de reforma social. Fries estableció como un hecho consumado que las organizaciones de mujeres formaban parte de un amplio complot comunista a nivel internacional, y McCarthy continuó el trabajo[417].

Las portadas de los años cuarenta de la revista *Yank,* el ampliamente difundido semanario del ejército de los Estados Unidos en el que Marilyn Monroe[418] protagonizará una de sus primeras apariciones, dejan constancia del modo en que el triunfo de los valores armamentistas durante la Segunda Guerra Mundial exigió una profundización en la representación simbólica de las mujeres como seres sexuales —lo contrario, la

---

[417] En nombre de los intereses nacionales, se vigilaba a personas y asociaciones. Fries y McCarthy son el precedente remoto de las actuales escuchas de la Agencia Nacional de Seguridad Estadounidense (NSA); de hecho la *Spider-Web Chart* del Chemical Warfare Department de Fries circuló entre los miembros de la American Defense Society y llegó hasta Edgar Hoover del FBI, bajo cuyo mandato se desarrolló la caza de brujas. La muestra de que las prácticas del pasado no se volatilizan sino que se prolongan en el futuro es que la NSA y la CIA siguen colaborando para espiar incluso a sus propios aliados, como en el caso del espionaje a los presidentes franceses Sarkozy y Hollande.

[418] Marilyn Monroe, la Norma Jean aún desconocida, esposa por aquel entonces de un marine norteamericano, protagoniza en 1945 la portada de la revista *Yank,* pero en 1953 hará lo propio en el número inagural de la revista *Playboy,* otro de los conocidos medios de difusión de *pin-ups.* En realidad, el álbum fotográfico con poses de *pin-up* era una carta de presentación, una especie de currículum para las modelos estadounidenses que trataban de convertirse en actrices.

Portadas con *pin-ups* de la revista *Yank* que el ejército de EE.UU. distribuía entre los marines de sus bases repartidas por todo el mundo. Al volver de la guerra, estos marines demandaban ya no *pin-ups* de papel sino *pin-ups* reales, de carne y hueso.

asexualidad de las mismas, se representaba como la «amenaza roja» que llevaría hogares y matrimonios a su destrucción, resquebrajando los pilares fundamentales de lo social. Estableciendo el vínculo con los valores familiares y domésticos que representaban al tiempo el hogar y la patria, cada entrega de la revista *Yank* exhibía en su portada una imagen sexualizada de la mujer, el diseño corporal surcado de curvas de una mujer *pin-up*. La mejor contribución de las mujeres a una guerra cuyos protagonistas más evidentes eran, como no podía ser de otro modo, los heroicos hombres-soldado, se definió desde la mente de los redactores soldados de *Yank* como una metamorfosis de la independencia en dependencia. Las espigadas *flappers* de los veinte pasaron a ser sinuosos objetos sexuales de anchas caderas y voluminoso pecho a partir de mediados de los treinta, pues el prototipo de mujer independiente no podía ser heroína de nada. Para los redactores de *Yank* la mujer era un ser apto para exhibir todo el volumen y superficie corporal que el código moral permitía, un ser que podía disparar el dispositivo de fantasías privadas que excitaban la virilidad de los soldados, y así mantener alta la moral sexual de la tropa. A cada hombre individual se le ofrecía la promesa fantástica de una *pin-up*, cada hombre que manejaba un arma podría pegar *(pin-up)*, en una de las frías paredes de un barracón alejado de su patria, una muestra ardiente de la voluptuosa carne femenina. Importaba poco la participación de las mujeres en los frentes de guerra, no importaba nada que muchas trabajadoras de las fábricas de municiones estuviesen descubriendo su libertad económica y considerasen la cuestión de la patria no muy cercana a sus intereses, pues la *pin-up*, esa metáfora de esperanza en una futura recompensa sociosexual a la masculinidad heroica tras la guerra, las suplantaba a todas porque se adaptaba a la sexuación del mundo y a la retórica de la segregación de sexos en estados nacionales que con cada guerra se vuelven más patrióticos-paternalistas, estados cuyos intereses económicos trabajan en ese momento histórico en la dirección de reducir a las mujeres a su condición de objetos sexuales, de meros úteros de anchas caderas disponibles para la reproducción del orden patriótico del padre. Si la expresión *only for the duration* les advertía con claridad a las mujeres de que el mercado laboral se abría para ellas solo de modo provisional, la posguerra confirma tanto el retorno del *back to the kitchen* como la mística de la feminidad, es decir, el declinar definitivo del discurso feminista y del tiempo que había soñado con una civilización nueva.

El método de la «estética de la imitación» de Hollywood se mostró eficaz para lanzar productos concretos, diseminándolos en sus escenografías y asociándolos a las estrellas de moda. Al menos mientras triunfaban, las estrellas de cine tenían que llevar exitosas vidas de cine, porque así sus casas y productos de consumo podían ser copiados y adquiridos por cualquiera. Y solo a las chicas que no se negaban a ser sexys les estaba permitida esa vida de cine; así que Hollywood también recurría a la publicidad y la prensa para desperdigar aquí y allá un esquema de mujeres-sexys-todo-el-tiempo que será muy familiar para los muchachos y muchachas estadounidenses. Y, como es sabido, Marilyn Monroe se alza con el puesto más paradigmático en lo que a «sexidad» se refiere.

Hubo un momento en que la imagen de la joven emancipada que existía en Norteamérica era la de los años veinte: «la antes pesada melena cortada a lo *garçonne,* las rodillas descubiertas, haciendo ostentación de su nueva libertad yéndose a vivir a un estudio en Greenwich Village o en Chicago cerca del North Side, conduciendo un coche, bebiendo y fumando y teniendo aventuras sexuales —o hablando de ellas»[419]. Pero años después, Hollywood lima las asperezas a las aristas más

---

[419] B. Friedan, *La mística...*, *op. cit.*, pág. 146.

duras de las *flappers* para crear la suave imagen de Marilyn de acuerdo con el imaginario de la buena chica y la explosión sexual —el tropo militar del *boom* es, como se ve, recurrente en la época: niños, bombas, mujeres y sexo se unen en la metáfora de la *chica boom*.

Marilyn Monroe casi parece a veces el truco de magia que desvía la atención de la bomba que aniquila a las gentes de Hiroshima y Nagasaki. «El lavado de cerebro» fue una expresión popular de los años cincuenta; no sé si es esta la única razón por la que la *pin-up* a veces tiene el aspecto de una estrategia planificada de lavado de cerebro. En la narrativa colectiva de estas épocas, la bomba sexual rubia, con el pelo rígido como si lo llevara barnizado, parece tener también potencia suficiente como para reducir a cenizas el modelo de la mujer europea, ya no digamos el más libre y pacifista de la *garçonne* más paradigmática, la mujer francesa. En un mundo de *caballeros* que *las prefieren rubias,* ninguna Marilyn tendría fuerza suficiente como para lanzar miradas como desafíos desde un traje masculinizado. La inocencia de Marilyn busca hombres fuertes que la protejan de su inseguridad, hombres que fortifiquen las débiles y desoladas fronteras de su yo de chica de barrio bajo. Pero si la fatal autosuficiente resultó vencida al ser reemplazada por la dócil *pin-up,* la mala y complicada aún dejará su recuerdo grabado a fuego en forma de traje sastre, un elemento imprescindible a incorporar al vestuario femenino. Eso sí, ya no será el traje perfectamente masculino de la *garçonne,* dotado de capacidad provocadora, sino una adaptación que destaque las curvas de la cadera y la cintura de las mujeres, poniéndolas de relieve. El traje ya no lleva por delante la confusión del sexo ni su capacidad para mostrar la masculinidad como un estilo-mascarada que podría adoptar cualquiera que quisiera poner en evidencia el ritual y el simulacro masculinos. En la mujer dócil, el «dos piezas» masculino renuncia al efecto paródico que imita subvirtiendo el poder de la masculinidad como norma. El traje

Betty Grable, actriz admirada por Monroe, en el cartel de la película *Pin-up Girl,* dirigida por H. B. Humberstone en el año 1944.

Una de las portadas de la revista *Playboy* del año 1953, con la *pin-up* Marilyn Monroe.

sastre de los años cuarenta es un traje masculino que ha sido transformado para ser plenamente femenino, un falso pretendiente.

Es normal que sea así porque en 1945 los hombres han de aprender a ser fuertes, muy fuertes, y las mujeres a convertirse en seres débiles e inseguros necesitados de protección. Los hombres parecen haber dejado atrás cualquier ideología que no insinúe lo masculino, cualquier manera de pensar que no sea la del poder patriarcal. A los muchachos ahora se les promete todo, siempre y cuando, lejos de ser los afeminados del comienzo de entreguerras, se conviertan en los musculosos y bien entrenados boxeadores, en los hombres de negocio de pelo engominado o en soldados de pelo rapado, es decir, en esos hombres que se sienten fascinados por el poder destructor de la tecnología al lanzar «Little Boy», la primera bomba atómica, y «Fat Man», la segunda[420]. En 1945, es decir, justo un año antes de que se lance el bikini, cuya marca registrada coincide con el nombre del atolón del Pacífico en el que los norteamericanos realizaron ensayos nucleares durante doce años, la rubia Marilyn Monroe aparece en la portada de la revista del ejército estadounidense *Yank*[421]. Puede vérsela sosteniendo una hélice de avión en la línea de montaje de la fábrica de municiones Radio Plane de California, en el mismo lugar en el que trabaja como una obrera mientras sueña con llegar a ser actriz. Con esa foto de portada dio comienzo la carrera artística de una mujer empaquetadora de paracaídas

---

[420] Esto marca un hito simbólico: la tierra se ha conquistado definitivamente. A partir de ahora solo queda lanzar cohetes hacia las estrellas y tratar de conquistar el espacio.

[421] Revista redactada por y para soldados y marines que prestaban sus servicios en ultramar. Incluía una *pin-up* en cada una de sus 21 ediciones en 17 países: Gran Bretaña, algunos de los europeos, del Mediterráneo y del Pacífico Este. Norma Jean, la esposa de un marino mercante, alcanzará uno de los mayores éxitos de Hollywood bajo la marca Marilyn Monroe.

en una fábrica de armamento militar. Tres años después consigue su primer contrato en Hollywood para actuar como bailarina en la película *Las chicas del coro,* y a partir de este momento se acelera el despegue de una estrella rubia platino, fabricada por el Fat Man para el Little Boy, es decir, para unos soldados que en 1945 contemplan embobados la potencia de otra diosa, atómica y de metal, más infernal y mortífera, pero igualmente explosiva. A una de las actuaciones que lanzaron al estrellato a Norma Jean acude la tropa de reclutas que sumaban los cien mil marines estadounidenses instalados en Corea[422].

El bikini es una de las prendas características de las *pin-ups,* y en su momento provocó un gran escándalo. Fue el resultado de una competición entre Reard, su inventor, un ingeniero de automóviles, y su rival, un diseñador de trajes de baño llamado Heim que había diseñado un «átomo» que se promocionaba como el traje de baño más pequeño del mundo. Se lanzó sugi-

---

[422] Recordando esta actuación, Monroe declara que este viaje fue lo mejor que le había ocurrido en la vida, pues nunca antes se había sentido en su corazón como una estrella. Un médico de la armada filmó estas actuaciones en las que cien mil sonrisas de soldados hacen brillar el alma de una mujer de una clase social desfavorecida. Era hija de un padre al que nunca conoció y de una madre con problemas económicos y emocionales que la dejó con padres adoptivos, luego la recuperó y, ante nuevos problemas, la dejó de nuevo con una amiga, etc. Monroe vivió de casa en casa y fue víctima de abusos sexuales por parte de hombres cuando era niña. Willie Wilder comentó que *Sugar,* la historia de una rubia romántica, superficial y poco inteligente que es víctima de los demás, había sido una de sus películas más logradas. En 1951 se matricula en las clases nocturnas de arte y literatura de la Universidad de California y a mediados de los cincuenta pretendió montar una productora de cine y perfeccionarse como actriz, pero no lo logró. Sus intentos de fuga son una vieja historia conocida: el alcoholismo y la drogadicción quizás se puedan leer como una falta de consentimiento con la situación.

riendo efectos devastadores para la libido masculina, muy parecidos a los que se experimentaron en el espacio natural del atolón del mismo nombre que se convertiría en cenizas radioactivas porque allí se hizo explotar la primera bomba atómica. De él se dijo que humillaba a la clase obrera, pues su precio era el mismo que el del salario mensual de una dactilógrafa, de él se dijeron muchísimas cosas, pero no quedó recogido casi nada de lo que pensaban de él las mujeres. Y algo debieron de pensar, porque al principio surgió el problema de que ninguna modelo aceptaba llevar el dos piezas. Al no encontrar a nadie que lo exhibiese, Reard tuvo que echar mano de un lugar muy frecuentado por la masculinidad desde hacía un siglo, contratando en el Casino de París a una mujer que bailaba desnuda. Al igual que las *pin-ups,* el bikini constituyó un *hit,* especialmente entre aquellos para quienes había sido creado: los hombres. Una foto muy denostada entre mujeres, pero con muy buenas ventas entre la población masculina, muestra a la en ocasiones denominada «reina de las *pin-ups»,* Bettie Page, amordazada y atada en una red de cuerdas en la película *Leopard Bikini Bound.* El bikini apareció así vinculado con un cuerpo salvaje e incivilizado de mujer, siempre necesitado de un civilizado domador como el hombre. Considerado a su vez la mejor invención del hombre, Reard intentó mantener la mística del bikini declarando que un dos piezas no era un auténtico bikini a menos que pudiera sacarse con la facilidad con que un hombre se desprendía de un anillo de boda.

Nueve años después de la bomba y del bikini corre el año 1955. Entonces la actriz francesa Brigitte Bardot exhibe en Europa su particular modelo de mujer-bomba en una lectura europea de la bomba rubia norteamericana —aunque ella, al igual que la italiana Claudia Cardinale, sugieren también el lado del sexo salvaje y dominante, con un residuo «fatal» que parece, sin embargo, ausente en la simplemente sexy, inofensiva, pasiva y dulce Marilyn Monroe. El marido de Bardot, Roger Vadim, la filma por primera vez en bikini para

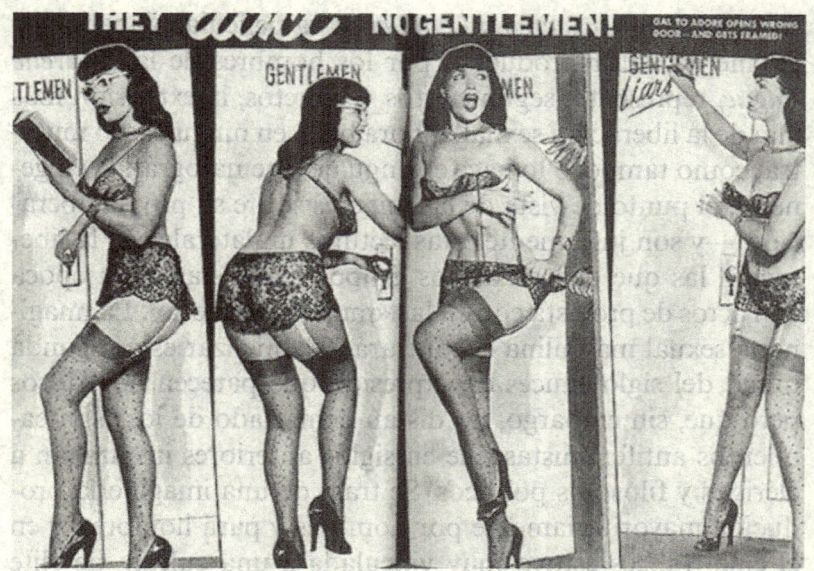

Betty Page, considerada por muchos como «reina de las *pin-up*».

su película *Y Dios creó a la mujer*. Esta película, alabada por el cine de autor producido por los hombres de la *Nouvelle Vague*, representó, según ciertos veredictos, la expresión más alta de la liberación sexual. Ahora bien, en ningún caso muestra, como tampoco lo hace el lenguaje cinematográfico en general, el punto de vista de las mujeres sobre su propia liberación —y son justamente estas lecturas unilaterales de la liberación las que denuncian los grupos feministas de la época con actos de protesta contra las «mujeres-muñeca». La imaginería sexual masculina encontrará al comenzar esta segunda mitad del siglo cauces de expresión que parecen novedosos pero que, sin embargo, no distan demasiado de los planteamientos antifeministas que en siglos anteriores inspiraban a clérigos y filósofos políticos. Se trata de una imaginería producida mayoritariamente por hombres y para hombres, y en el cine francés estuvo muy vinculada a una cultura de élite contrapuesta a una cultura de masas. Así, el «contrato sexual» de dominación y sometimiento, que en la práctica supone un espacio doméstico en el que los hombres ejercen control sobre las mujeres, vigila además el espacio de la representación, es decir, lo que debe mostrarse de las mujeres y lo que debe callarse y ocultarse. Ahora bien, el código de representación sociosexual dominante en el cine no es considerado un sistema de vigilancia sino algo «normal», y en lo que se contempla como «innovación estética» no figura la puesta en cuestión de esa normativa sociosexual misma. Por otro lado, puede tenerse la impresión de que una línea imaginaria reuniese el «Dios creó a la mujer» con «el estado creó a la mujer» y con «el poder económico-militar» creó a la mujer. La experiencia relatada por muchas mujeres de los sesenta es que una cruel contradicción regía las relaciones entre hombres y mujeres dentro de la izquierda, pues si bien ellos suscribían valores emancipatorios y progresistas en el terreno ideológico, en la realidad concreta los valores feministas se ignoraban y se ridiculizaban.

El caso Bardot indica que la historia del cine europeo fue diferente de la de Hollywood, que Europa no tenía un modelo propio de *pin-up* sino que simuló el modelo de Hollywood, que no tardó mucho en imitarlo y fabricar su propia *pin-up* rubia platino, explosivamente sexy y con un único objetivo en la vida: seducir a los hombres. Y esto no quiere decir que Europa escapase a la figuración de la mujer fatal o a la sexualización de la mujer, quiere decir simplemente que Europa entendía la mujer como sexo de otro modo, que no inventó lo sexy, la «sexidad», que las cosas en Europa sucedían *de otro modo,* sin tanta ingeniería social, sin tanta necesidad de diseñar identidades masculinas y femeninas a la carta, sólidas, estables y fuertes, para ofrecer como modelo a las poblaciones. Por un lado, el panorama social, cultural y político era amplio, disperso y heterodoxo como la misma Europa. Por otro, a pesar de que, a través de productos culturales de los años cuarenta como el existencialismo y la *Nouvelle Vague,* Francia sigue dominando en el cine artístico[423], en el viejo continente no se puede escapar a la influencia que ejercen, a partir de finales de los treinta, los grandes y generosamente financiados estudios cinematográficos hollywoodienses. En plena posguerra o «guerra fría», las cada vez más numerosas pantallas europeas emiten de manera insistente las bellas imágenes del

---

[423] La denominada «cultura de élite», asociada al masculino singular, constituiría un género literario y cinematográfico de por sí, que suele emplear un lenguaje narrativo abstracto y en ocasiones hermético —cuando no de iniciados. Por su parte, la cultura de masas, muchas veces asociada a la feminidad, emplearía un lenguaje más accesible a la mayoría de las personas. Burch y Sellier establecen una diferencia entre un cine francés anterior a la *Nouvelle Vague,* en el que convivirían películas populares con películas que se consideraban «innovadoras y de calidad», y un cine posterior a la *Nouvelle Vague,* que relega a un espacio de «telefilm» lo que antes era el cine popular. La diferencia élite/popular, por otra parte cuestionada por los estudios culturales de los sesenta, no existía en un cine poco o nada intelectualizado como el de Hollywood. Cfr. N. Burch y G. Sellier, *op. cit.*

American way of life, de la casa confortable, del hogar del *baby boom* y de la «Feliz Ama de Casa», propiciando así el nuevo modelo estadounidense de mujer que le dará la estocada definitiva a lo poco que ya quedaba de la *garçonne* europea.

En 1956 el cineasta francés Roger Vadim reduce significativamente la edad establecida para la plenitud femenina, la lleva hasta la minoría de edad. Este creador de la chica salvaje, en bikini de piel de leopardo, eligió para su película *Y Dios creó a la mujer* a una Brigitte Bardot adolescente muy vigilada por su padre. Queriéndolo o no, la convirtió en una Lolita que cautivó al mismo De Gaulle, quien a su vez la designó para el papel de embajadora del aparato de propaganda del estado francés. Queriéndolo o no, la convirtió en «un producto tan exportable como los automóviles Renault»[424]. Era una embajadora «feminizada», sin protocolo, sin traje de etiqueta, semidesnuda. Pero si la actriz de Vadim triunfó antes en los Estados Unidos que en Francia, si al parecer el director galo incluso pensó especialmente en ellos a la hora de construir su prototipo de feminidad, fue porque al otro lado del Atlántico cada marine cansado del puritanismo social, y de lo que consideraba ataduras de una madre castradora, tenía ya a una inofensiva *girl* postadolescente en su imaginario.

La rosa fue el símbolo que los estadounidenses eligieron para representar la feminidad y la virginidad. La rosa norteamericana de los cuarenta fue una *pin-up,* una feminidad de papel recortable, colgada de una chincheta y rebosante de curvas. Una muñeca rubia semidesnuda. Desde la llegada del aparato mediático de la «rubia explosiva» al servicio del estado que sintetiza el nombre de Marilyn Monroe actuando

---

[424] S. de Beauvoir, *Brigitte Bardot and the Lolita Syndrome,* Londres, New England library Ltd., 1962, pág. 5.

para las tropas en Corea o cantándole «Happy Birthday» al mismísimo presidente, cada combatiente podía vivir de ilusiones y soñar con una blanda atmósfera femenina ataviada con una boa de plumas al cuello para envolver su masculinidad activa, fuerte y sólida. La serpiente es un símbolo de feminidad de doble filo, pues su lengua es viperina, pero una boa de plumas que no aprieta el cuello es inofensiva, y las actrices famosas la llevan como expresión o símbolo del poder de su hombre. Pero esta feminidad de un mundo de ensueños es la misma que cada soldado acuartelado podía contemplar en la cara interior de la puerta metálica de su taquilla, es la feminidad sonriente de la bomba anatómica de su elección. Así nace la «mujer-objeto», la misma que en muchas ocasiones se elegirá de manera bien paradójica como prototipo de la mujer liberada.

Y es que con la misma apertura del siglo XX hizo su aparición estelar el modelo de feminidad de «la chica de la portada» de la revista. El ilustrador Dana Gibson fue el primero que consiguió hacer popular, a través de sus dibujos para revistas, un modelo de la *American girl* dócil, infantil e inofensiva, de nariz pequeña y respingona —una nariz grande, pensaba, le confería excesivos tintes andróginos a la feminidad, quizás demasiada masculinidad. La «Gibson *girl*» se vendía en los medios de comunicación en forma de anuncios y reportajes, tanto como ensoñación para el soldado como fantasía de feminidad para las desorientadas *working girls* que llegaban a las grandes ciudades y deseaban tener referencias, construirse una feminidad que les permitiese casarse con el oficial más valiente o el caballero más elegante. La «Gibson *girl*» fue un prototipo femenino socialmente valioso, e incluso colmaba las aspiraciones de los emigrantes llegados de Europa que muy pronto integrarían la emergente clase media.

Ahora bien, de acuerdo con las rotaciones del modelo cíclico, el pasado crea el futuro y el futuro, que nunca parte de cero, revisita el pasado. Por lo tanto, el estereotipo de la *girl* de la portada se prolonga como un eco hacia el futuro. La chica de referencia será citada, repetida por una larga lista de sucesoras que la hacen cada vez más rubia, cada vez más sexy, cada vez más corporal y cada vez más desnuda. Todo apunta a que Vadim realizó una buena jugada cuando les vendió a los norteamericanos aquello con lo que una mentalidad bastante puritana, que aún seguía organizando cruzadas por la modestia, no se atrevería siquiera a soñar: una nueva «Gibson *girl»*, un nuevo ídolo para la juventud estadounidense, una francesa que conectaba a la jovencita sexy con el imaginario de la elegancia *chic* de la parisina depredadora sexual, pero, al mismo tiempo, rebosando simplicidad y sexualidad por todos sus poros. Vadim conectó la *it girl* independiente y la *sexy girl* sumisa del póster despegable. Y en resumidas cuentas, logró vender el ideal de una chica muy joven y con el bikini más breve posible.

Índice

Prólogo (María Xosé Agra Romero) 9
Introducción 13

PRIMERA PARTE

Capítulo primero. Vampiros, feministas y demás fatales ... 35
Capítulo 2. La nueva civilización 71
Capítulo 3. Libertad o muerte: Rose, Emmeline y las sufragistas radicales 93
Capítulo 4. Virginia Woolf y la máquina patriarcal 119
Capítulo 5. Coco Chanel se corta el pelo 133
Capítulo 6. La *garçonne,* una respuesta a la misoginia 161

SEGUNDA PARTE

Capítulo 7. Rojo para radical, rosa para progresista y amarillo para pacifista 205

CAPÍTULO 8. Norteamericanos en París. Una generación ción inquieta 229

CAPÍTULO 9. Norteamericanas. Habitar el mundo bohemio mio de la Rive Gauche 259

CAPÍTULO 10. La mujer según Hollywood. El triunfo del mito norteamericano 285

CAPÍTULO 11. Rubias platino, *garçonnes*, *flappers* y mixtificaciones de la feminidad 331

CAPÍTULO 12. El reino de las *pin-ups* 359